# 웹 법칙(Web Rules)

**지은이 톰 머피**

톰 머피는 기업과 소비자 정보 상품, 데이터베이스 마케팅 서비스, 그리고 인터넷 마케팅 솔루션 분야를 이끄는 미국 기업 infoUSA.com의 주간 겸 제품 개발 담당 부사장이다. 그는 최대의 금융 관련 뉴스 사이트인 CBS.MarketWatch.com의 창업 멤버로서 편집부장을 역임했다. 또한 블룸버그 뉴스의 북부 캘리포니아 특파원으로 일했고, AP 통신, PR 뉴스 와이어, 일렉트로닉 아츠 사에서 20여 년 간 기자 생활을 했다. 그는 UC 버클리 대학에서 학위를 받았다.

Web

# 웹 법칙(Web Rules)

톰 머피 지음 / 임세윤 옮김

도서출판 물푸레

Rules

**옮긴이 임세윤**

**임세윤은** 서울대 사회대를 졸업하고 미국 IDG 사 《하이테크 정보》 외신 차장과 《네트워크 타임즈》 한국판 발행인을 역임했다.

편저로는 『마음 바이러스의 눈으로 세상 읽기』가 있고, 역서로는 『정보 법칙을 알면, .com이 보인다』, 『디지털 시대의 파워 엘리트』 등 다수가 있다.

## 웹 법칙

지은이 / 톰 머피
옮긴이 / 임세윤
펴낸이 / 우문식
펴낸곳 / 도서출판 물푸레
2000년 11월 20일 1쇄 인쇄
2000년 11월 25일 1쇄 발행
등록번호 / 제1072-25호
등록일자 / 1994년 11월 11일
경기도 안양시 동안구 호계1동 994-5
TEL / 031) 453-3211 FAX / 031) 458-0097
e-mail/mulpure11@netsgo.com
homepage / www.mulpure.co.kr

값 13,500원
ISBN 89-8110-099-3

# Contents

## 제2부

# 감사의 말

어머니와 가족, 모든 동료들의 격려에 진심 어린 감사의 마음을 전하고 싶다. 또한, 관심을 보여 준 독자들에게도 감사한다. 그리고 전문적인 조언을 해 준 모든 벗들에게 감사의 말을 전하고 싶다. 특히, 우리가 살고 있는 이 멋진 세계에 대한 개인적 소신을 피력해 준 마이크 블룸버그, 제리 브라운, 베리 딜러, 레베카 아이젠버그, 폴 엘드만, 앤디 그로브, 트립 호킨스, 폴 사포, 제리 양, 그리고 앤 윈블라드에게 심심한 사의를 표한다. 또한 다렌 마훌라, 데이비드 로디, 버튼 말키엘의 날카로운 분석과 견해는 큰 도움이 됐다.

아울러 디어본 사의 편집자 잔 이버슨과 모든 팀원들에게 감사를 드린다. 훌륭한 사진 작가이자 단짝 친구인 에릭 리스버그와 엘리자베스 암스트롱, 아드리엔느 베커, 카렌 그린, 홀리 하츠, 하워드 하이, 다이안 헌트, 스테이시 웰즈, 그리고 놀라운 능력을 보여 준 와일드파이어에게도…….

InfoUSA 사의 J. 피터 바드는 열성적으로 나의 작업을 지원해 주었다. 또한 CBS.Marketwatch.com에서 같이 근무했던 잔 아텔세크, 레리 크레머, 숀 사빈, 빌 비숍, 알렉산더 데이비스, 데이비드 콜웨이에게도 감사의 뜻을 전하고 싶다. 그들의 협조가 없었다면 아마 이 책은 빛을 볼 수 없었을지도 모른다. 그들과 매일 얼굴을 마주할 수 있었던 것은 지금도 나에게 큰 자랑거리이다.

우리에게 유익한 기술을 개발하기 위해 애쓰는 모든 사람들에게도 고마움을 전해야 할 것 같다. 그들 모두가 인터넷을 통해 백만장자가 되었으면 하는 것이 나의 바램이다. 위대한 작업을 수행하고 있다는 만족감을 통해 그들은 살아가고, 인터넷은 바로 그들의 위대함을 반영하고 있다.

톰 머피

# 옮긴이의 말

마이크로소프트의 서버에 침입한 네덜란드 해커가 지구를 해킹한다는 메시지를 남겨 놓았다. 관록 있는 ISP인 PSINet 사가 광고업자와 짜고 스팸 메일 공세를 폈다고 해서 떠들썩하다. 미국 대선에서 특정 후보에게 유리하게 투표권을 교환한다는 사이트가 생기더니, 급기야 투표권 경매 사이트 운영을 정지하라는 법원의 가처분 명령이 내려졌다. 단 몇 분간의 서핑이었지만 네트워크 시대의 웹 법칙과 유행어들을 얼추 유추할 수 있을 것 같다.

비트가 지배하는 지식 정보 사회라고 한다. 그러나 이것과 관련되어 있는 서로 어울리지 않는 말들의 홍수 속에서 과연 그것이 무엇인지 헷갈리기는 매한가지다. 어쨌거나, 지금은 관계의 네트워크 혹은 관계의 인터페이스가 가치를 창출하는 시대이다. 관계의 네트워크로 구성된 사회는 평등한 의사 소통을 통해 이루어지는 인간다움의 최신 산물이며, 그런 특성은 이 책의 저자가 강조하는 것처럼 부가 가치 창출의 동력이 되는 대화형 매체를 고안해 내거나 정보 지식이 급속하게 확산되는 배경이 된다.

산업 시대가 인간까지 포함하는 부품을 교체하는 시대였다면 지금은 산업 자체의 교체가 가능한 플러그 앤 플레이(P&P) 시대이다. 이 땅에도 그러한 신경제를 이끄는 참신한 기술 역량이 나타나고 있어, 몰락하는 낡은 신경제가 있는가 하면 새로워진 구경제가 환골탈태를 하는 양상이 엿보인다. 이 과정에서 시대의 조류에 편승한 젊은 화이트칼라를 중심으로 새롭게 부가 창출되고 있다. 1970년대에 강남에 부가 집중된 이래, 거의 30년 만의 일이다. 물론, 고루하고 경망한 천민적 사고에 찌든 부패한 자본이 똬리를 계속 트는 현상이 말끔히 가셔진 것은 아니다.

인간의 본질적인 지향성, 자의식, 합리적 사고는 경제적 수익이 가장 많은 계층을 모방하는 진화 적합성을 가진다. 아이디어와 정보 지식이 선이어서가 아니라 스스로를 전파하는 데 유리한 특질을 갖기 때문에 사람의 마음을 지배한다고 보는 것도 그리 틀린 생각은 아닐 것이다. 지금은 누구나 대박을 터뜨리는 멋진 기업가를 선망하고 모방하므로 기업하기에 가장 좋은 시대가 아닌가? 비록 가진 자들이 부패하게 되는 것은 어쩔 수 없다고 해도 말이다.

번거로움을 마다하지 않고 글을 다듬어 준 도서출판 물푸레 편집진께 감사드린다. 한글을 사랑하고 살뜰히 가꾸는 모든 이들에게도 감사하고 싶다. 도시의 인형 인간이 되기를 거부하며 이 땅을 일궈 가는 당찬 젊은이 모두에게, 머피의 바램대로, 돈벼락이 떨어졌으면 하는 바램이 또한 있다.

삼각산과 송악산 한 가운데 우거에서

임세윤

## 제1부

# 서장 : 웹 고객의 주권 선언

우리는 역사상 가장 위대한 권력의 이동을 경험하고 있다. 이 혁명은 거대 기업과 사회 제도로부터 고객에게로 권력을 옮겨 놓고 있다.

우리, 이웃, 부모, 친구, 심지어 우리의 경쟁자들까지 포함된 고객이 주인인 세상이 되었다. 실로, 우리는 막강해졌다. 우리 소비자들은 거대 기업을 뒤흔들고, 정치인들이 우리의 응당한 관심사에 반응하도록 압박하며, 시장에서 더 나은 거래 조건을 요구하고, 대중 매체가 보도하는 내용까지 좌우할 수 있는 힘을 얻게 되었다.

그것이 이 시대의 대세이다. 더 구체적으로 말하면, 우리가 몸담고 있는 정보화 시대의 귀결이다. 지금까지 권력을 누려 왔던 기업들에게는 도전과 기회로 가득 찬 시대이기도 하다. 현명한 판매업자들은 이 신종 소비자군을 사로잡기 위해 고객 서비스에 만전을 기하면서 다양한 제품을 구비하고, 싼 가격에 판매한다. 웹 사업자는 기존의 오프라인 기업으로부터 고객을 끌어올 수 있다는 기대를 하면서 최선을 다해 인터넷 쇼핑 몰을 구축하고 있다.

변화를 거부하거나 과소 평가하는 기업은 머지않아 고객들 앞에 더 이상 그들이 필요 없다는 사실을 실감하게 될 것이다.

상식적으로 말해서 정보는 힘이다. 정보를 통해 더 나은 선택을 할 수 있기 때문이다. 내일 비가 온다는 예보를 통해 미리 비옷을 준비할 수 있다. 가까운 곳에 있는 자동차 영업소에서 당신이 구입하고 싶은 자동차를 판매한다는 사실을 알면 비용을 절약할 수 있다.

얼마 전까지만 해도 고객의 권리는 제한적이었다. 신뢰할 수 있는 정보를 통해 최선의 거래 조건을 찾는 것은 거기에 어느 정도의 시간을 투자할 수 있느냐에 의존했다. 이제 그러한 장애는 사라졌다. WWW (World Wide Web)를 통해 몇 분만에 최선의 대안을 찾아낼 수 있기 때문이다. 소프트웨어 로봇을 통해 원하는 정보를 검색하기만 하면 모든 것이 해결된다.

인터넷에 접속하는 고객들은 더 적절한 결정을 하는 데 필요한 모든 정보를 얻을 수 있고, 다른 사람의 구매에도 영향을 줄 수 있을 만큼 막강한 힘을 가지고 있다. 예를 들면 건강 문제에 관한 구체적 해답을 얻고, 인기 구단의 최근 경기 결과를 알아내며, 월가의 애널리스트처럼 정확하게 주식을 분석하고, 바다를 가로질러 즉각 전자 메일을 보낼 수 있다. 이것이 바로 고객의 힘이다.

유권자는 하원 의원이 주요 현안에 대해 어떻게 투표했는지를 알 수 있다. 집을 사려는 사람은 담보를 통해 다른 주에 소재한 은행에서 최저 이율의 30년 만기 대부를 받고, 도시 외곽에 작지만 멋진 목조 단층집을 구입할 수 있다. 전자상거래에 관심 있는 사람은 가장 저렴한 가격에 도서를 구입할 수 있고, 인터넷 서점에 개인 서평을 올릴 수도 있다. 또한 소매업체의 서비스가 만족스럽지 않은 경우, 집에서 한 발짝도 움직일 필요 없이 더 나은 서비스를 하는 소매업체를 찾을 수 있다. 이것이 바로 고객의 힘이다.

물론, 고객은 차를 몰고 쇼핑 몰에 갈 수 있다. 하지만 거기에서 꼭 물건을 사야 하는 것은 아니다. 시내 점포에서 상품을 둘러본 후, 집에 와서 더 저렴한 가격의 물품을 온라인으로 주문할 수 있다. 이런 방법을 이용하면 더 현명하게 물건을 구매할 수 있다. 그리고 상품 꾸러미를 운반할 필요도 없는데, 다음 날이면 주문한 물품이 문 앞까지 배달되기 때문이다. 이것이 바로 고객의 힘이다.

이러한 혁명적인 사건은 1세대 전, 개인용 컴퓨터의 등장에서 비롯됐다고 생각하는 사람들이 있다. 그러나 그것은 사실이 아니다. 통신할 수 없는 컴퓨터를 보유하는 것은 통화할 수 없는 전화기를 가지고 있는 것과 마찬가지이기 때문이다. 세계의 모든 전화기가 연결된 것 같은 효과를 컴퓨터에 부여한 것은 인터넷이었다. 갑자기 세계의 모든 사람들이 경이로운 사태를 목격하게 됐다.

## 변화의 진원-고객의 권리

저렴한 비용으로 정보를 이용할 수 있는 보편적인 정보 시대가 도래했다. 지난 수십 년이 거대한 다국적 기업에 의해 지배되던 시대라면, 정보 시대는 전권을 쥐고 있는 고객, 개인으로 대변되는 시대이다. 정보 시대는 고객이 아는 것, 고객이 원하는 것, 고객이 요구하는 것에 직결된다. 즉, 고객의 여망과 현실, 고객의 건강과 행복, 고객의 신념과 관심이 전권을 휘두르는 시대가 정보 시대이다.

이제 막 시작된 이러한 변화는 비약적인 성장을 거듭하고 있다. 1990년대 초반만 해도 인터넷 사용 인구는 대학 연구자, 기술 애호가, 국방 관련 공직자 등을 포함한 수천 명에 지나지 않았다. 오늘날에는 친구에게 전자 메일을 보내거나, 주식 시세를 점검하고, 기말 레포트 자료를 찾고, 게임을 하거나, 최신 스포츠 뉴스를 얻는 데 미국에서만 1억 명 이상이 인터넷을 이용한다. 중요한 사회적 이슈를 놓고 익명성을 유지한 가운데 토론을 벌이는 사람들도 있다.

수천만 명의 사람이 인터넷에 매년 수백, 수천 달러를 기꺼이 소비할 의지를 가지고 있는 상황에서 모든 기업은 그 중의 일부라도 차지하려고 사활을 건 경쟁을 벌이게 마련이다. 당연히 고객의 권리는 증대된다.

인터넷 사업에서 성공을 원하는 기업이라면 기발한 광고나 일시적인 관심의 대상이 되기보다 좀더 의미 있는 무언가를 제공해야 한다. 인기 브랜드에 대한 선호보다는 가격, 사용 편리성, 서비스가 더욱 강조되어야 한다.

## 경쟁 심화와 경계 파괴

이러한 상황에서 새로운 테크놀러지에 의존하고 있는 아마존, 야후!, e베이 같은 인터넷 기업이 속속 등장했다. 고객들은 이제 새로 탄생할 새로운 인터넷 기업을 기대하고 있다. 기존의 인터넷 기업들은 적절한 비즈니스 모델을 개발하여 인터넷 시장에 진입하고 있는 새로운 인터넷 기업들을 상대해야 한다.

시스코 시스템즈 사의 존 챔버스 회장은 몇 년 전만 해도 아예 이름이 없었던 전자상거래가 2005년 무렵 약 3조 달러의 시장을 형성하고, 2010년에는 세계 경제의 25% 가량을 점유한다고 말한다. 실제로 인터넷 관련 장비를 생산하는 시스코는 최근 수년 간 매년 40%에 이르는 매출액 신장세를 누리며 주식 시가 총액이 3배 이상으로 늘었다. 시스코의 성장은 인터넷 시장에 장비를 공급하는 대부분의 기업들이 크게 성장할 것임을 보여 주는 하나의 실례이다.

챔버스의 시장 전망이 지나치게 낙관적이라는 견해가 있기는 하지만, 거의 모든 대기업들이 가상 공간에 형성되기 시작한 거대 시장에 관심을 가지고 있는 것은 확실하다. 인터넷에서는 무명의 기업가라도 웹사이트와 적당한 사업 감각, 어느 정도의 용기만 있으면 초대형 기업에 도전장을 낼 수 있고 경쟁에서 승리할 수도 있다. 챔버스가 1999년의 '인터넷 월드 컨퍼런스'에서 행한 연설은 이러한 점을 웅변하고 있다. "사상 최초로 기업 간 경기 규칙이 전 지구적으로 더욱 공평해졌다."

인터넷 기업의 대표 모델로 두각을 나타내고 있는 아마존을 한 번 평가해 보자. 이 '서점'은 1995년까지는 존재하지도 않았다. 현재는 250만 명의 고객이 1000만 페이지 이상의 정보를 검색한다. 미국 도서 시장을 오랫동안 지배해 온 반스앤노블 사는 이제 생존하기 위해서라도 반스앤노블닷컴을 통해 아마존을 추격해야 한다. 그 사이에 아마존은 음반, 비디오, 장난감, 전자 제품, 경매 등의 수익성 있는 시장을 개척했다. 살벌한 경쟁 속에서도 아마존은 과감히 경매 시장에 뛰어들어 이 분야의 총아인 e베이를 넘보고 있다. 2년 전, e베이는 인터넷 경매의 새 지평을 열었지만 지금은 졸지에 아마존이라는 능력 있는 신흥 경쟁사를 상대하게 됐다.

기업 간의 보이지 않는 전쟁이 가상 공간을 엄습하고 있다. 전략적 제휴가 활발하게 발생하고, 막대한 자금이 투입되며, 전략도 급변하고 있다. 그 배경은 무엇일까? 모든 기업은 고객이 선호하는 기업이 되어야 하고, 그들이 자사 사이트에 피 같은 돈을 지출하게 만들어야 하며, 단골 고객으로 남아 있도록 최선을 다해야 한다. 새로운 경쟁사들은 단기간에, 약간의 창업 자금과 벤처 자금만 있으면 사업을 시작할 수 있다. 이에 비해, 전통적인 시장을 목표로 했던 기업이 살아남으려면 아주 어려운 조정을 단행해야 한다. 최소 규모의 경쟁사만큼 민첩하고, 급성장하고 있는 실리콘밸리의 엘리트들처럼 기술적으로 탁월해야 하며, 간접비 부담을 최소화시킨 사이버 경쟁사처럼 낮은 가격을 통해 경쟁할 채비를 갖춰야 한다.

## 인터넷 모델과 웹 법칙

테크놀러지 주식과 관련된 한 회의에서 웨스트필드 캐피탈 사의 펀드매니저인 스티브 데미르잔은 인터넷의 중요성을 다음과 같이 요약했다. "인터넷 모델에 맞추어 사업 틀을 바꾸지 않는다면 장벽에 부딪히고 말 것이다."

웹 사용자의 관심을 끌기 위해 기업은 천문학적인 광고비를 지출하며, 경쟁사보다 시장 점유율을 높이고 더 나은 기업 이미지를 만들기 위해 애쓴다. 프라이스워터하우스쿠퍼스 사의 한 연구 보고서에 의하면, 19억 달러를 넘어선 인터넷 광고 시장은 지속적으로 급성장세를 보이고 있다. 이는 빌보드, 버스 광고를 포함한 총 '야외' 광고비를 20% 상회하는 수치이다. 시장 조사 회사인 포레스터 리서치 사에 따르면, 온라인 세계 광고 시장은 2004년에 330억 달러에 이를 전망이다.

이 같은 급변은 전자상거래뿐만 아니라 전통적인 미디어에 침투하고 있다. 나이트 리더 사의 온라인 벤처 부문인 머큐리 센터의 브루스 쿤 편집부장은 "'산호세 머큐리 뉴스'의 온라인 독자 대부분은 샌프란시스코 만 지역에 거주하지 않는다."고 캘리포니아 대학교에서 열린 한 세미나에서 역설했다. 세계 각지의 독자들이 테크놀러지 최신 소식을 찾기 위해 이 사이트를 방문한다.

《뉴욕 타임즈》의 CEO 아더 술즈버거는 샌프란시스코에서 열린 한 광고 관련 회의에서 자사의 온라인 사업이 '황혼의 노파(the old gray lady)' 로 비유되는 《뉴욕 타임즈》의 재판이 아니며, 회사의 현재와 미래에 '근본적' 인 중요성을 갖는다고 강조했다. 온라인 독자 다섯 명 가운데 세 명은 《뉴욕 타임즈》라는 종이 신문을 한 번도 만진 적이 없다면서, "《뉴욕 타임즈》의 과제는 기존의 유명세를 새로운 매체에 적응시키는 일"이라고 부연했다.

전국이 선거 열풍에 휘말릴 때에는 전자 메일이 홍수처럼 넘치고, 후보자와의 온라인 채팅, 실시간 여론 조사, 그리고 광범위한 홍보 활동이 벌어진다. 그러나 현명한 유권자는 후보자의 정견, 의회 내의 투표 기록, 선거 자금 정보 등 후보자 선택에 도움을 주는 각종 자료를 뒤지며 인터넷이라는 매체를 자신에게 유리하게 이용한다. 텔레비전 저녁 뉴스를 알리는 시보가 여전히 맹위를 떨치고 있지만, 인터넷을 탐색하는 모든 이에게 전통 매체의 약효는 점점 더 떨어지고 있다.

이러한 혁명이 인류를 어디로 안내하게 될까? 이 책의 도입부에서는 멀지 않은 과거, 즉 우리의 선택이 소매 체인점의 성장에 의해 제약되던 시대를 다룬다. 이어서 오늘날의 인터넷이 제공하는 광범위한 기회를 검토하고, 닌텐도 세대가 어떻게 성장하고 있는가를 해부할 것이다. 나아가 이 변화를 주도하는 통찰력 있는 유명 인사들을 다룰 것이다.

변화는 선이다. 그것은 고객을 더욱 강하게 만든다. 그리고 변화는 기업에게 도도하게 흐느는 새로운 법칙, 즉 웹 법칙을 따르도록 강요할 것이다.

## 제1장

# 과거는 미래의 어머니 : 고객의 복권

아이젠하워 대통령 시절인 1950년대 후반, 텔레비전은 흑백이었고 뉴욕 시의 윌리스턴 공원은 어디서나 볼 수 있는 도시 교외의 풍경이었다. 그 곳의 거주자들은 두 차례의 세계 대전, 한국 전쟁, 대공황 시대를 겪은 세대였다. 견디기 힘든 고난과 고통에 뒤이은 호시절은 다른 나라의 사람들에 비해 미국인이 얼마나 행복한가 하는 자긍심으로 이어졌다.

어머니는 5개 코너로 나뉘어져 있는, 지금은 여러 가지 부엌용품을 판매하는 선키스트 시장에서 식료품을 구입했다. 내가 5~6살 무렵일 때, 어머니와 함께 그 점포에 갔던 기억이 아직도 생생하다. 우리가 정육점에 들어설 때마다 어머니는 마치 옛 친구를 만나기라도 한 듯 편안한 표정이었다. 정육점 주인은 미소를 지으며 인사말을 하고는 했다. "안녕하세요, 머피 여사. 잘 지내시나요? 오늘은 토마스를 데리고 오셨군요. 토마스는 살라미 소시지를 좋아하지요. 어떤 종류로 드릴까요? 방금 닭이 도착했는데 가격도 싸고 품질도 좋거든요."

우리는 새로 문을 연 슈퍼마켓에서 쇼핑한 적이 없다. 재래 시장이 채소가 신선하고, 과일도 괜찮고, 고기도 더 낫다는 게 어머니의 생각이었다. "게다가 사람조차 호인들이다."라고 어머니는 말하곤 했다. 그리고 어머니가 옳았다. 그 곳에서의 쇼핑은 아주 즐거운 것이었기 때문이다.

그 때는 고객이 우대되던 시절이었다. 고객들은 정당하게 대접받기를 바랬고, 최고의 상품을 기대했다. 당시에는 고객이라는 말이 없었기 때문에 손님이 왕인 시절이었다. 언제나 고객이 중요하게 생각되었고, 그것을 무시하는 상인은 오랫동안 장사하기가 힘들었다.

지난 40년 동안 세상은 많이 달라졌다. 그러나 다시 그 때로 돌아가는 것 같은 조짐이 보인다. 그 이유는 무엇일까? 기술 발전의 결과로 거의 모든 사람들이 자신을 위해, 또는 사업에 효과적으로 응용할 수 있는 고성능 컴퓨터를 가질 수 있기 때문이다. 인터넷 및 관련 기술은 고객에게 세계 각지의 상품을 거의 무제한적으로 선택할 수 있는 힘을 부여했다. 앞으로 몇 년간 상품 선택의 범위는 기하급수적으로 증가할 것이고, 전화처럼 쉽게 사용할 수 있을 만큼 인터넷 기술도 발전할 것이다.

지난 40년간의 부정적인 추세가 역전되고 있다는 증거들은 아주 쉽게 발견할 수 있다. 1950년대의 내 경험과 인터넷을 통해 이미 현실화된 몇몇 유망 서비스를 한 번 비교해 보자.

- 50년대에는 가정의가 집으로 전화를 걸었고, 형제자매가 이하선염이나 풍진에 걸린 시점을 기억할 수 있었다. 이제 일부 의료업체는 가족에 의료 상담을 제공하고, 집에서 바로 의사에게 원격 접속할 수 있으며, 가족의 병력도 보관된다.
- 50년대에는 운전사가 트럭에 빵을 싣고 다니면서, 갓 구운 빵을 문앞에 배달해 주었다. 신선한 유제품도 역시 배달했다. 현재 피포드

(Peapod) 사, 웹밴(WebVan) 사 등은 식료품을 문 앞에 배달해 준다.

- 50년대의 아버지들은 10여 종의 일간지 가운데 4종의 신문을 구독했다. 지금은 세계 각국에서 발행되는 수백여 종의 신문을 인터넷으로 읽을 수 있고, 그 대부분은 무료이다.

이것을 소비자 운동(consumerism)의 새로운 황금 시대로 부르는 것은 성급한 것이거나, 순진한 발상일지 모른다. 그러나 고객들이 스스로의 권리에 대해 눈뜨고 있기 때문에 그것은 인터넷을 넘어 문화에까지 잠재적인 영향을 미치는 강력한 신기술이다. 고객들이 위력을 행사하면 정치, 종교, 세계 경제, 거대 기업의 운명, 부의 분배, 그리고 더욱 중요하게는 권력 집중 현상에까지 영향을 미칠 수 있다.

몇 년 전을 되돌아보면, 새로운 시대를 더욱 잘 이해할 수 있다. 그것은 미지의 세계로 향하는 여행이지만 밝은 미래를 약속한다. 우리는 사이버 혁명의 근간을 이해하기 위해 먼저 넓은 맥락에서 고객 영역에서의 자유와 권리가 이루는 미묘한 균형을 검토해야 한다. 권리가 행사되는 데는 책임이 수반되며, 다른 사람의 권리를 존중해야 한다는 기본 전제가 있다. 그러나 너무 많은 권력이 극소수의 사람에게 집중되면 이 원칙이 무시되기 쉽다.

우리가 권력을 획득한다는 것은 다른 누군가는 권력을 잃는다는 것을 의미한다. 인터넷의 경우에도 고객과 중소기업이 힘을 얻기 위해서는 기존의 거대 기업 가운데 일부가 희생된다는 대가가 필요하다. 즉, 우리 소비자들이 마우스를 움직여 권력 이동의 크기를 결정할 수 있는 것이다.

## 시간, 정보, 그리고 고객 선택

개인의 자유와 사회, 경제, 혹은 이 두 가지를 포함한 지배 체제 사이의 숙명적 대립 관계는 굳이 역사가가 아니라 해도 누구나 다 아는 사실이다. 권력이 소수의 손아귀에, 이를테면 로마 원로원, 중세 귀족, 나치스, 냉전 시대의 초강대국, 혹은 다국적 기업 등에 집중되면 강력한 사회적 통제가 발생한다. 그러나 지나친 통제가 억압이 되면 혁명이 발생할 수도 있다. 인간 정신은 종종 생명보다 자유를 더 소중하게 생각했다. 뉴햄프셔 주는 "자유로운 삶이 아니면 죽음을"이라는 표어를 공식 모토로 채택할 정도이다.

미국 개척민들은 어떤 이유로 신대륙에 왔는가? 그들은 억압으로부터 자유로워지고, 경배를 통해 영적으로 충만해지고, 부를 이룰 수 있기를 바랬다.

일단 정착한 개척민들은 이상주의적인 꿈을 추구했다. 사업가들은 많지 않은 저축이라도 새로운 사업에 투자하며 현실에 도전했다. 톰 페인의 '상식' 부터 오늘 아침의 《뉴욕 타임즈》에 이르기까지 언론인들은 맹목적 순종 대신에 현명한 선택을 통해 사회가 유지될 수 있도록 힘을 다했다. 소설가, 시인, 음악가, 미술가, 스포츠맨, 배우들은 부를 포기하는 대신 예술을 추구하면서 영혼의 심층을 탐구했다. 일반 시민은 농기구 대신에 병기를 들고 자유를 지키기 위해 싸웠다.

20세기는 유태인 대학살을 포함한 소름끼치는 사건으로 점철된 시대이다. 지금 이 순간에도 어떻게 그런 일이 생겼는가 의심을 품지 않을 수 없다. 우리는 더 이상 "그런 비극은 없다."고 다짐한다.

하지만 주변을 한 번 살펴보자. 무엇이 우리 주변에 있는가?

- 유독성 화학 물질이 지하수 속으로 스며들고 있다.

- 간접 흡연에 의한 사망자 수가 매년 3만 명에 이른다.
- 미국에서만 알코올 관련 사고로 1만 6000명이 목숨을 잃는다.
- 아프리카계 미국 젊은이들의 가장 큰 사망 원인은 살인이다.
- 총기 제조업체들이 하원에 로비 공세를 펴는 동안, 어린이들이 어린이에게 총기를 난사한다.
- 오존층 파괴로 남극의 빙하가 녹아 내리고 있다고 일부 과학자는 믿는다.

위와 같은 일들이 국민의 의사가 가장 중시되는 미국에서 일어난다는 것은 아주 난감한 일이다. 어떻게 하다가 이 지경에 이르게 됐을까?

자업 자득이 아닐 수 없다. 우리가 지도자를 선택했다. 우리가 읽고, 마시는 것에 기업들이 통제력을 행사하는 동안, 우리는 손을 놓고 있었다. 가난한 이웃을 보살피지도 못했다. 우리는 벤 프랭클린이 자유 수호에 근본적인 중요성을 갖는다고 설파한 공교육을 지원하기보다는 오히려 감세를 선택했다. 의사가 충고한 것보다 더 많이 술을 마시고, 담배를 피우며, 기름과 소금, 설탕을 섭취했다. 그릇된 행동을 비판하는 사람에게는 어깨를 으쓱하며 이렇게 쏘아붙였다. "당신 말이 맞기는 하지만 나더러 어떻게 하란 말이오? 나는 너무 바쁘다구요."

우리는 잠시 숨을 돌리고 왜 바쁜지, 왜 그토록 많은 스트레스를 받는지 묻지 않았다. 현재의 생활 수준을 유지하기 위해 많은 사람들이 왜 50시간 내지 70시간을 일해야 하는가? 잡힐 듯 잡히지 않는 아메리칸 드림을 좇아 허다한 사람들이 왜 제2, 제3의 직업을 찾아나서야 하는가? 당신은 자택을 소유하고 있는가? 아마 아닐 것이다.

이 추세를 역전시키는 것은 쉬운 일이 아니지만, 그렇다고 불가능한 것도 아니다. 그러나 기술만으로 그것이 해결되지는 않는다. 물론, 기술은 인간이 자신의 삶에 대한 통제력을 회복하도록 돕는 강력한 도구의 하나이다. 그리고 우리는 기술을 통해 사회와 시장에 대한 통제력을 되찾을 수 있다. 인터넷에 관련된 양방향 기술은 이러한 여러 문제들을 점진적으로 역전시킬 수 있는 시간, 정보, 통제력을 선사한다. 사실, 우리는 모두 제2의 찬스를 맞고 있다.

이 혁명의 시작을 확인하기 위해서는 고객과 직접적으로 관련되어 있는 소매업자들의 고객에 대한 태도 변화를 살펴보면 된다. 이 책은 인터넷 소비자들과 그들을 고객으로 유치하기 위해 필요한 기업의 대안들을 중점적으로 다룬다. 또, 그러한 것들은 국가 경제와 생활의 질을 높이기 위해 꼭 해결이 필요한 쟁점들이다. 이러한 내용들이 몇 년 안에 정치 및 교육 제도에 적용된다면 바람직한 일이 될 것이다. 더 어렵고 힘든 분투가 예상된다.

작은 시골 마을 같은 느낌이 들고, 상점 주인이 고객의 이름을 기억하며, 점포의 제품에 뿌듯함을 느끼고, 정비가 꼭 필요한 차량만 정비사가 수리를 하는 곳이 부유한 교외나 시골을 중심으로 아직 남아 있다. 하지만 그런 곳이 그렇게 많지는 않다. 만일, 당신이 그런 곳에 살고 있다면 퍽이나 운이 좋은 셈이다.

지금은 CVS 편의점, 스타벅스, 홈 데포, 월마트, 노아 바젤 사 등의 대형 체인들이 많은 소형 점포들을 대신하고 있다. 도시 중심가의 영업점은 통로 개수가 16개 내지 20개에 이르는 대형 점포이고, 수만 종의 상품을 아주 적은 마진만을 남기고 판매한다. 그러나 넓은 공간을 자유자재로 움직이며 쇼핑하는 고객들은 닭고기가 어떻게 가공되었는지 알 필요조차 없다.

어쩌면 그렇게 많은 대형 체인이 설 수 있는가? 한마디로 인수합병에 기인한다.

기업이 인수합병을 하는 이유와 그것이 고객에게 부여하는 의미, 그리고 정부의 역할에 관해 생각해 보자. 우리는 또한 아메리카 온라인

(AOL)과 타임 워너의 초대형 합병을 이끌어 낸 테크놀러지 기업 합병 추세를 검토해야 한다. 고객의 선택이 강력하며, 또한 예기치 않은 효과를 가져온다는 점을 웅변하기 때문이다.

## 인수합병 열풍

비즈니스 측면에 이점이 많기 때문에 합병이 일어나게 된다. 비록, 합병된 후 장기적으로는 고객에게 해가 될 수도 있지만, 합병 기업의 탄생을 고객들은 원칙적으로 지지하는 것 같다. 인수합병을 하면 대체로 기업 이윤이 증가한다. 그리고 인수합병이 발생하면 쇼핑이 가능한 점포 수가 줄어들고, 경쟁 위축이 따르기 때문에 고객들은 가격 인상을 경험하게 된다. 즉, 권력이 개인으로부터 기업으로 이동하게 된다.

웹에서 무슨 일이 벌어지는지 이해하려면 바로 이 점을 명심해야 한다. 웹에서는 수천 개의 신진 기업이 생겨나는데, 이것은 고객에게 많은 선택 기회를 제공하고, 경쟁의 심화를 통해 더 낮은 가격에 제품을 판매할 수 있게 한다. 즉, 권력이 대기업으로부터 개인에게 이동하게 된다.

아래의 예를 한 번 생각해 보자. A와 B와 C가 같은 도시에서 신발 상점을 경영하는 경우, A와 B가 자원을 함께 결집시키면 가격이나 비용면에서 C보다 더 효율적이라는 것은 당연한 일이다. 이 경우, 회계 장부 등 여러 관리 기능을 통합시켜 업무 처리상의 중복 인력을 없앨 수 있다. 재고를 결합시키고, 더 많은 제품들을 갖출 수 있으며, 대량 구매를 통해 가격을 낮출 수 있다. 또한, 마케팅 비용도 줄일 수 있다. 장기적으로 A와 B는 C에 비해 더 낮은 가격에 신발을 판매할 수 있다. C는 서비스 개선을 통해 경쟁하려 하겠지만 그 경우 가격이 높아지게 된다.

만일, A와 B가 주식회사일 경우 주주들은 이윤을 보장받고 싶어할 것이다. 그리고 이 기업이 저가 정책을 통해 경쟁력을 확보하고 있다면, 10년간 근무해 온 친절한 중견 직원을 해고하고 비용이 적게 드는 젊은 직원을 쓰는 등의 비용 절감 조치를 취해야 할 것이다. 물론, 나이든 점원이 고객을 더 잘 알겠지만 비즈니스는 비즈니스이다.

C가 사업에 실패하면 A와 B는 흔쾌히 그의 점포와 재고를 사들이고, 그가 고용한 직원을 최소 임금으로 인수하여 효율성을 제고할 수 있다. 그리고 C가 더 이상 경쟁 상대가 아닌 이상, 가격을 다소 높일 수 있다. 나아가 이웃 도시로 사업을 확장하여 비슷한 과정을 재연할 수도 있다. 이 경우 고객들은 합병 이전보다 더 낮은 가격에 더 다양한 신발을 구매할 수 있다. 이것은 고객에게 유리한 점이다.

관련 제품이 신발이든, 가정용 제품이든, 혹은 서적이거나 피자이든 이러한 시나리오나 그것의 다양한 변종이 지난 수십 년간 기업 합병 열풍을 타고 미국과 세계 각국에서 연속적으로 발생하고 있다.

거대한 상점가를 거느리는 호화 백화점부터 출근 버스를 타는 대로변에 위치한 대형 점포에 이르기까지 소매 체인점은 주택 지역과 마을로 쇄도하여 소형 점포들을 무너뜨리고, 기업 로고를 모든 곳에 전파시키며, 군소 상점이 엄두도 못 낼 대대적인 광고로 그 활동을 지원하고 있다. 이것이 진보이고, 좋은 비즈니스이며, 고객에게 좋은 일인가? 그것은 그렇지 않다.

구매의 3대 핵심 요소는 (1) 개인화된 고객 서비스 (2) 선택 범위 (3) 가격이다. 이것들이 만족스러운 쇼핑을 하는 데 있어서의 근본적인 요소라는 점을 대부분의 고객과 소매업체가 동의할 것으로 나는 믿는다. 이제 유행에 민감한 의류 체인점의 경우, 그것이 위의 3대 기준과 어떻게 부합되는지를 머리 속에 그려보라.

선택 범위라는 점에서 당신이 생각하는 체인점은 지역적 기호와 욕구에 적합한 의상을 보유하는가? 아니면 춥고 비가 많은 워싱턴 주의 포틀랜드에서 판매되는 셔츠와 바지를 덥고 먼지가 많은 아리조나 주의 플래그스탭에서도 판매하는가? 가격면에서는 해외 공장에서 생산한 싸구려 제품으로 엄청난 폭리를 취하는가? 그 점포에 여러 차례 들렀다면 점원이 당신을 알아보는가? 점원은 상품 관리와 고객 만족에 헌신하는가, 아니면 고객을 점포에서 빨리 쫓아내는 데 더 관심이 있는가?

지난 10년간 내가 방문한 의상 체인점 치고 위의 시험을 통과한 점포는 하나를 찾을 수 없었다. 그 이유는 체인점의 관심이 고객이 찾는 제품보다 인기 브랜드에 더 쏠려 있기 때문이다.

이 현상을 독립형 부티크와 비교해 보라. 부티크의 소유주는 점포를 방문하는 고객 유형에 맞게 호소력을 갖는 제품을 손수 채워 놓는다. 부티크 운영자는 체인점과 가격 경쟁을 해야 한다는 점을 의식하지만 마케팅이나 점포 설계에 지나친 관심을 쏟지 않는다. 부티크의 직원은 고객과 제품과의 부합에 더 많은 관심을 쏟을 것이다.

대형 서점 체인에 들러 보면 선택 범위는 넓지만 점포마다 별다른 특색이 없다. 그런 현상을 독립계 서점을 방문할 때와 비교해 보라. 각 서점의 소유주는 고객 요구에 따라 특별히 주문한 책을 쌓아 놓는다. 비 오는 날 오후 시애틀에서 엘리엇 베이 서점 내부를 거닐며 서가 곳곳에 빛을 발산하는 진귀한 책을 찾는 것보다 더 즐거운 소일거리가 있는가? 보더스 서점이나 반스앤노블 서점에서는 그런 느낌을 가질 수 없다.

당신은 정말 맛있는 피자를 어디서 구하는가? 향이 좋은 고기 샌드위치는 어디서 구하는가? 지난번에 감칠맛 나는 스테이크를 어디서 즐겼는가? 지금은 얼마나 많은 사람이 도미노 피자, 서브웨이 샌드위치, 아웃백 스테이크를 기억하는가?

유나이티드 아티스트나 AMC 등 대형 영화 체인은 같은 영화를 한 주 안에 수백만 명의 관객에게 선보이는 반면, 소규모 독립계 극장은 입맛이 까다로운 고객을 찾아 자막을 붙인 최신 이태리 영화를 상연할 기회를 노린다. 장기적으로 대형 영화 체인은 어떤 영화를 상연할 것인지 결정함으로써 사회적 기호를 조성하는 역할을 담당한다.

금융 관련 웹사이트와 신문에는 최근 단행된 수십억 달러 규모의 합병 뒷이야기로 가득하다. 지난 수십 년 사이에 합병은 다반사로 일어났지만 그것은 고객의 이익을 해칠 가능성이 크다. 합병 전문가들은 합병에 따라 가격이 낮아지고, 고객의 선택폭이 넓어져 효율이 개선된다고 설명한다. 물론, 과장이 심한 이야기이다. 그런 말들은 예전에도 허풍이었고, 지금도 역시 허풍이다.

## 과도기 모델-클릭 앤 모타르(click & mortar)

지금 1000개의 부티크가 하나의 대형 체인점 주위에 갑자기 문을 연다고 가정하자. 다만, 이 부티크들은 임대료 부담이 없다고 하자. 고객들의 선택 범위는 졸지에 대대적으로 확장되고, 운영비가 낮은 부티크들은 더 낮은 가격에 상품을 판매할 수 있다. 본질적으로 같은 현상이 인터넷에서 벌어지면서 세계 최대 기업들의 비즈니스 모델을 궁지로 몰아넣고 있다. 갑자기 권력이 대기업으로부터 고객에게로 다시 이동하기 시작한 것이다.

물론, 대형 소매업체 또한 가상 공간에서 점포를 운영할 수 있다. 그러나 대개의 경우 그들은 경쟁사의 하나에 지나지 않는다. 더구나 그들은 '유형(brick & mortar)' 자산으로서의 현실 공간에 여전히 임대료를 지불해야 한다.

마우스 클릭을 통해 도달하는 가상 점포와 전통적인 현실 공간의 상점 가운데 어떤 모델이 최선인지에 대한 분석가들의 논의가 있었다. 그 결과 이 둘을 결합한 클릭 앤 모타르(click and mortar) 모델이 가장 효율적이라는 결론이 내려졌다. 그러나 이 과도기 단계에는 고객들이 승자와 패자를 선별하는 막강한 힘을 갖기 때문에, 합병으로 야기된 추세를 역전시키기 바란다면 그들의 현명한 선택이 한층 더 요청되고 있다.

분명히 입법가들은 고객 이익에 반하는 합병의 효과를 막을 수 없었다. 그리고 AOL-넷스케이프 합병 사례에서 알 수 있듯이 고객 자신의 행동이 간혹 예기치 않은 효과를 가져오는 경우가 있다.

미국 하원이 1914년 클레이턴 법을 제정한 배경은 합병으로 인한 고객 이익의 침해 가능성에 있었다. 그러나 이 법률은 합병이 완료되기 전에 기업 공개를 요구하지 않는다는 점에서 치명적인 결함을 노출했다. 합병이 고객의 이익을 해친다고 정부가 판단하면 침해를 배제하기 위해 정부가 이의를 제기할 수 있다. 문제는 법적 해결에 장기간이 소요되므로 일정한 구제 조치가 현실화되기까지는 고객에게 상당한 손해가 불가피하다는 점이다.

고전적인 판례로 퍼시픽 노스웨스트 파이프라인 사를 인수한 엘파소 천연 가스 사를 꼽을 수 있다. 퍼시픽 노스웨스트는 미국 북서부를 관통해 천연 가스를 운송했으며, 엘파소가 독점 공급하는 캘리포니아 주에 가스를 판매하려고 했다. 그래서 엘파소는 이 회사를 사들였다. 정부는 반대 입장을 밝혔고, 7년 후 대법원은 엘파소가 퍼시픽 노스웨스트를 인수할 수 없다는 판결을 내렸다. 그러나 두 기업의 결합을 해제하느라 10년이 더 소요됐다. 이 사건이 진행된 17년 동안, 결코 일어나지 않았어야 할 인수의 결과로 엘파소는 1억 7000만 달러의 추가 이윤을 얻었다.

1976년 미국 하원이 제정한 하트-스콧-로디노 법(Hart-Scott-Rodino Act)은 모든 기업이 합병할 때 사전에 통지해야 한다는 특별한 의무를 규정했다. 이 입법이 쉽게 먹혀들지는 않았다. 미국의 국제 경쟁력이 타격을 받는다며 기업들이 반대하고 나섰다. 결국, 법이 통과되었고 미국의 고객들은 수억 달러를 절약할 수 있었다.

그러나 이 법률이 합병 추세를 억제한 것은 결코 아니다. 이 법이 제정된 첫 해에 정부에는 약 860건의 합병 신청이 제기되었다. 20년 후에는 약 3100건에 달했다. 최근에는 매년 8000여 건으로 증가했고, 거래 총액 또한 5000억 달러를 넘어섰다. 특히, 시장 점유율 하락을 막으려는 기업들이 상습적으로 인수 게임을 펼치는 하이테크 분야에서 가장 광적인 바람이 불고 있다. 1998년 한 해에 이루어진 많은 합병 사례 중 몇 개만 열거해 보자. HBO-매케슨, AMP-타이코, 베이 네트웍스-노던 텔레콤, 디지탈 이큅먼트-컴팩, DSC 커뮤니케이션-알카텔, AOL-넷스케이프, 제너럴 시그널-SPX, 씨게이트 소프트웨어-베리타스, 텍사스 인스트루먼트-마이크론 테크놀러지, 불앤바비지-BMC 소프트웨어, 스트라투스 컴퓨터-어센드 커뮤니케이션, 제록스-XL 커넥트 등……

성사 빈도, 규모, 가액, 중소기업에 대한 위협 등 분명한 요인 다수를 제외하더라도 위의 목록에서 주목되는 현상은 한 기술 분야와 이종 분야와의 접목 또는 전혀 새로운 산업의 편입이다. 예컨대, HBO는 건강 관련 소프트웨어를 제작한 반면, 매케슨은 의약품 전문 유통 기업이라서 이 기묘한 결합은 매케슨에 악몽으로 다가왔다. '문서 기업' 으로 유명한 제록스 사는 네트워킹 서비스 기업인 XL 커넥트 사를 원했고, 그 결과 문서를 생산하는 시스템들을 네트워크로 연결할 수 있었다. 컴팩과 디지탈의 합병은 데스크탑 컴퓨터와 네트워크상에서 데이터를 처리하는 대형 기종 사이의 결합이라는 점에 특이성이 있다.

## 넷스케이프가 몰락한 이유

그러나 이 책의 맥락에서 가장 극적인 합병은 AOL이 넷스케이프 커뮤니케이션을 인수한 사건이다. AOL이 나중에 타임 워너를 인수하게 됐지만 그 사건보다는 이 결합이 더욱더 기업 지형을 뒤흔드는 온라인 고객의 위력을 대표하고 있다.

마이크로소프트가 독점금지법 위반 혐의로 심판을 받는 동안, 이 합병이 성사됐다는 점이 이채롭다. 이 독점금지법 위반 사건은 마이크로소프트와의 경쟁을 참다 못한 넷스케이프가 주도적으로 제기했다는 점을 상기해야 한다. 그리고 한때 마이크로소프트와 제휴 관계를 맺어 넷스케이프 봉쇄를 시도한 AOL이 결정적인 증인 노릇을 했다.

AOL-넷스케이프 합병은 세계의 양대 웹 가입자 집단을 함께 묶어 1700만 명의 웹 사용자에게 서비스하는 기업을 만들어 냈으며 그 가운데 압도적 다수는 AOL 고객이 차지했다. 하지만 이 결합은 '수직적' 통합으로 여겨진 관계로 규제 당국의 심각한 반대나 변변한 심사조차 거치지 않았다. 즉, 두 기업의 기술이 경쟁적이라기보다 상호 보완적이라는 이유에서였다.

합병이 발표되던 날, 미디어 평론가 존 카츠는 AP 통신과의 회견에서 "개인의 표현과 자유, 그리고 웹에서의 기업 지배와 탐욕 사이의 전투는 더욱 추악해졌다."고 꼬집었다.

이 거래를 여러 시각에서 바라볼 수 있지만 고객의 권리가 강화되는 대표적 예로 생각해 보면 더 흥미로울 것이다. 두 기업은 수백만 명의 고객들이 인터넷 사용을 원할 때, 인터넷에 이르는 방도를 제공했다. 그러나 두 기업의 비즈니스 모델은 판이하게 다르다.

AOL은 자사 전용망을 이용하기 때문에 접속이 편리하지만 사람들에게 서비스 요금을 부과했다. 넷스케이프를 이용해서 인터넷을 서핑하는 데는 인터넷 서비스에 가입하는 요금을 제외하면 아무런 비용이 들지 않았다. 궁극적으로 AOL의 유료 네트워크 서비스는 성장한 반면, 일시적으로 브라우저 시장을 독점한 넷스케이프는 사세가 날로 기울어 더 큰 회사의 먹이가 되고 말았다.

이 이야기는 일리노이 대학교를 다니던 마크 안드레센이 모자이크라는 프로그램을 만들어 인터넷에 무료로 배포한 1993년부터 시작된다. 모자이크는 팀 버너-리(Tim Berners-Lee)가 창안한 WWW 기술의 잠재력을 현실로 만들었다. 갑자기 기술 애호가, 교육 및 국방 관계자의 둥지에 지나지 않았던 세계적인 네트워크가 무명에서 벗어나 누구든지 쉽게 접속할 수 있는 공중망으로 탈바꿈했다. 말 그대로 전 세계의 어떤 사람이든지 자신이 원하는 정보를 웹에 올리고, 그것을 세계의 누구에게든 즉각 전달할 수 있게 된 것이다.

그리고 마크 안드레센이 모자이크를 무료로 제공했다는 점이 중요하다.

안드레센은 실리콘 밸리의 노장인 짐 클라크와 손잡고 모자이크 사라는 기업을 창업했다. 이 회사는 넷스케이프 커뮤니케이션 사로 개명되었고, 다시 증권 시장에 상장돼 두 사람과 창업 직원들을 벼락부자로 만들었다. 그러나 넷스케이프는 비즈니스 모델을 발굴하지 못하고 헤매기 시작했다.

우선, 그들은 넷스케이프의 브라우저에서 효과적으로 작동되는 웹 제품을 기업들이 스스로 개발하도록 하는 소프트웨어를 판매하려고 했다. 점차 제품 성능이 개선되었고, 시험 버전은 여전히 무료로 배포되었지만 브라우저의 새 버전을 유료화하는 방안 또한 강구됐다. 넷스케이프는 다시 급성장세를 탄 기업 인트라넷 수요에 희망을 걸고 비즈니스 시장으로 향했다.

한편, 마이크로소프트는 인터넷이 1990년대 초반 CB 라디오의 유행처럼 일시적인 현상이라고 판단하여 그것을 무시했다. 그러다가 1995년 12월, 갑자기 마이크로소프트는 깊은 잠에서 깨어나기라도 한 것처럼 인터넷 익스플로러와 인터넷을 위한 소프트웨어 개발에 20억 달러를 투자할 예정이라고 발표했다.

AOL은 3000마일이나 떨어진 버지니아 주에서 인터넷 신봉자들에게 무시당하던 전용 전화 연결 네트워크를 구축했다. 그러나 AOL은 사용의 편의성을 무기로 새로운 컴퓨터 사용자층을 사로잡았다. AOL은 치밀한 마케팅 활동을 통해 신형 컴퓨터, 컴퓨터 잡지 부록, 그리고 북미와 많은 유럽 시장의 우편함에 접속용 디스크를 밀어 넣었다.

AOL은 사용자에게 매우 편리한 환경을 제공한다는 강점을 가졌다. 디스크나 시디를 컴퓨터에 삽입하라는 지시에 따라 모든 사용자는 몇 분 안에 AOL을 설치하고, 이어서 극히 간단한 스크린의 지시를 따라 서비스에 가입할 수 있었다.

마지막으로 AOL은 아주 적절한 조치를 취했다. 그것은 대화를 시도했다는 것이다. 그것이 시시하고 멍청한 짓이라고 AOL 비판가들은 혹평했지만, AOL에 가입 서명을 할 때 네트워크에서는 "환영합니다."라는 음성이 흘러나왔다. 각종 기념일에는 "편지 왔어요."라는 메시지 음성을 들을 수 있다.

그러나 넷스케이프는 먹통이었다. 더구나 기술 엘리트주의자들인 넷스케이프 직원들은 일반 대중이 다음 사항을 실행하기가 얼마나 어려운지 전혀 감지할 수 없었다.

- 적절한 컴퓨터 기종의 구입
- 잘 알려지지 않은 인터넷 서비스 사업자(ISP)를 통한 인터넷 접속 서비스 계약
- ISP 프로그램과 컴퓨터 드라이버의 설치
- 공식적인 교육이 아닌 ISP가 공급하는 브라우저를 통한 인터넷 사용법의 학습
- 넷스케이프 브라우저를 인터넷으로 내려 받고 그것을 컴퓨터의 디

폴트 브라우저로 설정하는 방법

VCR 녹화에도 애를 먹는 대중의 입장에서는 넷스케이프의 전자 메일 사용에 따른 기술적 장애는 교사 없이 러시아어를 배우는 것과 흡사했다.

## 고객은 언제나 옳다

AOL이 수백만 명의 가입자를 통해 수십 억 달러의 매출을 올리는 동안 넷스케이프 팬들은 냉소를 퍼부었다. 한편, 마이크로소프트는 우수한 브라우저를 만들고 AOL을 본받아 신형 컴퓨터에 거저 탑재하기 시작했으며, 자사의 전국 접속 서비스를 인터넷에 이르는 게이트웨이로 제공했다.

거의 모든 신규 개인용 컴퓨터가 마이크로소프트의 윈도우 운영 체제를 사용하기 때문에 인터넷 익스플로러 또한 함께 탑재되었다. 이 와중에 AOL은 인터넷 익스플로러를 자사의 '공식' 브라우저로 채택해 넷스케이프에 죽음의 서막을 알렸다.

넷스케이프는 다시 광고를 통해 유지되는 온라인 네트워크로 성장하고자 새로운 비즈니스 모델을 시도했다. 넷스케이프는 적지 않은 가입자를 유치했지만, 특히 야후! 같은 웹 포털과의 경쟁은 넷스케이프의 전진을 가로막았다. 때는 늦었고 넷스케이프는 무릎을 꿇었다.

훌륭한 제품을 무료로 배포하여 성과를 높였던 기업이 자사 서비스를 유료로 판매한 거인들의 먹이가 되었다.

결국, 앞선 기술력이 넷스케이프의 운명을 구해 내지 못했다. 그들의 운명은 사용이 어려운 넷스케이프 모델 대신 사용자에게 모든 것을 다해 주는 AOL의 단순함을 채택한 사용자에 의해 결정됐다.

AOL과 타임 워너가 합병됨으로써 케이블 텔레비전과 컨텐츠 분야로 이동할 것이기 때문에 이와 비슷한 일이 발생할 가능성이 더 많아졌다. 신설 기업인 AOL 타임 워너는 수천만 명의 미국인이 AOL을 통해 광대역 인터넷 서비스로 전환하는 작업을 어렵지 않게 해 낼 것이다.

최종 결론은 다음과 같다. 기업이 100%의 시장 점유율을 갖는다는 것은 더 이상 중요하지 않다. 기업의 동기가 이타적인지 아니면 상업적인지도 문제되지 않는다. 기술이 경쟁사에 비해 더 우수한지도 문제될 게 없다. 진정 중요한 점은 고객들의 힘을 깨닫고, 그들에게 최대한 봉사해야 한다는 교훈을 기업 지도자들이 이해하는 데 있다. 그럴 수 있다면 기업은 번성한다. 그렇지 않다면 어떤 경영자도 계속 경영자로 남을 수 없다.

## 제2장

# 실시간 미디어 : 과거와 현재

뉴스 보도, 특히 통신사에서 일하는 사람에게 가장 매혹적인 요소의 하나는 사건이 일어난 즉시 그에 관해 알 수 있다는 점이다. 나의 1980년대 일터인 AP 통신사가 그러했다. 지진이 멕시코를 강타할 때 즉각 타전된 뉴스를 나는 보았다. 존 레논이 피살될 때는 몇 분만에 그 사실을 알았다. 항공기가 추락하거나 투수가 노히트 노런을 기록하거나 대형 합병이 성사됐을 때도 우리는 맨 처음 해당 소식을 알았다.

정보 또한 다양했다. 지방지에서 볼 수 있는 30개 내지 40개 기사 이외에는 매체 밖의 대부분의 사람들이 결코 보지 못할 수천 가지의 이야기를 AP는 쏟아 놓았다. 신문의 비즈니스 섹션에는 십여 가지 이야기가 고작인 반면, PR 뉴스와이어와 비즈니스와이어는 비중 있는 수백 가지 기사를 포함해서 하루에 수천여 기업 관련 자료를 게재했다.

나는 이러한 이야기를 대부분의 시민보다 훨씬 먼저 알았다. 그 때는 내가 마치 특수 계층인 것처럼 느껴지기도 했다. 그러나 그 특권은 더 이상 미디어 기업에서 일하는 수천 명의 사람들에게만 해당되는 것이 아니다. 그것은 이제 인터넷을 하는 모든 사람에게 해당된다. 그리고 그것은 일상의 삶을 살아가는 방식을 변화시키는 미디어 혁명의 첫 단계에 불과하다.

한 세기 이상 그 궤도 주위를 선회하던 실시간 미디어의 세계에 우리는 도달했다. 전신이 도입되자 실시간으로 일대일 장거리 통신이 이루어졌고, 이를 세련화한 전화에는 인간의 음성이 부가됐다. 라디오는 일반 대중에게 즉각적인 단방향 통신을 허용했고, 텔레비전은 음향에 영상을 추가했다. 이러한 미디어가 사회에 가한 충격을 우리는 잘 알고 있다.

그러나 이제 우리는 새로운 세계에 도달했다. 그 세계는 많은 사람들이 다른 사람들과 문자, 이미지, 음향, 또는 동화상을 통해 상호 작용하는 세계이다. 원래 그것은 무수한 자료로부터 읽고 싶은 것을 골라 선택하는 힘을 의미했다. 결국 이 선택 능력은 극적으로 확장되었고, 양방향 텔레비전 같은 멀티미디어 제품까지 포함하게 되었다.

구텐베르크가 인쇄술을 발명한 이래, 매스컴 사상 가장 중요한 진보는 인터넷이다. 그러나 인터넷이 얼마나 오랫동안 충격을 줄 것인가 하는 문제는 아직 미지의 영역이다. 인터넷이 인간의 삶에 얼마나 신속히 뿌리를 내리며 인간의 삶을 얼마나 증진시키는지 이해하고 싶다면, 비슷한 기술이 발전해 온 역사를 살펴보는 것이 도움이 된다.

1990년대 초반, 업계의 선각자들은 1997년까지 모든 인간이 '정보고속도로'를 질주할 거라며 낭만적 전망을 제시했다. 실시간 텔레비전으로 상호 작용하는 능력 등 특정한 기술의 도래 시점을 제외하면 이들의 예측은 크게 빗나가지 않았다. 당신은 몇 년 안에 현재의 DVD 기술을 이용해 야구 경기를 온라인으로 즐기면서 카메라 각도를 바꿀 수 있을 것이다.

이러한 진보가 점진적으로 이루어졌다는 것은 놀라운 일이 아니다. 대중과 기업의 관심이 라디오, 텔레비전, 컬러 텔레비전으로 옮겨지는 데 오랜 시간이 필요했던 것처럼 인터넷으로의 이행도 점진적인 양상을 보이고 있다.

고성능 개인용 컴퓨터가 1000달러 이하로 공급되고, 고급스런 웹사이트가 무서운 속도로 성장하는 추세로 보아 인터넷은 분명히 CB 라디오 같은 일시적 유행에 그치지 않을 것이다. 인터넷은 최소한 인쇄술, 전신, 전화, 라디오, 텔레비전과 대등한 수명을 누릴 것이다. 그리고 다른 미디어와 같이 인터넷과 장래의 양방향 기술은 업무, 엔터테인먼트, 투표, 학습, 생활 등의 방식을 변화시켜 고객의 권리를 강화할 것이다.

이 장의 후반부에서 이 새로운 미디어의 충격을 검토한다. 우선, 사회가 얼마나 신중하게 신기술에 적응하는지 과거로 거슬러 올라가 알아보자.

## 전신

사무엘 모르스는 최초의 전신 메시지를 1837년에 전송했다. 최초의 전보는 이후 7년간 보내지지 않았다. 기술이 실용화되는 데 많은 시간이 필요하다는 하나의 예라고 할 수 있다. 물론, 최초의 장비는 과거 카우보이 영화의 기차역에서 볼 수 있는 기계와 사뭇 달랐다. 모르스의 전신 기술은 통신 거리가 15~20마일에 그쳤다. (오늘날에는 이 문제를 확장성이라고 부른다.) 곧이어 중계기를 설치해서 통신 거리를 확장하는 방안이 마련됐다.

초기 전신 기술의 두 번째 문제는 한 번에 하나의 메시지만 보낼 수 있다는 점이었다. 만일, 메시지 두 개를 동시에 보낸다면 모르스 부호의 단음과 방점이 뒤섞이고 만다. (오늘날 이 문제는 대역폭 부족으로 알려져 있다.) 토마스 에디슨을 포함한 여러 발명가들은 메시지를 양방향으로 보내며, 동시에 전송 가능한 분량을 증가시키는 (다중화로 알려진 프로세스이다.) 방법을 고안했다.

그 이후 수십 년간, 2차 대전에 뒤이은 마이크로웨이브 전송의 광범위한 확산에 따라 전신 기술은 비약했고, 팩시밀리 시스템 또한 등장하여 이미지와 문서의 전송이 가능한 현대적인 팩스의 단초를 이루었다.

모르스가 자신의 최초 메시지를 전송한 뒤 100년이 지나서야 일반 시민들이 전보나 축하 메시지를 전송할 수 있는 통신 시스템이 널리 보급된 것이다. 물론, 이 때가 되어서야 전화로 대화하거나 라디오로 주요 뉴스를 청취할 수 있었다.

전신은 주식 시장, 정부, 국방, 기타 사회 분야에 강력한 충격파를 던졌다. 전신은 동시에 여러 곳으로 실시간 정보를 전달했다. 역사적으로 그 기능을 수행했던 봉화나 정글 속의 북 같은 장치들을 넘어선 최초의 미디어인 셈이다. 비즈니스 거래와 관련된 정보를 먼저 획득한 투자자는 소식이 널리 퍼지기 전에 주식을 사들였다. 정부는 적군이 공격중이라는 사실을 즉각 알 수 있었다. 그러나 대부분의 일반 고객들에게 그것은 일상 생활에 사용하지 못하는 신기한 것들로 여겨졌다.

## 라디오

나는 라디오가 인쇄술 발명 이후 인터넷 시대가 되기 전의 가장 중요한 매스컴의 진보였다고 생각한다. 마르코니라는 이름이 각급 학년의 역사책에 실린 연유가 아마 이것일 것이다. 그러나 마르코니가 언제 최초의 메시지를 전송했고, 그 방송의 성격이 어떤 것이었는지 아는 사람이 있다면 제법 똑똑한 축에 든다고 할 수 있다. 그것은 1894년이었고, 마르코니는 인간의 음성이 아니라 무선 전신을 전송했다. 모르스처럼 마르코니 또한 거리의 한계에 직면했다. 최초의 신호는 고작 1마일을 도달하는 데 그쳤다. 그러나 일반적인 시스템 개선은 모르스의 기술에 비해 한층 빨라졌다. 1899년에는 마르코니가 영국 해협을 가로질러 전파를 발사했다. 2년 후 마르코니는 영국에서 뉴펀들랜드로 신호를 보냈다.

하지만 음성 전송은 언제 시작됐는가? 우리가 지금 아는 라디오는 실질적으로 1906년 레지날드 페센덴(Reginald Fessenden)이 자신의 음성을 크리스마스 이브에 무선 전신으로 송출한 때부터 시작된다. 생생하고 또렷한 그의 육성을 청취한 무선 전신 종사자들은 당연히 크게 놀랐다. 페센덴의 명예는 노벨상을 수상한 마르코니에 결코 필적하지 못한다. 물론, 마르코니의 업적만큼 과학적 충격을 주지는 않았지만 페센덴의 기여는 사회적 충격이라는 점에서는 그보다 훨씬 강했다. 인간 음성의 송출은 요새말로 라디오의 '킬러 애플리케이션'이다. 이 애플리케이션으로 인해 라디오는 만인을 위한 필수 기술로 자리잡았다.

그러고 나서도 십 년이 지나서야 데이비드 사노프(David Sarnoff)는 아메리칸 마르코니 사의 자기 상급자들을 찾아가 라디오 장치를 위한 소비자 시장이 존재한다고 열심히 설득하게 된다. 그 무렵에는 수천 명의 '초기 채택자들'이 조잡한 안테나, 어스선, 한 조각의 광석을 가지고 자신만의 라디오 방송국을 세웠다. 당시 소년 시절을 보냈던 아버지는 원시적인 광석 수신기를 구해 이어폰을 자기 통에 넣어서 소리를 증폭시킨 일화를 즐겁게 회상하곤 했다. 우리 가족은 직선 핀으로 광석을 바로 맞춰 가며 통 주변에 모여 앉아 음향을 즐겼다. 라디오 선구자들의 아마추어 방송음을 (초기의 비상업적 웹사이트와 비슷한 통신이다.) 청취한 것이다.

선구자 가운데 한 명은 프랭크 콘라드(Frank Conrad)라는 엔지니어로서 그는 전파로 빅트로라(Victrola) 음악을 연주했다. 콘라드는 최초의 디스크 자키 가운데 한 명이고, 또 1920년대에는 자신의 고용주인 웨스팅하우스 전기 회사에 설치된 송신기를 이용해 워런 하딩이 대통령에 당선된 소식을 전함으로써 사실상 최초의 라디오 뉴스 진행자가 됐다. 1926년까지 500만 대의 라디오가 판매됐고, 미국 하원은 현재의 연방통신위원회(FCC)의 전신인 연방라디오위원회를 그 1년 후 설치했다.

네트워크가 형성됐고, 연예인이 슈퍼스타가 됐다. 페센덴이 새 역사를 만든 뒤 24년이 지난 1930년 무렵에는 라디오가 보편화됐다. 코미디와 음악이 암울한 대공황기를 헤쳐 가도록 활력을 주었다. 1941년 12월 7일, 프랭클린 루스벨트는 진주만이 일본의 공격을 받은 '치욕의 날'을 가장 극적으로 라디오 방송을 통해 발표했다. 역사상 최초로 단 몇 초만에 수백만 명의 국민이 개전 사실을 알았다. 라디오는 국지적 유행을 넘어섰고, 과거와 마찬가지로 현재에도 아주 불가결한 기술로 뿌리내려 있다. 미국에는 아직 전화 없는 가정이 생각보다 많지만 라디오가 없는 집은 극히 드물다.

유감스럽게도 라디오는 한계가 있다. 대역폭 제한으로 인해 대중이 이용 가능한 주파수대에 알맞은 프로그램의 수에 한계가 있는 것이다. 또한, 시청자가 전화로 참여하는 라이브 프로그램을 제외하면 대중 라디오 네트워크에는 양방향성이 결여되어 있다.

따라서 라디오가 막강한 사회적 힘을 갖지만 그 힘은 최소한 처음에는 어떤 프로그램을 방송할지 결정하는 방송 사업자의 손에 집중됐다. 결국 고객들은 자신이 좋아하는 프로그램에 다이얼을 맞추고, 그렇지 않은 프로그램에서는 빠져나옴으로써 그 힘의 일부를 확보했다.

이 정도의 통제 수준은 오늘날 웹 사용자가 자기 기호에 맞지 않는 사이트를 빠져 나오는 능력과 비교될 수 있지만 상당한 차이가 있다. 무엇보다 가용 라디오 주파수는 대중에게 제한적이지만 인터넷에는 그런 한계가 없다. 또한, 라디오를 합법적으로 방송하려면 정부의 승인이 필요하지만 웹사이트의 개설에는 법적인 제약이 없다. (아동 포르노, 또는 특정한 반사회적 행동은 예외지만 관련 법률의 집행이 현실적으로 매우 어렵다.) 마지막으로 미디어 통합 추세로 인해 소수의 대형 미디어 체인이 단일 시장 내에 라디오 방송국 다수를 장악하는 실정이라 라디오에 대한 고객의 통제는 가일층 제약된다. 이런 현상 또한 인터넷에서는 찾아보기 어렵다. 왜냐 하면, 대형 미디어 조직이 프로그램을 제작한다고 해도 무수히 많은 대안들이 지속적으로 등장하고, 그것들을 생산하는 기술 비용이 하루가 다르게 저렴해지고 있기 때문이다.

인터넷에서는 누구나 프랭크 콘라드가 될 수 있고, 실제로 수십만 명의 사용자가 자신의 웹사이트로 그런 지위를 누리고 있다. 중소기업이라 할지라도 인터넷의 상업적 잠재력을 인식하면 많은 수입을 올릴 수 있다.

미국의 대기업들은 라디오의 잠재력을 파악하는 데 있어 뼈아픈 실책을 저질렀다. 마르코니가 최초의 무선 전신을 전송한 시점과 콘라드가 하딩의 승리를 발표한 시점 사이에는 26년의 간격이 있다. 이와 비슷하게 인터넷이 최초로 등장한 이후 25년이 지나서야 본격적인 대규모 상업용 웹사이트가 문을 열었다.

## 텔레비전

연방라디오위원회가 탄생한 1927년, 필로 판스워스(Philo Farnsworth)는 텔레비전의 심장격인 신형 진공관을 개발하고, 무선파를 통한 영상 전달의 실현 가능성에 대한 일부의 회의적 시각을 불식시켰다. 1년 후, 최초 방송이 뉴욕 주 북부에서 실시됐지만 그것을 본 사람은 극소수였다.

그 후, RCA 사가 1939년 뉴욕에서 열린 세계 박람회에 텔레비전 시제품을 소개하기까지 11년이 더 흘렀다. 또한, 제2차 세계대전의 여파로 인해 텔레비전이 대중 시장에 등장한 것은 판스워스의 발명 후 18년이 지난 1945년이었다. 이 때도 텔레비전은 오늘날의 인터넷과 비슷한 인기를 누렸다. 1948년 무렵, 규제 당국은 텔레비전의 성장세에 당황한 나머지 신규 방송국 면허를 중단했다.

금지 조치는 4년간 계속됐지만 텔레비전을 막을 수는 없었다. 2차 대전이 끝나고 10년 후에는 미국 가정의 60% 이상이 텔레비전을 보유했다. 1960년대 중반에는 그 수치가 95%가 되었고, 미국의 평균 가정은 하루에 7시간을 텔레비전 시청에 소비한다.

텔레비전 방송이 시작된 지 50년이 지났지만 여전히 그 잠재력을 발휘하지 못한다는 심각한 비난을 받고 있다. 세계의 위대한 공연 예술, 교육, 건강 관련 정보 등 사회적 편익을 주는 창구가 되기보다는 실없는 시트콤, 잔혹한 수사 드라마, 인간의 말초적 자극에 호소하는 토크쇼, 그리고 연이은 재탕으로 삐거덕거리고 있다.

일말의 자존심을 가진 사람이라면 텔레비전 프로그램이 품위가 높다고 말할 사람이 한 명도 없겠지만, 우리가 보지 않는다면 그런 프로그램이 전파를 탈 리 만무하다. 공영 텔레비전 방송국이 고전 콘서트를 방송하면 극소수만 시청한다. 그러나 풍만한 육체파 배우가 열연하는 인기 시리즈인 '자인펠드' 가 종영된다는 소식은 전직 대통령의 죽음보다 더 집중적인 언론의 조명을 받는다.

미국의 텔레비전은 2006년까지 아날로그 시대에서 디지털 시대로 전환을 완료하게 돼 있다. 그 의미는 무엇인가? 당연히 2006년에 이르면 텔레비전 세트가 지금의 개인용 컴퓨터와 비슷한 방식으로 데이터를 파장이 아니라 0과 1로 구성된 부호로 판독해서 신호를 내려 받는다는 뜻이다. 또한 고객이 인터넷을 통해 모든 자료를 포함, 이용 가능한 모든 프로그램을 끌어올 수 있다는 뜻이다. 4개의 VHF 방송국, 몇몇 UHF 방송국, 재정이 빈약한 1개의 공영 방송국에 그치지 않고, 시청자들은 세계 각처의 '프랭크 콘라드'로부터 거의 무제한으로 프로그램을 선택할 수 있다. 프로그램의 기술 품위는 아마추어 수준부터 고도의 전문 수준까지 다채로울 것이다. 오늘날 수백만 명의 대중이 기술 품위는 높지만 멍청한 텔레비전 쇼 대신에 웹페이지를 선택하듯이, 시청자들은 기술적 우위보다는 개인적 선호를 중시할 거라고 나는 생각한다.

인터넷이 단지 소수의 지식인, 정치적 극단주의자 등의 소굴로 남는다면 장래에 전개될 사태의 지표로는 빈약할 수밖에 없다. 그러나 위에서 논의했듯이, 이미 수천만 명의 대중이 인터넷을 사용하며 개인 금융, 뉴스, 그리고 자전거 타기부터 뜨개질, 대체 의학에 이르는 무수한 영역으로 관심 지대를 확장하고 있다. 물론 섹스, 컴퓨터 게임, 모험 대화방, 그리고 상업주의적인 미디어에 대한 대중적 관심은 여전하다. 그렇다고 해도 아무 상관이 없다. 이제 고객들은 자신이 보기 원하는 것을 통제하고 있다.

## 인터넷과 정상에의 복귀

1990년대 초반 정보고속도로가 금융 회사 사이에 회자될 즈음, 나의 오랜 친구 에릭 벤슨이 건넨 말은 나의 관심을 자극했다. "정보고속도로는 이미 우리 곁에 있다! 그것은 인터넷으로 불린다."라고 그는 비아냥거렸다.

그 당시 나는 확신이 안 섰지만 이 분야에 박식한 에릭은 자기 발언의 진의를 내심으로 체득하고 있었다. 나중에 넷스케이프로 직장을 옮겼지만 이 회사가 정상에 도달하자 역시 넷스케이프에서 일한 부인과 함께 아마존닷컴으로 불리는 온라인 서점으로 옮겨 창업에 조력했다.

다른 실시간 미디어 또한 무시 못할 사업 기회를 낳았다. 전신은 웨스턴 유니온을 탄생시켰고, 전화는 미국전신전화회사를 낳았다. 라디오는 RCA를 태동시켰고, 텔레비전은 공중파 방송국을 탄생시켰다.

인터넷은 개인 차원에서 또한 양방향성을 제공하는 최초의 실시간 대중 매체이기 때문에 더욱 큰 충격을 던질 것으로 예상된다. 지금까지 인터넷은 아마존, 야후!, AOL 같은 몇몇 거대 기업을 탄생시켰다. 그러나 이는 현재 활동중인 거의 모든 기업을 궁극적으로 포괄하는 격변기의 첫 단계에 지나지 않는다. 전화 회사, 공중파 방송국, 케이블 텔레비전, 라디오 방송국, 대부분의 주요 테크놀러지 기업들이 대화형 매체라는 멋진 신세계에서 틈새를 찾으려고 안간힘을 다하고 있다. 시장이 정리되면 모든 확률 게임은 다시 원상으로 돌아갈 것이다. 인터넷은 이윤 마진, 경쟁, 서비스, 고용, 부동산, 그리고 현재 사업을 수행하는 거의 모든 차원을 변형시킬 것이다.

인기 있는 대중용 투자 지침서를 저술한 프린스턴 대학교의 경제학자 버튼 말키엘(Burton Malkiel)은 『월가 산책』이라는 책에서 양방향의 미래를 다음과 같이 적었다. "우리가 산업 혁명에 비견되는 정보 혁명의 한 가운데에 있다는 사실은 의심의 여지가 없다고 생각한다. 그 점에 대해서는 이견이 있을 수 없다."

현재 진행되는 혁명을 가장 진지하게 바라보는 사람의 하나가 연방준비제도이사회 의장인 앨런 그린스펀(Alan Greenspan)이다. 작금의 미국 장기 호황의 주역으로 찬사를 받는 그는 기술이 경제에 기여하는 효과에 매우 후한 점수를 주고 있다. 예컨대, 그린스펀은 한 연설에서 현대 의학부터 농업에 이르는 모든 분야에 기술이 생산성에 끼치는 충격을 논의한 적이 있다. "정보기술로 불리는 최근의 혁신은 5년 전에는 생각할 수 없던 방식으로 사업 수행과 가치 창출의 방법을 수정하기 시작했다."고 그는 지적했다.

이것은 유력한 요인이다. 가치의 한 요인인 이윤 성장을 검토해 보자. 생산성 개선은 이윤 증대를 가져온다. 그린스펀 의장이 지적했듯이 1990년대 중반에 기관 투자자 추정 시스템(Institutional Brokers Estimate System)의 조사에 응한 분석가들은 이윤 성장률을 11%로 예측했다. 5년 후, 또 다른 비교 집단을 조사한 결과 이윤 성장률은 13.5%로 예측됐다. 이런 현상은 연간 이윤 성장률이 3배에서 4배나 빠른 테크놀러지 분야에서 특히 두드러진다.

그렇다고 해도 인터넷의 위력에 푹 빠진 경제학자를 찾는 것은 쉬운 일이 아니다. 대부분의 인터넷 관련 기업들이 이윤을 내려면 아직 여러 해를 더 기다려야 한다. 그리고 웹 기술과 생산성 향상 사이에 직접적 인과 관계를 찾기 어렵다. 그린스펀마저 같은 연설에서 기술의 모닥불에 찬물을 끼얹었다.

"여태껏 살아오는 동안, 사라져 버린 이른바 새 시대를 너무 많이 경험했기 때문에 우리가 하나의 새 시대에 들어섰다고 말하지는 않겠다."며 다음과 같이 부연했다. "그 대신, 과거에 종종 경제를 엄습한 것과 같은 구조적 변화를 겪을 가능성이 크다."

이 구조적 변화는 고객에게 가장 큰 편익을 가져다 줄 것이다. 내가 생각하는 가장 좋은 사례는 책과 관련된 것이다. 1990년대 중반 대형 서점 체인이 급성장하며 소매 희망 가격보다 낮은 가격으로 군소 서점을 위협한 사실을 상기해 보라. 그러나 아마존은 그들보다 더 나았다. 아마존은 현실 공간의 소매 서점보다는 오히려 우편 주문 서점과 유사한 점이 많아 간접 비용을 낮춘 결과로 최고 40%의 가격 할인을 제공했다. 반스앤노블닷컴이 1999년 봄 주식을 공개하기 1주일 전, 아마존은 《뉴욕 타임즈》 베스트셀러 서적의 희망 가격을 50%나 할인했다.

그렇다면 웹 신진업체가 아마존보다 더욱 낮은 간접비를 활용해 가격을 60% 할인한다면 어떻게 되겠는가? 실제로 북스어밀리언(Books-a-Million) 사는 약 1주일 후에 그렇게 조치했다. 경쟁사 수가 증가하고 기술 비용이 하락하는 웹에서는 가격 경쟁이 불가피하며, 그 귀결로 이윤 마진은 1% 내지 2%로 급락하게 된다. 상식적으로 알고 있는 서점의 이윤 마진인 40%에서 60%가 아니라, 오늘날 식품 소매업의 마진에 불과한 수준이다.

말키엘은 다음과 같이 풀이했다. "완전 경쟁으로 누구나 시장에 진입할 수 있다면 이윤 마진은 거의 제로로 된다는 것이 경제학의 기본 원리이다."

이것은 단기적으로 고객들에게 아주 놀라운 결과를 가져온다. 30달러에 팔리던 책을 60%나 추락한 가격인 12달러에 살 수 있다. 이는 이윤 마진의 영구적 감축을 뜻한다. 단기적인 추세의 후에는 중장기적으로 가격이 다소간 오름세를 보일 것이다. 인플레 혐오론자인 그린스펀이 장기적으로 낡은 패턴이 다시 등장한다고 보는 이유가 바로 이것이다. 마찬가지로 인터넷과 관련된 생산성 개선은 새롭고 예측 가능한 구조의 일부가 되면서 장기적으로 정상이라는 감각을 생산하며, 전통적인 주식 평가 방법을 회복시킬 듯하다.

## 생산성 향상과 웹 수익 분배

앞에서는 책값이 단기적으로 하락한다고 설명했다. 그러나 그것이 전부는 아니다. 인터넷에서 판매 가능한 거의 모든 제품이 가격 할인 경쟁에 뛰어든다. 여기에는 샴푸, 시디, 항공권, 일정한 의류, 기타 무수한 타 품목이 포함된다.

일부 품목은 가격 할인폭이 적을 것이고, 어떤 것은 인터넷에서 판매하기가 힘들지도 모른다. 만일, 당신이 가죽으로 내부 장식이 된 진녹색의 2도어 새턴 승용차를 원한다면 웹을 통해 주문할 수 있다. 텔레비전 광고에서는 마치 기숙사 문 앞에서 피자 배달을 받듯이 한 대학생이 기숙사에서 새턴 자동차를 주문하면 그것이 배달되는 광경을 보여 준다. 그러나 자동차 가격이 60%나 할인될 것이라고 기대해서는 안 된다. 새턴은 종전과 같이 많은 이윤을 남기고, 공장에서 문 앞까지 자동차를 수송하는 비용은 고객이 지불해야 하며, 자동차 딜러도 여전히 제몫을 챙길 것이다. 이 경우, 최대 비용 요인은 변하지 않는다.

새턴 광고를 피자의 경우에 비교해 볼 수 있다. 피자를 어디서 먹든지 간에 피자 비용은 같다. 식당 서비스 직원을 고용하는 간접비가 피자를 배달하는 간접비로 이전되기 때문이다. 그래서 큰 가격 변화 역시 기대하기 힘들다.

슈퍼마켓의 식품 판매는 이윤이 극히 박하다고 한다. 따라서 수프 깡통을 문 앞까지 배달받는 방법이 점포에서 직접 구입하는 것보다 더 저렴한지 자문해 보아야 한다. 일부 식품점의 경우는 많은 사람이 직접 몸을 움직여 과일, 육류, 야채류를 선택하기도 한다. 하지만 식품을 가정으로 배달받는 편리함은 퍽이나 매력적이다.

금융 서비스와 의료 등 많은 서비스가 웹으로 인해 근본적인 변화를 겪고 있다. 안방의 텔레비전은 현금 출금 기능을 제외한 모든 거래를 수행하는 미래의 은행이 될 수 있다. 미래에는 여하튼 현금 수요가 더 적어질 것이다. 그리고 아마 현금과 비슷한 예금을 '현금 카드', 혹은 '전자 지갑' 형태로 사용할 수 있을 것이다. 전자 지갑을 휴대하고 다니면서 신문 값이나 달걀 값을 지불할 수 있게 된다. 이미 무수히 생겨난 인터넷 증권 회사를 통해 주식을 사거나 팔 수 있을 것이고, 이 추세는 24시간 거래소 개장 추세와 더불어 더욱 가속화될 것이다.

질병의 원인을 알기 위해 온라인 질문을 할 수 있다면 의료 서비스 또한 급변할 것이다. 친절하게 병상을 돌보는 의사를 컴퓨터가 추월할 수는 없지만, 처방이 내려지기 전에 모든 대책이 마련됐다는 점을 확신할 수는 있다.

자동차 수리나 교육 등 많은 서비스는 전통적 형식을 유지할지 모른다. 그러나 이러한 서비스 또한 온라인을 통해 보완될 수 있다. 교사는 인터넷의 도움을 받아 교안을 짤 수 있고, 차량 정비사는 수명이 20년 지난 카뷰레터의 그래픽 도면을 확인할 수 있다. 어쨌든, 웹상의 소매업이나 서비스의 성공 여부는 기존의 제품별 이윤 마진, 그리고 생산, 영업, 배달과 관련된 비용의 분할에 따라서 제품별로 다를 것이다.

## 인터넷 대중 동원 전망

당신이 뽑은 상원 의원의 총기 통제에 대한 입장은 무엇인가? 낙태는? 감세 문제는? 당신은 어쩌다 시간을 내어 하원, 주의회, 또는 시의회의 의원에게 서신을 보내는가?

입후보한 정치인의 선거 자금 모금 실적을 얼마나 쉽게 알 수 있는가? 텔레비전 투표를 실시한다면 투표 의사가 더 높아지는가?

인터넷이 정치에 미칠 잠재력을 생각한다면 이상의 문제들을 숙고해야 한다. 확실히 시민이 온라인 정치를 통해 능동적인 역할을 수행하려면 사회적인 면에서의 대대적인 변화가 필요하다. 그러나 대중적인 사회 운동이 로자 파크(역자 주 : 미국의 흑백 차별에 반대해 1940~1960년대에 활약한 여성 인권 운동가)나 마하트마 간디 등 특정 개인으로부터 시작된 예를 우리는 알고 있다. 좋은 의미든 나쁜 의미든 인터넷이 비슷한 마음을 가진 사람을 동원하는 데 어떤 영향을 미칠지 상상해 보라.

이와 함께, 입후보자가 주요 쟁점에 대한 자신의 정견을 표명하고 선거구민이 여론을 쉽게 표출하도록 전자 메일 링크를 마련하거나 대화를 나눌 수 있게 하는 웹사이트를 만들지 않는다면 무언가 숨길 것이 있거나, 혹은 무척 우매하다고 생각하지 않을 수 없다. 뜨거운 쟁점에 대해서는 웹이 온라인 '공회당' 모임을 수행하는 기능을 제공한다. (가상 공간보다는 현실 공간의 모임이 복잡한 정서적 쟁점의 해부에 더 나은 통로라고 할 수 있다.)

보다 상위의 차원에서는 즉각적인 통신이 세계 정치에 어떤 영향을 주는가 하는 양날의 칼 같은 문제가 있다. 통신이 개선되면 세계적인 위기를 피할 가능성을 증대시킨다. 분명히 웹은 세계를 '축소시키는' 효과를 가지며, 우리가 누구이고, 어느 나라가 모국이든지 간에 모두가 같은 인류라는 메시지를 실감시킨다. 우민 정책을 펼치는 정부의 악선전에 대해서는 반대 의사를 표명함으로써 해악을 중화시킬 수 있다. 그리고 전통적인 도로 시위에 비해 덜 폭력적인 집회의 장으로 사용될 수도 있다.

웹은 즉각적인 성격 때문에 분노가 순식간에 전 세계로 확산될 수 있다는 단점을 갖는다. 많은 나라가 화학, 생물학, 원자 무기 등 대량 살상 기술을 보유하고 있기 때문에 즉각적인 국민 간의 대결보다는 '냉각 기간' 을 갖는 편이 바람직할 경우가 많다. 미국 공군기가 베오그라드의 중국 영사관에 폭탄을 투하하자 중국의 성난 군중은 미국 관할 건물 밖에서 폭력적 시위를 벌이며 즉각적인 분노를 터뜨렸다. 인터넷은 이 같은 이미지의 확산을 자극함은 물론 선량한 저널리즘보다는 의제의 전파에 더 관심을 갖는 집단들이 주도하는 어정쩡한 신흥 보도 계층을 탄생시킬 수 있다.

## 수입 모델과 대역폭이 관건

여가 시간의 비중이 높은 엔터테인먼트의 경우는 인터넷이 그 양태를 변형시킬 것인지 미리 알아 볼 만한 충분한 가치가 있다. 간단히 말해, 차이점은 선택폭과 대역폭의 확장이다. 그것이 무슨 말일까?

웹에는 갖가지 새로운 가능성이 수반된다. 세계 도처의 거의 모든 언어로 짜여진 프로그램에 금방 접속할 수 있기 때문이다. 이러한 프로그램은 다소 조악한 상태지만 갈수록 개선되고 있다. 그리고 이 추세는 다음 두 가지 조건이 충족된다면 급속한 성장세를 보일 수 있다.

1. 방송 사업자가 프로그램을 공급할 만한 동기가 있어야 한다. 오늘날 대부분의 방송 사업자는 일반 대중을 겨냥한 광고에 의해 유지된다. 글로벌 방송의 경우에는 서로 다른 지역에서 제품을 사용할 수 없거나, 서로 다른 브랜드로 알려져 있기 때문에 광고 수주에 어려움이 있다. 예를 들면, 특정 고객이 독일에서 버드와이저 맥주를 찾는 데 어려움을 겪을 수 있다. 물론, 방송 사업자는 교육 등 이타적 이유에서 쇼 프로그램을 내보낼 수는 있다. 그러나 어느 정도의 동기는 있어야만 한다.
2. 방송 사업자가 전송하기를 원하고 고객이 수신하기를 원하는 메시지를 전송할 적절한 대역폭이 있어야 한다. 무선 전신, 전화, 라디오, 텔레비전의 예와 마찬가지로 웹에 있어서도 대역폭 부족은 지속적인 제약 요인이 될 수 있다. 많은 기업은 충분한 대역폭 공급을 낙관하지만 그런 신념을 무색케 하는 많은 역사적 근거가 있다. 양방향 멀티미디어 프로그램같이 데이터 비트가 과도한 응용 업무는 가용 대역폭을 급격히 소모한다. 대역폭 확장 기술이 다각도로 모색되고 있지만 아직 현실화되지는 못하고 있다.

웹 응용 업무를 위한 적절한 대역폭 창출 문제는 고속도로가 언제나 여유롭게 존재한다는 가정이 성행한 1950년대 자동차 산업의 성장기를 연상시킨다. 그 때는 '교통 지옥' 이나 '체증' 이라는 말이 만들어지기 이전이었다.

적절한 대역폭 지원이 없다면, 진정한 실시간 멀티미디어가 구현될 수 없다.

## 제3장

# 컴퓨팅 파워의 보편화와 지능화 : 미래와 도달 방안

커크 함장이 휴대한 통신 장비의 절반 크기인 이동 전화를 본 적이 있을 것이다. 스타십 엔터프라이즈호를 타고 최초의 우주 비행을 하려면 아직 여러 세기가 더 걸리겠지만, 모토롤라 사는 이 텔레비전 영화 '스타 트랙'을 구경한 사람은 누구나 그 같은 깜찍한 물건을 가지려 한다고 낙관했다. 그래서 우리는 지금 이동 전화를 하나씩 갖고 있다. 대화 상대가 지구를 둘러싼 방사능대에서 벗어날 때에는 통신에 지장이 있겠지만, 예컨대 샌프란시스코와 파리 사이에서는 제대로 작동될 것이다.

우리가 여기서 어디로 갈 것인지는 예언하기 어렵다. 또한, 우리가 무엇을 원하게 될지를 아는 것조차 그만큼 더 어려워졌다. 그러나 조만간 더 작고 더 저렴한 기기가 선보일 것이고, 그것이 이동 전화이든 아니든 그 중 최고의 제품은 인터넷과 연결될 것이라는 점은 확실하다. 이러한 기기들이 효과적으로 작동할 수 있도록 하는 대역폭의 개선이 비약적으로 일어나고 있다. 웹 정보를 편리하게 조작하도록 하는 무형의 도구인 소프트웨어도 급팽창하고 있다. 인터넷이라는 정보의 바다에서 인간 대신 밭갈이를 해 줄 로봇 '심부름꾼'이 출현하게 될 것이다. 이에 따라 고객들은 무시무시한 힘을 가지고 문자, 음성 및 영상 접촉을 통해 정보에 접속하고, 거래 상대를 찾으며, 세계 각지의 사업가 및 네티즌과 실시간으로 상호 작용할 수 있다.

우리가 장래에 보유할 기술 목록을 예측하기는 어렵다. 많은 사람이 갖가지 예측을 시도했지만 미덥지 않은 결과만 남겼다. 대신에 나는 작고, 저렴하며, 보편적이고, 놀랄 만큼 지능적인 기기와 소프트웨어로 인터넷을 파고드는 다양한 가능성을 검토하려고 한다. 많은 사람들이 이러한 장치를 원한다면 누군가가 해당 기기를 개발할 것이다. 그리고 개발이 이루어지면 대중은 그것을 원할 것이다.

첫째, 현 시점은 40년 전에 시작된 장기간의 추세에서 하나의 단계에 불과하므로 앞으로의 발전 양상을 잘 이해해야 할 필요가 있다. 아마도 1950년대와 1960년대의 초창기 컴퓨터 사진을 본 적이 있을 것이고, 어떤 사람은 직접 목격한 경우도 있을 것이다. 1962년경의 어느 날, 아버지는 자신이 일하는 은행으로 나를 데리고 가더니 자랑스럽게 최신 기술 제품을 보여 주었다. 여러 사람의 작업을 하며 24시간 작동하는 컴퓨터라고 알려 줬다. 진공관은 보통 교실 크기로 큰방을 채울 정도였다. 여러 개의 팬이 잡음을 내며 열기를 식혔다. 가격은 10만 달러 이상으로 당시로는 대단한 가격이었다.

그 장비가 쿠바의 미사일 위기 당시 최첨단 컴퓨팅 기술이었다는 사실을 생각하면 섬뜩할 뿐이다. 미국항공우주국 과학자들이 여전히 대부분의 계산에 자를 이용하던 60년대에 인간이 달에 착륙했다는 사실은 경이롭기까지 하다.

내가 이 책의 저술에 이용한 200메가헤르츠 컴퓨터는 아버지의 은행에 있던 구시대 장비에 비할 수 없을 만큼 우수하다. 컴퓨터는 내 책상 위에 있고 가격은 2000달러 미만이다. 이 컴퓨터를 구입한 2년 후, 데스크탑에 비해 가격은 절반이지만 성능은 더 나은 1.3kg짜리 서브 노트북을 구입했다.

이제는 책 크기만한 무선 컴퓨터가 출하돼 개인의 주식 포트폴리오나 지역의 날씨 같은 개인화된 웹 서비스에 어디서나 즉시 접속할 수 있다.

인텔 사의 공동 창업자 중 한 사람인 고던 무어가 말한 무어의 법칙의 그림자를 지난 수십 년간 우리는 지켜본 셈이다. 1965년에 무어는 반도체 칩에 내장된 트랜지스터 수는 18개월 내지 24개월마다 2배로 증가한다고 예측했다. 인텔에 의하면 그 결과로 20세기 마지막 25년 동안 3200배의 증가가 있었다. 동시에 마이크로프로세서의 가격은 급락하여 750만 개의 트랜지스터를 내장한 펜티엄 II 칩은 일류 호텔의 하룻밤 숙박비에 미치지 못한다. 결국, 고객의 수중에 대단한 컴퓨팅 파워가 주어졌다.

## 네트워크의 보편화

우리는 어디로 가고 있는가? 우리는 인터넷으로 향하며 무어의 법칙을 따라 순항하고 있다. 다시 한 번, 고객들은 막강한 권리를 획득하고 있다.

'거래의 신경제' 라는 제목이 붙은 1999년의 한 연구 보고서에서 딜로이트 컨설팅 사의 데이비드 로디(David Roddy) 박사는 다음과 같이 적었다. "이 힘은 19세기 말의 산업 혁명보다 강력한 변화의 물결을 몰고 올 수 있다. 무어의 법칙이 개인용 컴퓨터의 성능과 가격에 미치는 영향은 앞으로 인터넷을 통해 더욱 확대될 것이다."

우리가 어느 곳으로 낙착되든지 간에 지금 이 시점에서 인텔, 마이크로소프트, IBM, 노벨, 오라클, AT&T, MCI월드콤 등 거의 모든 주요 테크놀러지 기업이 연구 개발의 초점을 인터넷과 관련 기술에 쏟고 있다는 점에 주목해야 한다. 그런 사태가 발생하는 이유는 단순하다. 즉, 앞으로 10~20년 사이에 컴퓨터와 소프트웨어에 어떤 진보가 이루어지든지 그것들이 인터넷 같은 보편적 미디어를 통해 다른 컴퓨터와 연결되지 않는다면 아무 소용이 없다는 것이다.

네트워킹이 왜 그토록 중요해졌는가? 우리가 양방향성에 관해 논의할 때를 상기해 보자. 인간은 사회적 존재이다. 우리는 상호 작용을 해야 한다. 그리고 네트워크가 없다면 다른 사람과 상호 작용을 할 수 없다. 인터넷이 설령 근본적인 변혁이나 팽창을 경험한다고 해도 인터넷은 보편적 네트워크라는 개념을 대변한다.

인터넷을 이처럼 강력한 개인의 도구로 만들어 주는 원인이 그것을 사용하는 다른 사람들의 수라는 점은 역설적이다. 인터넷 사용자가 많아질수록, 그리고 네트워크로의 접속이 빨라질수록 인터넷의 힘은 상승한다. 모뎀 속도가 개선되면 개인은 인터넷으로부터 더 빨리 정보를 내려 받을 수 있다. 프로세서 속도가 600메가헤르츠를 넘어서면 각종 정보를 더 빨리 처리할 수 있다. 브라우저 및 운영 체제 등의 소프트웨어가 개선될수록 정보는 이전에 비해 더 빠른 시간 안에 표시될 수 있다. 이 모두가 고객의 권리를 강화시킨다.

테크놀러지 분야의 경쟁은 이러한 모든 요소들의 개선을 지속적으로 증진시킬 것이다. 테크놀러지 전문가들은 이 추세의 끝을 알 수 없다고 입을 모은다. 테크놀러지의 가장 현저한 특징 중 하나는 컴퓨팅 성능에 대한 무어의 법칙에도 불구하고 특별한 돌파구를 통해 미래로 비약할 수 있다는 사실이다. 한 예로, 연구자들이 음향 신호를 압축하는 더 나은 방법을 개발한다면 사용자들은 개선된 품질의 음향을 실시간에 내려 받을 수 있다. 시디 롬의 등장에 따라 십여 개의 플로피 디스크에 저장된 정보를 값싼 플라스틱 조각 하나에 담을 수 있는 것이다.

다년간 마이크로소프트의 경쟁 위협을 방어하느라 투쟁해 온 노벨(Novell) 사는 또 다른 비약을 준비하고 있다. 이 회사는 컴퓨터에서 정보를 찾을 때, 마치 전화부와 같은 역할을 하는 디렉토리 서비스라는 소프트웨어 기술에서 우위를 누려왔다. 그러나 노벨이 추구하는 목표는 인터넷을 사용하는 사람들에게 디렉토리 서비스를 제공함으로써 검색 엔진이나 지능형 브라우저의 필요성을 근본적으로 대체하는 것이다.

이렇게 생각해 보자. 오늘날 인터넷에서 정보를 얻으려는 개인은 일반적으로 개인용 컴퓨터를 통해 로그온하며, 개인용 컴퓨터는 개인 입맛에 맞춘 사양에 따라 구성되어야 한다. 그 사람이 또 다른 컴퓨터를 사용한다면 비슷한 절차를 반복해야 한다. 이유는 네트워크로 연결되는 개체가 개인이 아니라 컴퓨터이기 때문이다. 노벨은 컴퓨터가 아니라 개인을 중심으로 디렉토리를 재편한다는 구상이다. 이에 따라 누구나 어느 곳에나 보급돼 있는 모든 컴퓨터를 사용해서 인터넷에 접속하며 모든 개인 정보와 맞춤형 애플리케이션에 즉각 접속할 수 있다. 여행객은 휴대용 정보 단말기, 이동 전화, 랩톱에 각각 다른 정보를 운반하는 대신에 항공기 좌석이나 고객 사무실에 설치된 컴퓨터로부터 간단히 인터넷에 접속해서 전자 메일을 점검하고 보고서를 검색하거나 비밀 재고자료를 점검할 수 있다.

오늘날 공중 전화가 어디에나 있듯이 컴퓨터가 거의 모든 곳에 배치되는 시점이 온다. 당신은 오늘 아침 집을 나설 때 책상 위에 전화기를 놓고 떠났다. 필요하다면 어디서나 전화기를 찾을 수 있기 때문이다. 곧 컴퓨터도 전화기처럼 될 것이다.

## 음성과 데이터의 수렴

이동 전화로 인터넷의 다양한 서비스를 맛볼 수 있다. 지금 당장이라도 샌프란시스코 만을 항해하는 유람선에서 파리로 전화를 할 수 있다. 좀더 개선되어야 할 점은 무엇일까? 아마도 전화기를 통해 프랑스어로 통화할 수 있다면 훨씬 편할 것이다. 사용자가 컴퓨터에게 보고서를 받아쓰게 할 수 있는 음성 인식 소프트웨어들이 이미 공급되고 있다. 개인이 서로 다른 언어로 말하더라도 음성 인식 기술과 번역 소프트웨어가 결합된 이러한 장치들이 인간 상호간 의사 소통과 이해를 가능하게 한다.

이것이 굳이 인터넷을 경유해야 할 응용 업무는 아니다. 단순히 위성 시스템이나 전통적인 육상 전화망을 경유해도 무방하다. 그러나 인터넷을 저렴한 통신 채널로 이용하자는 주장에는 귀가 솔깃해진다. 누구나 거의 모든 곳에서 인터넷에 연결되며 음성 통신 품질은 인간의 청각 능력보다 우수한 수준으로 급상승하고 있다. 인터넷 서비스 사업자(ISP)를 통해 최소 비용으로 파리에 전화 연결을 할 수 있는 상황에서 구태여 직통 전화를 걸어야 할 이유라도 있는가?

파리와 전화 통화가 끝난 뒤에는 전자 메일을 전송할 필요가 생길 수 있다. 그러나 무선 모뎀을 사용하며 키보드로 메시지를 입력하는 방법이 아니라 간단히 컴퓨터에게 명령해 새로운 메시지를 읽게 하고 전송하려고 하는 모든 메시지를 명령할 수 있다. 이 모두가 시내 통화 비용으로 가능해진다.

모토롤라 사의 CEO 대리인 프레드 터커는 1999년 미니애폴리스에서 열린 주주 총회에서 음성과 데이터를 결합하는 '3세대' 이동 전화의 개발 사실을 전하면서 투자자 집단을 안심시켰다. 모토롤라는 이전의 2세대 제품처럼 표준화 문제가 일어나지 않도록 노력하겠지만, 만약 필요하다면 복수 표준에 대응하는 전화기를 만들 방침이라고 터커는 천명했다. 언제 어디서나 어떤 종류의 통신이라도 제공하겠다는 의지의 표현이다. "인터넷은 대대적인 변화를 초래하며 음성과 데이터의 수렴을 강요하고 있다."

## 황금은 어디에 두는가

인터넷은 또한 돈의 근본 성격에 변화를 가하고 있다. 가상 화폐가 거론되고 있는 것처럼 미래의 사람들에게는 많은 현금이 필요하지 않을 것이다.

불과 몇 년 전, 나는 거의 매주 은행에 들러 현금을 인출하고는 식품, 휘발유, 금요일의 영화 요금으로 지불했다. 지금은 이 모두를 현금 자동 입출금기(ATM)나 신용카드로 쉽게 지불한다. 머지 않아 나의 전자 지갑으로 그 비용을 지불할 수 있게 될 것이다.

90년대에 본격 개발되고 있으며, 유럽의 많은 지역에서 널리 사용중인 전자 지갑은 신용카드와 비슷한 도구에 소액의 현금을 저장할 수 있다. 그것을 스캔하여 시장이나 극장에서 가격을 지불하거나, 신문 같은 것들을 살 수 있다. 실제 현금이 관련되지 않기 때문에 사용자는 세계 어디서나 인터넷을 통해 자신의 은행 계좌에 접속하여 카드를 충전시킬 수 있다. 위조 화폐를 제조할 때, 컬러 복사기와 레이저 프린터를 사용해 진짜 빰치는 화폐를 찍어내듯이 새로운 기술이 현금을 점차 무용지물로 만들고 있다.

초보적인 전자 지갑은 전화카드나 직불카드 형태로 판매되고 있다. 그러나 전화카드는 보통 현금으로 구매하고, 전화 통화를 할 때만 사용된다. 직불카드는 전자 수표와 비슷한 ATM 카드와 별로 다를 바 없다.

더욱 향상된 전자 지갑 버전이 2005년이 되면 일상화될 듯하다.

전자 지갑에는 다른 정보나 자산이 대거 저장될 수 있다. 예컨대 주소록, 진료 기록, 일정, 기타 여행 시 편리한 정보를 담을 수 있다. 정기적으로 먹는 약이나 안경 도수 같은 처방 정보가 포함될 수도 있다.

아니면 당신이 업무차 뉴욕에서 샌프란시스코로 이동중이며, 그 곳에서 발레를 관람하고 싶다고 가정하자. 당신은 간단히 전자 지갑을 컴퓨터에 밀어 넣고 티켓을 온라인으로 구매하고, 전자 지갑에 티켓을 저장한다. 쇼가 펼쳐지는 전쟁 기념관 공연장에 도착할 때, 개찰원은 당신의 전자 지갑을 특별 장치에 통과시킨 다음 지정 좌석으로 안내한다.

4막으로 구성된 백조의 호수를 관람한 후, 헤이즈 스트리트 그릴에서 식사하고픈 생각이 굴뚝같지만 유감스럽게도 현금 충전을 하지 못했다. 그래도 문제는 없다. 전자 지갑은 개인 선택에 따라 신용카드나 직불카드처럼 쓸 수 있기 때문이다. 아니면 식당의 인터넷 링크를 통해 필요한 현금을 내려 받을 수도 있다.

## 사이버 은행의 금융 혁신

앞서 아버지가 근무한 은행의 컴퓨터 이야기를 했다. 그러나 우리는 곧 우리의 컴퓨터 안에 은행을 갖게 될 것이다.

로디 박사에 따르면, 전통적인 은행의 1회 거래 비용은 평균 1.07달러인 반면 ATM을 통한 거래는 0.01달러에 불과하다. 그러나 인터넷상의 거래는 0.01달러 이하로 될 것이다. 지점을 통해 1000만 명의 잠재 고객에게 도달하는 비용이 9억 달러인 데 비해 인터넷으로 동일한 시장에 도달하는 비용은 100만 달러 정도라고 로디 박사는 추정한다.

물론, 은행들이 가상 공간에 정착하게 되면 매우 번잡스럽다고 느낄 수 있다. 낮은 간접비를 활용, 저축 예금 고객에게 높은 이자율을 지급하는 방식으로 교두보를 확보한 가상 은행이 이미 상당수에 이른다. 전통적인 은행이 순수 인터넷 경쟁사와 경쟁하기 위해서 어떤 방식으로 고객에게 높은 이자율을 보장할지 궁금하다.

가상 은행뿐만 아니라 전자 화폐가 거의 모든 것을 일변시킬 기세로 달려오고 있다. 앞서 화폐를 인터넷으로 이체하는 방법을 논의했지만 이 '화폐'가 실제로는 소프트웨어로 변형될 거라고 생각하는 사람들이 있다.

"가상 공간에서 살아남은 은행은 현금을 건네 주는 친절한 은행원들의 집단이라기보다 컴퓨터 프로그래머들의 집합체와 더욱더 비슷해질 것이다."고 로디 박사는 설명한다. "사실, 거래를 완결짓는 이 가치 교환 과정에서 소프트웨어 회사가 은행이 되거나 은행을 대체하는 데 있어 장기적인 주요 장애물은 존재하지 않는다." 비니 아동 장난감을 e베이에서 경매로 판매하듯이 모기지 대출을 최고 응찰자에게 경매로 집행하는 날이 올 거라고 로디 박사는 예상한다.

## 무선 인터넷과 무한 로밍

내가 처음 구입한 자동차의 유일한 트랜지스터는 라디오 안에 있었다. 오늘날 새 차에는 평균 60여 개 이상의 마이크로프로세서가 들어 있어 작은 컴퓨터를 방불케 하며, 앤티로크 브레이크부터 연료 분사까지 일체를 제어한다. 자동차에 내장된 주행 시스템은 목적지에 간편히 도달하도록 알려 준다. 이 밖에 개선이 더 필요한 사항은 무엇일까?

무선 인터넷 기기를 계기판에 부착시켜 앞으로 경유할 도로, 기상 조건, 그리고 지금까지 제작된 영화를 간단히 버튼만 눌러도 보여 주는 것은 어떤가? (물론 당신은 볼 수 없지만 아이들은 볼 수 있고, 잠시나마 그 애들을 조용하게 만들 수 있다.) 빌 게이츠가 휴대형 컴퓨터를 위한 시스템으로 윈도우 CE를 옹립하려는 이유를 알 만하지 않은가?

장래의 멋진 장비들을 예상하는 것은 매우 재미있는 일인데 내가 언급한 대부분의 기기들은 이미 상당한 연구 개발 단계에 와 있다. 향후 10년 안에는 이런 기기들의 대부분이 대중화될 것이다. 그리고 이러한 기기들은 현금과 정보에의 접근, 그리고 언제 어디에서든지 가능한 통신을 제공하여 당신에게 힘을 부여할 것이다. 그런 기기들이 집의 난방이나 요리 작업을 할 수 있는가?

좋은 질문이다. 한 겨울 오후 6시에 당신이 아직 사무실에 있다고 가정하자. 차를 몰고 귀가해 차갑고 어두운 집으로 걸어 들어가 저녁을 지을 일이 아득하기만 하다. 그래서 당신은 인터넷을 사용해 가정 제어 장치를 호출하고, 난로를 지피며, 집 앞 도로와 현관의 등을 켜고, 저녁 식사가 7시에 배달되도록 주문을 한다. 이러한 일의 대부분은 지금도 가능하다. 그러나 일반 대중은 시스템을 설치하고 사용 방법을 배울 돈이나 시간, 또는 기술 능력이 없다. 따라서 여기에 필요한 유일한 것은 그런 서비스를 적극 판매하는 회사라고 할 수 있다. 일부 건축업체는 전기 가스 회사와 손잡고 원격 제어가 가능한 주택을 짓고 있다.

## 지능형 대행체 '봇'

100년 전 전기가 대중화되기 이전에도 로봇이 물리 기계적 장치라는 생각은 널리 퍼져 있었다. 19세기의 미래학자들은 수증기 위를 달릴 수 있다고 생각했다. 로봇을 이용한 생산 장비는 제과부터 자동차 용접에 이르는 다양한 공장 업무를 수행하게 됐다. 그러나 내가 보기에는 가까운 장래에 오락용을 제외한다면 거실 주위를 많은 로봇이 활보할 것 같지는 않다.

그 이유는 별로 쓸모 없는 짓이기 때문이다. 집 안의 거의 모든 비품들이 컴퓨터를 통해 인터넷에 연결되어 있다면 과연 로봇이 필요하겠는가? 컴퓨터에 명령해 2층에 있는 텔레비전을 끌 수 있는 데 로봇을 이용할 필요가 있겠는가? 인간의 일을 대신해 주는 도구로 세탁기, 식기 세척기, 쓰레기 분쇄 압축기 같은 것들이 있다. 한 장소에 고정된 이러한 도구들이 앞으로 25년 정도는 더 이용될 것으로 생각된다. 그러나 언젠가는 그릇을 차곡차곡 쌓아올리고, 젖은 옷을 건조기에 얹거나 달걀을 스토브 위에서 튀기는 가전 제품이 누군가에 의해 발명될 것이다. 아직은 R2-D2(역자 주 : 별들의 전쟁에 나오는 맹랑한 꼬마 전령 로봇)라도 그렇게는 할 수 없다.

물리적 로봇은 그다지 필요하지 않을지 모르지만, 사람을 대신해 가상 공간을 신속하게 서핑하는 소프트웨어 로봇의 경우에는 분명히 커다란 잠재력을 가진다. 이러한 '봇(bot)', 혹은 이른바 지능형 대행체(intelligent agent)는 사람이 직접 작업하는 것에 비해 개인 용무를 훨씬 더 효율적으로 할 수 있게 한다. 예를 들어, 1939년식 캐딜락 세단의 좌측 미등을 찾는다고 하자. 웹을 뒤질 수야 있지만 상당한 시간이 걸리고, 검색 결과 또한 불완전할 가능성이 있다. 더구나 당신이 검색을 완료한 후에 누군가가 그 부품을 팔려고 내놓아도 알 도리가 없다. 그러나 가상 공간에 봇을 상주시켜 전자 화폐로 100달러 이하에 그 부품을 구입하도록 승인해 주면, 봇은 부품이 이용 가능해질 때를 기다려 거래를 수행하고, 부품이 배달되게 하며, 언제 도착이 될지 알려 준다.

많은 사람이 쇼핑을 즐기지만 나는 그들과 같은 쇼핑족에 들지 않는다. 그래서 장래 언젠가는 나의 봇으로 하여금 나의 친한 친구 몇 명의 선호도를 연구하게 한 다음 휴가철에 몰을 뒤지게 해서 그들이 좋아하는 품목이 있는가를 알아낼 수 있다. 물론, 이 경우 추천 목록을 받아 보고 최종 결정은 내가 내리고 싶다.

봇은 개인의 권위를 강화하면서도 또한 그에 대한 도전이 될 수 있다. 예컨대 국세청이 컴퓨터의 성능을 개선한다면, 봇을 이용해 전자상거래를 추적하고, 탈세 혐의자를 적발하며, 세액 완불 전의 선적을 중지시킬 수 있다. 특정 거래가 정확히 어느 곳에서 발생하는지 알기 어려운 관계로 미국 정부가 봇 기술을 사용해 전자상거래를 추적할 가능성이 크다. 주 정부 또한 봇을 사용해 주의 부가세 징수에 구멍이 뚫렸는지 확인할 수 있다.

이론상 봇은 대화를 하고, 나아가 컴퓨터 화면 위에 어떤 형상으로 나타나기 때문에 하나의 소프트웨어라기보다는 마치 친구나 하인처럼 편안하게 지시할 수 있다. 이 책의 후반부의 인터뷰에 등장하는 미래 예측가 폴 사포는 이 같은 기능을 수행하고, 약속 일정을 짜며, 긴급 통화 시 자신을 찾아내는 전화 시스템을 쓰고 있다.

멀티미디어 프로그램을 생산하는 소프트웨어 제조업체인 매크로미디어는 자사 웹사이트에서 가상 머신을 가동시켜 사이트에 운영중인 만화, 축하 엽서, 비디오 게임 등 각종 멀티미디어 프로그램들이 저장되고 실행되도록 했다. 가격이 20달러인 이 머신은 고객을 서버에 저장된 소프트웨어로 연결하는 진정한 소프트웨어 인터페이스이다. 그러나 사용자 관점에서 보면 이 머신은 일종의 회전식 주크박스와 비슷하다. 그것은 물리적으로 존재하지 않을 뿐이지 본질적으로 로봇과 비슷한 장치이다. 사용자는 실제로 자료를 저장하고 접속하기 위해 20달러를 지불한다. 그러나 자신을 위해 그런 일을 대행하는 머신을 사는 것처럼 착각하게 된다.

## 혁신의 신기축-양방향성

다양한 미래주의적인 전망이 설득력이 있는지 그렇지 않은지 어떻게 판단하는가? 그것은 가동력(momentum)에 의해 좌우된다. 우리는 40여 년 동안 같은 방향으로 치달아 왔다. 거대한 고립형 컴퓨터로 시작해서 곧 '덤' 터미널을 추가하고 네트워크를 만들었다. 우리는 개인용 컴퓨터를 탄생시켰고, 근거리 및 전화 네트워크를 통해 컴퓨터 사이의 통신이 가능하게 했다. 마지막으로는 인터넷을 통해 근거리 네트워크에서 운용되는 애플리케이션과 비슷한 방법으로 텍스트, 음향, 그래픽 이미지를 전달하게 했다.

우리가 언제나 네트워크를 원하는 이유는 무엇인가? 많은 사람은 군중 속에서 스트레스를 느끼지만, 때때로 다른 사람과 함께 있는 것을 좋아한다. 어쩌다 고독을 즐길 수는 있지만, 대개의 인간은 오랜 시간 동안 혼자서만 지낼 수 없다. 이런 점이 우리가 창조하는 개체에도 반영된다. 컴퓨터 네트워크를 통해 당신이 '홀로' 있을 때에도 다른 사람들과 연결될 수 있다.

"인간은 근본적으로 사회적, 대화적인 동물이라는 점에서 특이하다."고 나와 양방향성에 관해 대화를 나눈 트립 호킨스는 요약했다. 호킨스는 세계에서 가장 성공적인 비디오 게임 회사인 일레트로닉 아츠, 3DO사를 창업한 인물이다. 실로 그는 소프트웨어에 양방향성을 불어넣음으로써 주목받는 기업인이 됐다.

호킨스가 1993년 3DO를 창업할 당시 그는 환상적인 미래주의자의 전망을 설파했다. 그 전부가 현실화되지는 못했지만, 그렇다고 현실화를 가로막는 장애물이 있는 것도 아니다. 예를 들면, 텔레비전을 보다가 마음에 드는 음악이 있어 그 가수가 부른 여러 노래를 듣기로 했다고 하자. 그래서 시디를 사기로 하고 실제로 구매했다. 시디를 구매한 사이트는 다음과 같이 전해 준다. "당신의 마음에 들 만한 또 다른 가수가 여기 있어요. 이 가수가 당신이 사는 도시에 공연을 온다는 사실을 아십니까? 당신이 입장권 구입을 바란다면 지금 구하실 수 있어요."

이러한 기능은 적절한 컴퓨팅 성능과 대역폭만 구비되면 지금이라도 가능하다. 다소 복잡한 시스템이 요구되지만, 무어의 법칙에 따라 시스템의 능력은 기하급수적으로 상승하고, 비용은 나날이 하락하고 있다. 지난 26년간 3200배였던 성능 개선은 2001년과 2003년 중반에 각각 6400배, 1만 2400배로 증가할 것이다.

대역폭에 있어서도 56k 모뎀보다 더 빨리 인터넷에 접속 가능한 여러 대안이 나와 있다. 수백만 명의 사용자가 익사이트앳홈(ExciteAtHome)이나 로드런너(RoadRunner) 같은 케이블 접속 서비스를 통해 대량의 데이터를 받아들인다. 디지털 가입자 회선(DSL) 서비스를 제공하는 전화 회사를 통해 케이블 속도에 다소 못 미치는 서비스를 받는 고객도 있다.

미국의 약 6500만 가구는 케이블에 연결돼 있고, 이 수치는 최근 수년 간 상당한 안정세를 보여 주었다. 케이블 서비스에는 언제라도 수천만 명 정도는 더 접속할 수 있다. 약 9000만 호의 미국 가정이 인터넷에 접속하지만 케이블을 통해 인터넷에 접속하는 비율은 소수에 지나지 않는다. 케이블을 통해 인터넷에 접속한다는 예측이 현실화됐다는 것은 확실하다. 그렇다면 무엇이 장애가 되는걸까?

## 대역폭 구축

광대역 케이블은 단 한 번의 스위치 조작으로 전국적인 공급 시스템을 마련할 수 있는 단순한 기술이 아니다. 케이블을 통해 고속 접속을 지원하는 지역 시스템을 설치하려면 앞으로 여러 해가 더 소요될 것이다. 대중적인 홍보에도 여러 해가 필요하다. 또한 고속 인터넷을 사용할 수 있는 신형 장비를 고객들이 구매하는 데도 몇 해가 걸릴 것이다. 그리고 마지막으로, 인터넷의 지속적 성장에 필수적인 대역폭이 계속해서 업그레이드 돼야 한다.

이러한 네 가지 요소를 좀더 상세히 살펴보자. (1) 케이블 매설 (2) 통합 서비스에 대한 필요성 인식 (3) 기기 구매 (4) 대역폭 개선

## 케이블 매설

광대역 케이블 시스템을 설치하는 것은 간단한 일이 아니다. 이 시스템은 몇 군데 지역에서 실제로 가동되고 있지만 초기 구축에 많은 비용이 들고 실험적인 성격이 강하다. 테크놀러지 분야에서 무언가가 최초로 실행될 때에는 그 비용이 나중의 일반화 단계에 비해 몇 배에 이르는 것이 보통이다. 엔지니어들은 초기 설치를 통해 값진 노하우를 얻는다.

## 통합 서비스에 대한 필요성 인식

시장 확장을 계획한다면 당연히 케이블 텔레비전, 전화 서비스, 비디오 대여 등 인터넷 접속을 위해 비용을 지불하는 대중에게 적극적인 서비스 마케팅을 펼쳐야 한다. 이들 사용자들은 고속으로 인터넷에 접속할 수 있는 광대역 케이블에 얼마 정도나 지불할 의사가 있을까? 그들에게 서비스를 제공하는 비용은 얼마나 드는가? 이 두 수치 사이의 차이가 고속 인터넷 접속 서비스를 사용하는 가정당 총이윤이다. 브라운 씨 집에서 인터넷 접속 비용으로 매달 20달러를 지불한다고 하자. 그들이 고속 접속을 위해 2배 더 지불할 의사는 있겠는가?

그가 긍정적으로 대답한다 해도 다른 사람들도 그만큼 지불할 의사가 있는가 하는 문제가 대두된다. 많은 사람들이 충분히 동의하기 전에는 케이블 회사가 고속 서비스를 제공하기 어려울 것이다. 정작 중요한 것은 다수의 케이블 가입자에게 고속 인터넷 접속의 필요성을 납득시키는 일이다. 케이블 회사는 전화 연결, 영화 배달, 대화형 게임 등의 여타 광대역 서비스를 인터넷 접속과 함께 묶는 방법을 사용할 전망이다. 브라운 가족이 매달의 전화 서비스, 비디오 대여, 케이블 기본 서비스, 인터넷 접속, 비디오 게임에 각각 35, 25, 25, 20, 20달러를 지불한다고 하자. 이 경우, 매달 총비용은 125달러에 달한다. 또한, 최소 3차례 수표를 끊고 점포에서 점포로 상당한 시간을 이동해야 한다.

케이블 회사가 주문형 영화, 전화 서비스, 케이블 텔레비전, 그리고 광대역 인터넷 접속을 동일한 가격에 케이블로 제공하면 어떻게 되는가? 브라운 씨 가족은 비용을 한 번만 지불하고, 인터넷 서비스는 더 나아지며, 비디오 게임이나 영화를 찾으려고 움직이지 않아도 된다. 텔레비전 메뉴를 통해 직접 다양한 서비스를 선택할 수 있는 것이다.

이 통합 서비스 개념은 케이블 산업의 성배라고 할 수 있다. 영화, 텔레비전 쇼, 뉴스 제품, 비디오 게임 메이커인 타임 워너가 터너 커뮤니케이션, 그리고 추후에 AOL과 합병하기로 결정한 본질적인 이유가 바로 이렇다. 터너는 텔레비전 쇼, 영화, CNN을 제작하며 주옥 같은 영화를 다수 보유하고 있다. AOL은 세계 최대의 인터넷 서비스 사업자이다. 미국 2위의 케이블 네트워크로 부상한 AOL 타임 워너는 인터넷 서비스에서부터 마음에 드는 영화, 유선 텔레비전에 이르기까지 모든 서비스를 제공할 수 있다. 바이아컴 사가 CBS를 합병한 배경 또한 비슷한 맥락이며, 프로그램 제작사와 유통사 간의 짝짓기 바람이 더욱 거세질 전망이다.

전화는 어떤가? 케이블 회사가 시내 전화 서비스를 제공할 채비는 다돼 있을까? 오랫동안 전화를 이용하면서 전적으로 전화에 익숙해진 고객들이 그것을 버리고 케이블 회사의 전화 접속을 선택하겠는가? 그럴 리 만무하다. 케이블 회사는 지난 30년간 지나치게 빠른 성장을 한 결과, 역설적이지만 서비스의 신뢰성면에서는 의심을 사고 있다. 그리고 미국의 많은 주에서 기업이 시내 전화 서비스를 제공할 수 있도록 하는 법적 장치가 마련됐지만, 모든 기업이 기존의 서비스 사업자만큼 양질의 서비스를 제공할 수 있는 것은 아니다. 너무나 당연시되는 시내 전화 서비스지만 매우 복잡하며, 광범위한 교환기 조작이 필요하다. 케이블 회사는 자체의 전화망을 만드는 대신에 사업 운영을 임대하거나 장거리 사업자와 힘을 합칠 수 있을 것이다. 하지만 시내 전화 통화를 시내 전화 회사의 네트워크, 또는 경쟁 기업의 네트워크로 교환, 연결해 줘야 한다. 이는 간단한 일이 아니다.

경쟁적으로 광대역 서비스 판촉에 나선 시내 전화 회사들의 동향 또한 예사롭지 않다. 그들은 고객들이 지금 당연시하는 정보 서비스와 각종의 편리한 서비스에 할증 가격을 부과하는 등 갖가지 방어 전략을 펴고 있다. 연방 항소 법원에 소송이 계류중이지만 법적 절차는 지연되기 십상이다. 법원 판결이 떨어져도 그것이 집행되기까지는 여러 해가 필요하다.

케이블 회사에게 좋은 소식이 있다면 컨텐츠 공급사들이 영화, 비디오 게임 등의 프로그램을 양방향 광대역 케이블 시스템에 올려 고객들이 가정에서 주문하도록 하는 데 매우 적극적이라는 점이다. 실제로 컨텐츠 공급사들은 고객을 유치할 목적에서 할증된 가격을 지불할 의향이 있다. 이 소식은 케이블 회사에게는 고무적인 일이며, 매출 증대에도 도움이 된다. 오늘날 뉴스 회사와 다양한 콘텐츠 업체들이 제품을 대중 시장에 선보이려고 웹 포털에 비용을 지불하는 추세가 점점 많아지고 있다.

그러나 이러한 움직임이 고객들에게 유리한 것만은 아니다. 케이블 전송 시스템에 이미 돈을 지불하고 있는 고객들에게 콘텐츠 공급사에 의해 증가되는 비용이 전가될지도 모르기 때문이다. 따라서 영화를 보고 싶다면 케이블을 이용하는 것과 비디오 가게에서 대여하는 방법 가운데 어느 편이 더 싸고 편리한지 따져 봐야 한다. 현 시점에서 비용 요인이 어떻게 결정될지는 아무도 알 수 없지만, 시장이 유지될 수 있을 정도의 수준만큼은 높아질 것으로 보인다. 어쩌면 가정 케이블을 통한 영화 시청에 더 많은 비용이 들지도 모른다.

몇 년 후의 어느 날 브라운 씨 가족의 저녁 식사 시간에 케이블 회사에서 전화가 걸려 온다. "매달 125달러에 서비스 일체를 공급중인 데 가입 의사는 있습니까?" 하는 내용의 전화이다. 그러면 브라운 씨 가족은 어떤 반응을 보일까?

나는 이러한 문제에 있어 케이블 회사와 전화 회사 사이에 전적인 모순이 있다는 결론을 보여 주는 한 연구 결과를 본 적이 있다. 그러므로 그것은 전화를 받게 되는 개인이 잘 판단해야 할 문제인 것 같다. 하지만 그것은 과연 브라운 씨 가족이 서비스를 바꿔야 할 중요한 이유가 있느냐의 문제이다. 그리고 브라운 씨 가족이 광대역 인터넷 접속이 필요하다고 확신하지 않는 한 그것은 힘든 판촉 활동이 될 것이다.

## 기기 구매

제3의 요인은 고객들의 신형 기기에 대한 수요를 인식해야 한다는 점이다. 연방통신위원회 결정에 따라 미국의 모든 아날로그 텔레비전 송출이 중단되는 2006년 무렵에는 대중의 광대역 기기 수요가 상당하리라는 일부 전문가들의 예측이 나와 있다. 말하자면, 시청자들이 디지털 텔레비전을 갖고 싶어한다는 예측이다. 신형 세트가 1000달러 이상이고, 미국에는 현재 약 5억 대의 아날로그 세트가 보급돼 있다는 점에서 정부가 설정한 시간표대로 매사가 순조로울지 의심스럽다. 만일, 그렇게 된다면 고객들은 고속 인터넷 접속을 피할 수 없는 대세로 수용하게 될 것이다. 왜냐 하면, 신형 텔레비전은 컴퓨터 마우스처럼 기능하는 리모콘을 갖춘, 실질적인 컴퓨터이기 때문이다.

결국에는 아직 세상에는 있어본 적이 없는 다양한 고도 인터넷 서비스의 새 지평이 열린다. 고대역폭을 이용하기 때문에 완전 동화상 비디오, 하이파이 음향, 텔레비전 화면에 맞추어 고안된 그래픽 기능을 누릴 수 있다. 이러한 프로그램에는 다음 항목이 포함될 수 있다.

- 많은 수의 적과 대항해 경기하는 비디오 게임. 게임 도중에 전화 비슷한 네트워크를 통해 다른 플레이어들과 대화하는 기능을 이 게임은 제공할 것이다. 보다 낮은 수준의 게임은 이미 저대역 인터넷 서비스에서 인기를 얻고 있다.
- VCR에서처럼 시청할 수 있는 영화. 말하자면 영화의 시작, 중지, 또는 특정 부분을 다시 보기 위한 되감기가 가능하다.
- 특히 스포츠 이벤트가 포함된, 텔레비전 프로그램과 유사한 방식의 다양한 선택 범위. 보스턴에서 열리는 프로 야구 경기가 무료로 방송되지 않는다면 텔레비전을 통해 유료로 볼 수 있다.
- 쇼핑. 기존의 텔레비전 홈쇼핑은 텔레비전을 보면서 다시 전화를 해야 한다는 난점이 있었다. 양방향 디지털 텔레비전은 그럴 필요를 없애 준다. 버튼만 누르면 지금 당장 멋진 인조 진주 목걸이를 112.59달러에 살 수 있다.

## 대역폭 개선

이 모든 첨단 기술들이 텔레비전 위에서 현실로 나타나야만 대중들이 믿게 될 것이다. 그러나 대역폭에의 접속을 둘러싼 논쟁을 지켜보면 상당한 방해 요인이 있는 것 같다. 지난 세기, 다른 전자 매체가 채택되는 것을 방해했던 비슷한 쟁점들이 인터넷 서비스의 성장 또한 지연시킬 수 있다.

대체로 도시 급수관이 모든 필수 용량을 충족시킬 거라고 믿는 것처럼 대중들은 인터넷이 거의 무제한의 대역폭을 가질 거라고 믿는 경향이 있다. 어느 것도 사실이 아니다. 인터넷은 상호 연결된 데이터 파이프의 미로처럼 엮어져 있다. 기업용, 가정용, 그리고 이것 모두를 연결하는 거대 파이프 등 각종 파이프가 있다. 이 파이프에 대한 사용자 수요가 용량을 초과하면 서비스는 지연되게 마련이다.

현재, 웹용으로 제작된 대부분의 애플리케이션은 텍스트와 그래픽이다. 소프트웨어와 대역폭의 개선으로 이것들은 더욱 정교해졌다. 그러나 정교한 웹페이지를 설계하는 능력에 비해, 지금 일반적으로 사용되는 56k 또는 128k 모뎀으로 웹페이지를 내려 받는 능력은 훨씬 뒤떨어진다. 그래서 웹 디자이너들은 디자인을 가급적 단순화해야 더 많은 페이지를 고객들에게 보여 줄 수 있다는 교훈을 얻었다.

고속 웹 접속이 늘어나면서 웹 디자이너들은 보다 정교한 그래픽과 비디오, 고품위의 음향, 그리고 우리가 앞서 지적한 여러 요소들을 신속하게 보강하고 있다. 언어 번역기나 복잡한 가상 머신 또한 상당한 대역폭이 있어야 제 기능을 발휘한다.

따라서 사용자가 인터넷을 통해 전송하려는 데이터 분량은 수천만 명의 신규 사용자가 인터넷으로 이동함과 동시에 기하급수적으로 증가할 것이다. 한편, 기업은 인터넷에 관한 한 과거보다 더욱 혹독한 요구를 받을 것이다.

분명 소수파지만 많은 인터넷 엔지니어들은 네트워크의 정체가 불을 보듯 뻔하다고 말한다. 이를 피하기 위해 우리가 할 수 있는 일은 다음 세 가지 가운데 하나라고 한다.

1. 성장은 금물이다. 이 대안은 실효성이 없다. 대중이 인터넷을 외면하거나 고사양의 웹사이트를 만들 수 없기 때문이다. 진보를 중단시킬 수 없다는 옛 격언은 아직 유효하다.
2. 웹 사용에 우선 순위를 부여한다. 한편에서는 고속도로를 유료 도로로 전환시켜 최고 응찰자에게 대역폭을 할당해야 한다는 주장이 있다.
3. 더 많은 대역폭을 구축한다. 4인치 파이프로 여유 있게 물을 공급할 수 없다면 8인치 파이프로 교체한다는 것은 상식이다.

먼저, 배정되는 대역폭에 할증료를 부과하자는 견해를 검토해 보자. 딜로이트 리서치에 보고된 한 연구에서 로디 박사는 이 방법을 다음과 같이 옹호했다. "중요한 인터넷 프로토콜(IP) 거래와 IP 전화에 필요한 대역폭은 보다 높은 가격에 매각돼야 하고, 데이터의 개별 패킷은 가장 효율적으로 정보를 운반해야 한다. 우선 순위 정책은 수요가 정점에 이를 때 합리적인 대역폭 할당이 가능할 뿐 아니라 라우터나 접속 용량의 보강을 위한 최적 투자 및 비용 마련을 위한 실효성 있는 방안을 제시한다."

일부 인터넷 사용자에게 이 같은 주장이 일리가 있겠지만 가상 공간에서 진행되는 혁명을 전복시키지는 않을지 우려된다. 지금 미국에는 일부나마 유료 도로가 있지만, 정부가 주간 고속도로 시스템을 유료화하는 결정을 내린다면 미국인들은 또 다른 혁명을 개시할 거라고 나는 생각한다. 이 발상은 인터넷의 대역폭에 요금을 부과한다는 생각과 비슷하다.

인터넷이 수천만 명의 사용자에게 호소력을 갖는 이유는 모든 사람들이 인터넷에 간편하게 접속할 수 있기 때문이다. 서비스 자체의 비용은 미미하지만 사용자는 거기서 어느 때나 무료로 항해하며, 어느 때나 무료로 전자 메일을 보낼 수 있다. 대역폭으로 접속하는 데 요금이 부과된다면 그 편리함이 저해될 것이다. 결국, 많은 사람이 인터넷에서 이탈하게 되면 인터넷의 가치는 더욱 감소되고 말 것이다.

다행스럽게도 더욱 탄탄한 웹을 구축하려는 활동이 2개의 집단에 의해 추진되고 있다. 하나는 미국 연방의 자금 지원을 받는 차세대 인터넷(Next Generation Internet) 프로젝트이다. 둘째는 미국 내 135개 대학과 기업체가 결성한 인터넷 2이다. 두 집단은 광선로를 사용해 웹 접속 속도를 최고 1000배 증가시킨다는 목표를 갖고 있다.

미래 지향적인 훌륭한 장비와 인터넷 서비스가 창출될 수 있다면 대중들이 그것들을 원할 것이고, 충분한 수요가 있는 한 그것들이 제작될 거라는 가정하에서 이 장을 시작했다. 우리가 논의한 모든 예상 가운데 대역폭은 그다지 큰 흥미를 주지 않는다. 그러나 우리가 지난 세기에 여러 차례 목도했듯이 대역폭은 가장 중요한 요소라고 할 수 있다.

제4장

# 대화형 환경 : 전권 장악

아이들이 '슈퍼 마리오 형제(Super Mario Brothers)'나 '심술쟁이 소닉(Sonic the Hedgehog)' 같은 비디오 게임을 하는 광경을 지켜본 적이 있는가? 그렇다면 능숙한 손놀림, 손과 눈 사이의 섬세한 조정을 지켜봤을 것이다. 비디오 게임의 고수들은 화면상의 동작을 조작하기 위해 대체로 1분에 200~300개의 컴퓨터 명령을 내린다. 1초당 4개의 명령을 내리는 셈이다.

당신이 그처럼 빨리 할 수 있는 일을 한 번 생각해 보라. 예를 들면 차를 운전할 때 1초 안에 브레이크를 밟고, 백미러를 점검하며, 회전 신호를 줄 수 있다. 요리할 때는 냄비 뚜껑을 열고, 내용물을 휘저을 수 있다. 그러나 그 일들을 1초에 하나씩 수행한 다음에 더 느린 속도로 되돌아간다. 속도를 1분, 몇 분, 또는 몇 시간 동안 계속 상향시킨다고 가정해 보라. 그럼으로써 비디오 게임이나 그 밖의 매체 유형이 얼마나 많은 양방향성을 가지고 있는지 짐작할 수 있다.

이제 당신이 어떻게 신문을 읽고 텔레비전을 보는지 생각해 보라. 상당 시간 동안 1초에 몇 개의 단어나 이미지를 받아들일 것이다. 미국인은 하루에 약 7시간을 텔레비전 시청에 소비하지만 그 활동은 수동적일 뿐이다. 책을 읽는 사람은 텔레비전 시청에 비해 더 많이 '정신을 개입' 시킨다고 생각하지만 무언가를 단순히 읽는 행위는 대체로 소극적인 경험이다. 내가 일렉트로닉 아츠(EA) 사에서 근무할 때, 두 가지 사건에 매료되었다. 첫 번째는 비디오 게임을 정말 좋아했다는 것이다. 어린애가 슈퍼 마리오를 사랑하는 것처럼 거기에는 나를 빨아들이는 요소가 있었다. 나는 제트 전투기를 몰거나, 대서양 연안의 페블 해변에서 골프 경기를 하거나, '심술쟁이 소닉' 같은 격렬한 손 놀리기 게임에서 '다음 단계' 로 올라가려고 한밤을 밝히기도 했다. 내 나이 39세일 때의 일이었다.

나를 매료시킨 두 번째 사건은 닌텐도 세대가 성장하고 있다는 사실이다. 우리 회사의 고객 연구 부서에서는 20대 중반에서 20대 후반 사이인 게임 플레이어를 정규적으로 초청했다. 많은 프로 야구 선수들은 이동중에 세가 게임 콘솔을 휴대하며, 우리가 제작한 스포츠 게임을 즐긴다는 사실을 알았다. 나이 든 친구들에게 'PGA 투어 골프' 와 '존 마덴 미식 축구' 등의 게임을 소개하면 그 중 다수는 앉자마자 몇 시간씩 게임을 하고, 약간의 휴식 후 다시 돌아와 게임을 했다.

트립 호킨스가 나중에 3DO로 변신한 신진 기업을 시작할 즈음, 어느 날 보급판 책 한 권을 손에 들고 EA의 회사 미팅에 참가했다. 그의 말에 따르면 책은 무시 못할 오락 소프트웨어였다. 책은 저렴하지만 상상력을 충분히 자극한다. 책은 작고 휴대가 가능하므로 어디나 가지고 갈 수 있다. 전력이나 비싼 게임 콘솔이 필요 없다. 여러 시간 이용할 수 있고, 원하면 여러 번 다시 읽을 수 있다. 보고 싶은 페이지로 훌쩍 뛰어 넘을 수 있다. 그러나 당시에 대부분의 비디오 게임은 그렇게 할 수 없었다.

그는 책에 결여되어 있는 것이 양방향성이라고 했다. 그래서 자신이 좋은 게임을 만드는 일에 나섰다고 했다.

## 닌텐도 세대의 충격

그 무렵, 나는 양방향성이 저널리즘에 미칠 영향을 실감했다. 지금 자라나는 수백만 명의 대중은 텔레비전 앞에 수동적으로 앉아 있거나 일간지를 읽는 것으로 만족하지 않는다. 그것 역시 무시하지 못할 소프트웨어지만 슈퍼 마리오와 상호 작용하는 방식으로 미디어와 상호 작용을 할 수 있다면 저널리즘이 주는 쾌락 또한 한층 제고될 수 있다.

그래서 나는 양방향 실시간 저널리즘이라는 성배를 진지하게 추구하려고 EA를 떠났고, 마음이 통하는 동료를 찾았다. 이에 따라 나는 블룸버그 비즈니스 뉴스에 입사했다. 살로몬 브라더스 사의 수석 트레이더를 역임한 창업자 마이크 블룸버그는 주식 거래자들이 금융 뉴스 및 자료로 상호 작용을 하도록 허용하는 컴퓨터 네트워크를 구축했다. 공학과 경영학을 배운 블룸버그는 주식 거래자가 보다 심층적인 자료로 상호 작용할 수 있다면 월가에서 사용되는 거래 시스템이 훨씬 개선될 거라는 강한 소신을 누구보다 앞서 갖고 있었다. 그래서 수중의 현금과 메릴 린치 사의 자본을 밑천으로 '블룸버그 제국' 을 만들었다.

내 경험에 비추어 볼 때, 블룸버그는 금융 전문가를 위한 일종의 닌텐도 게임기처럼 여겨졌다. 게다가 블룸버그는 자체 뉴스를 제작하기 시작했고, 나를 비롯한 취재 기자들을 적극 영입했다. 나는 4년간의 재직 기간을 샌프란시스코 주재 기자로 보내면서 양방향 멀티미디어 산업, 정보고속도로 구축 노력, 그리고 이러한 움직임이 지역 경제에 미치는 영향을 중심으로 취재했다.

시간이 지나면서 나에게 보다 분명한 느낌이 다가왔다. 블룸버그가 세계 금융계의 달인들에게 정보를 전달하는 능력은 출중하지만 인터넷은 대화형 미디어를 위한 더욱 비옥한 개발 환경을 제공했다.

1990년대 초반에 정보고속도로를 둘러싼 흥분이 가라앉자 관심은 인터넷으로 급속히 옮아갔다. 인터넷이 다음 번 대박이라고 내가 확신을 갖게 된 시점은 1995년 12월 마이크로소프트 사가 다음 해의 인터넷 연구에 20억 달러를 투자한다고 발표한 직후이다.

그로부터 14개월이 지난 후, 나는 블룸버그를 떠나 데이터 브로드캐스팅(DBC) 사라는 소규모 뉴스룸의 편집장으로 취임했다. DBC는 개인 투자자에게 금융 자료를 제공하는 선두 업체였다. DBC의 뉴스룸을 이끈 인물은 《샌프란시스코 이그재미너》와 《워싱턴 포스트》에서 잔뼈가 굵은 래리 크래머 부사장이다. 노련한 《UPI》 기자 출신 알렉 데이비스, 뉴스 부장 톰 칼란드라를 제외하고는 몇 안 되는 직원이 대부분 젊고 생기 발랄했다. 데이비스의 헌신적인 편집, 칼란드라의 깊은 애정, 그리고 실시간 양방향 뉴스를 좇는 내가 힘을 합쳐 DBC의 기술진과 노고를 다했으며, 젊은 기자를 훈련시켰고, DBC 뉴스로 불리는 금융 뉴스 서비스를 고안했다. 이것이 MarketWatch.com의 전신이다.

## 제어판은 고객의 손에

인터넷을 대형 브랜드가 장악할 거라고 믿는 사람이 있다. 나는 아니라고 생각한다. 그 반대 이유가 도처에 널려 있다. 중소 회사라도 무명을 박차고 대기업과 경쟁할 수 있다는 교훈을 아마존은 증명했다. 마켓워치는 마이크로소프트 머니 및 《월 스트리트 저널》 등의 거대 경쟁사와 성공적으로 맞서고 있다. 이트레이드 등의 온라인 증권사들이 파죽지세를 보이자 이에 맞선 메릴 린치와 여러 거대 기업들이 자체의 온라인 사이트 구축에 매진하고 있다.

인터넷이 텔레비전처럼 수동적인 도구로 변할 것이라는 예측이 있다. 그러나 그렇게 되지는 않을 것이다. 닌텐도 세대는 텔레비전 앞에 멍청히 앉아 있지 않는다. 대신에 온라인으로 향하는 사람이 이미 1억 명을 넘어섰다.

인터넷은 여전히 매우 새롭다. 대중은 새로운 시도를 기대하고, 또 바라면서 인터넷으로 달려온다. 인터넷은 영화, 텔레비전, 라디오, 신문, 또는 통신 서비스가 아니다. 인터넷은 자체 규칙을 가진 뉴 미디어이며, 그 첫 번째 규칙은 고객이 지배한다는 규범이다.

비디오 게임 경기를 보면, 인간이 미디어와 상호 작용하는 동안 1분에 수백 가지 명령을 내린다는 사실을 알 수 있다. 인터넷은 제어판을 고객의 수중에 옮겨 놓는다. 그러나 이제 게임의 목적은 마리오를 무엇이든 시키는 대로 하는 충복으로 만드는 일이 아니라 건강, 노동, 교육, 문화, 그리고 세계에 대한 선택을 항상적으로 단행하면서 더욱 충만된 삶을 살아가도록 하는 데 있다.

## 심 시티

비디오 게임의 은유를 좀더 확장해서 말한다면, 인터넷은 거대한 심 시티(Sim City) 게임 같은 형태로 진화할 거라고 나는 생각한다. 아직 심 시티를 즐기지 않은 사람을 위해 설명하자면, 심 시티는 맥시스(Maxis)라는 회사가 개발한 컴퓨터 게임으로 사용자가 자신의 도시를 지배하는 게임 환경을 가지고 있다. 사용자는 환경을 보호할 수도 있고, 아니면 기업 위주의 개발 전략을 펼 수도 있다. 주택은 어디에 건설하고, 도로는 어디에 개설하며, 소방서는 어디에 두느냐 등을 결정한다. 시뮬레이션 속의 시민들은 당신의 도시로 들어오거나 다른 도시로 이주할 수 있다. 도시가 커질수록 모든 시민을 만족시키기는 더 어려워진다. 그래서 결국 원래의 주민이 도시를 포기하는 사태를 맞을 위험성이 있다.

인터넷의 사정 또한 매한가지이다. 웹사이트가 수십만 개에 달하므로 웹 검색자들을 당신의 사이트에 오래 붙들어 놓으려면 매력적인 것이 있어야 한다. 물론, 현실의 삶은 어떤 컴퓨터 게임보다 더욱 힘겹다. 인터넷이라는 게임에서 각각의 '네티즌'은 다른 네티즌과는 성격이 다른 개인이다. 또한, 심 시티 게임 속의 시민들은 모두 하나의 방식이나 다른 방법을 통해 이주하지만, 네티즌은 언제나 모든 방향으로 이동할 수 있다.

네티즌과 고객들은 이미 개별적이며 집단적인 힘을 과시하고 있다. 3대 성공 사례들인 AOL, 마켓워치, 아마존을 살펴보자.

- 2000만 명 이상이 AOL을 애호하며 케이블 텔레비전 기본료에 상당하는 금액을 지불하며 AOL 회원으로 가입한다. 그들은 상형 문자 연구부터 우표 수집에 이르는 수만 개의 전문 웹사이트를 방문한다.
- 마켓워치는 다른 2000여 웹사이트와 금융 뉴스 및 자료 시장을 놓고 경쟁한다. 마켓워치는 앞서 나간다는 야심 찬 포부로 수백만 명의 고객을 확보했다.
- 아마존은 3년 만에 미미한 신진 기업으로부터 지각 변동을 일으키는 기업으로 탈바꿈했다. 산발적인 착오는 있었지만 아마존은 인터넷에서 소매업을 하려는 모든 기업에게 비즈니스 모델을 제시했다.

AOL, 마켓워치, 아마존의 공통점은 무엇인가? 그들의 전문 분야는 웹 서비스, 금융 뉴스, 소매 영업으로 서로 다르다. 규모도 매우 다르다. 기업 문화 또한 많은 차이가 있다. 그들은 서로 수천 마일이나 떨어져 있다. 조직도 전혀 딴판이고, 기술에 있어서도 큰 차이가 있다. 그리고 비즈니스 모델도 전혀 닮지 않았다.

그렇다면 공통점은 어디에 있는가? 그들은 모두 고도의 양방향적 방식을 사용해서 고객들이 완전한 경험을 할 수 있도록 배려했다. 그들의 성공은 그들의 홈페이지를 찾는 네티즌들의 열광적인 지지에 전적으로 의존해 있다. 이러한 기업들은 일시적인 대안을 제시하는 것이 아니라 고객들이 만족할 수 있는 확실한 방법을 제공한다.

서비스든, 소매점이든, 정치인이든, 엔터테인먼트 사이트든, 혹은 특별한 벤처이든, 인터넷에서 성공하려면 무엇보다 고객들에게 그들이 원하는 것을 줄 수 있어야 한다. 고객은 언제나 옳다. 이 원리를 말로 하기는 쉽지만 현실의 비즈니스 세계에서 실천하는 것은 아주 어렵고 힘든 일이다. 특히, 기업들이 지난 40년간 고객의 권리를 제한해 왔다는 점을 생각해 보면 그 어려움은 더욱 커진다.

그렇다고 고객을 만족시키는 모든 웹사이트가 성공한다는 이야기는 아니다. 훌륭한 웹사이트일지라도 고객을 권리의 주체로 생각하지 않는다면 인터넷에서의 성공을 기대하기 어렵다.

마치 1950년대에 고객을 이해하고, 가까이 다가서려고 하지 않은 점포주가 고객을 잃은 것과 유사하다. 그 당시에 고객은 왕이었다.

이러한 고객의 권리는 단지 비즈니스에 국한되는 것이 아니다. 온라인 일선에 포진한 모든 네티즌들은 정치 입후보자들이 온라인 대화, 전자 메일 교환에 시간을 할애하고, 대중의 정치적 관심 사안에 대한 토론회가 열리기를 기대하기 때문에 비슷한 현상이 재연될 소지가 있다. 총기 규제, 낙태, 혹은 이러한 문제에 관해 상원 의원이 어떻게 투표했는지에 관한 자료들을 웹에서 확인할 수 있기 때문이다. 찬반 양측의 로비 집단들은 누가 어떤 문제에 어떤 자세를 취하는가에 관한 정보를 획득하기 쉽게 만들었고, 이제는 후보자들이 자기 소신을 설명해야 할 차례이다.

## 엔터테인먼트의 범세계적 확산

인터넷의 엔터테인먼트 잠재력에 대해서는 비록 초대형 세계 시장의 가능성을 낙관하는 사람들이 많지만 아직은 조금 모호한 상태이다. 인기 영화를 인터넷을 통해 상영하면 유통비를 절감할 수 있고, 수억 명의 관중이 동시에 같은 필름을 보게 될 거라는 전망이 나오고 있다. 그런데 앞의 말 중 필름이라는 말은 적절한 표현이 아니다. 앞으로는 필름이 아니라 네트워크를 통해 컴퓨터에서 컴퓨터로 전달되는 디지털 이미지만 존재할 것이다.

당분간 대역폭은 가상 공간에서 엔터테인먼트의 성장을 억제하는 요인으로 작용할 것이다. 비디오 게임을 할 만한 대역폭은 충분하지만 방대한 분량의 데이터를 압축해 그 데이터를 대규모로 분배하는 능력은 여전히 숙제로 남아 있다. 고속 케이블을 통한 접속 또한 현재의 텔레비전 상태를 다소간 보강하는 수준에 머물러 있다.

동질적인 열성 매니아들에게 대형 화면으로 블록버스터 영화를 감상한다는 스릴을 넘어서는 쾌감을 제공할 수 있어야만 인터넷 같은 양방향 미디어의 진정한 잠재력이 발휘될 수 있다. 그러자면 1/4인치 동축 케이블을 통해 수동적인 디지털 이미지를 전달하는 것 이상의 무언가가 필요하다.

## 대화형 서비스의 준칙

웹에서 실패하거나 성공하는 비즈니스 모델에 대해서는 조금 나중에 살펴보자. 당장은 고객들이 상업, 정치, 엔터테인먼트 등 서로 다른 세 가지 웹사이트 유형에서 기대하는 기본적인 대화형 요소에 국한해서 말할 것이다. 약간의 요령이 생기면 보기만 해도 어지러운 WWW의 탐색을 좀더 편안하게 하는 방법을 찾을 수 있다.

우리는 이미 몇몇 웹사이트와 그것의 성공 요인을 이야기했다. 나는 특별히 고객이 주체가 되는 방법을 집중 거론했다. 이 논거에 따를 때, 비즈니스 모델을 이해하는 지름길은 고객의 관점에서 출발한다는 결론이 나온다. 과연, 고객들이 웹사이트를 이용할 때 진정으로 원하는 것은 무엇인가?

당신이 그렇게 하고 싶다면 자신만의 목록을 제시해 보라. 당신이 고객이기 때문에 당신이 원하는 것을 나보다는 훨씬 더 잘 안다. (솔직히 말해서 완벽한 목록은 없다.)

여기에 양방향성의 기본 준칙 다섯 가지를 제시해 본다. 이것들은 저자가 고객을 통해 들은 내용, 스스로의 경험을 통한 발견, 그리고 각종 전시회와 세미나, 주주 총회 등의 프리젠테이션에서 보고 들은 내용을 기초로 추출했다.

1. 선택 범위. 다른 사이트에 더 많은 선택의 여지가 있는가?
2. 가격. 웹사이트가 경쟁력 있는 가격을 제공하는가?
3. 사용 편의성. 사이트가 매력적인가? 사용이 쉬운가? 도움말을 쉽게 얻을 수 있는가?
4. 개인화. 개인으로서의 당신에게 초점이 맞춰져 있는가? 아니면 대중 시장용인가?

5. 안전. 돈을 지불하기에 안전한가? 아이들은 보호되는가?

이제 이러한 잣대가 쇼핑, 정치, 엔터테인먼트 웹사이트에 어떻게 적용되는가를 살펴보자.

## 쇼핑

### 선택 범위

고객이 무엇보다 중요하게 생각하는 것은 다양한 선택의 문제이다. 그들의 평가 능력에서 벗어날지라도 다른 곳보다 더 많은 선택의 기회가 열려 있기를 바란다. 책을 판매하는 경우라면 다른 사이트보다 더 많은 종류의 서적을 보유하는 편이 낫다. 업계 뉴스를 제작하는 경우라면 독자들이 어떤 사이트에서 뉴스를 볼 때 그 사이트가 자주 특종을 보도했다는 실적을 요구한다는 점을 이해해야 한다. 생활 용품을 판매한다면, 고객이 그렇게 기대하기 때문에 가능한 한 모든 브랜드의 다양한 사이즈의 샴푸를 구비하는 편이 좋다.

### 가격

현재 이것은 웹의 소매 거래에서 이해가 가장 미진한 부분이다. 다만, 고객들이 더 저렴한 가격을 기대한다는 점은 분명하다. 당신 회사가 세계에서 가장 넓은 선택의 다양성을 가졌다고 해도 고객들은 마찬가지로 세계에서 가장 낮은 가격을 기대할 것이다. 가상 공간에서는 부자 동네와 가난한 동네에 위치하는 점포 사이의 차이가 없다. 제품 자체에도 차이가 없다. 그리고 한 번의 마우스 클릭으로 검색할 수 있는 경쟁사보다 10% 이상 비싼 가격이라고 고객들이 느낀다면 그들이 상표에 애착심을 가질 리 만무하다. 만일 경쟁사보다 가격이 비싸다면 가치를 제고하게 하는 추가 서비스가 없는 한 네티즌들은 다른 점포로 빠져나갈 것이다.

슈퍼마켓 연쇄점이 대부분 품목의 이윤율을 1% 미만으로 인하한 것처럼, 가상 점포 또한 아주 낮은 이윤율을 놓고 경쟁하게 될 것이다. 아마존이 훌륭한 서비스와 특전을 계속 베푼다 해도 종국에는 평균 마진이 2% 남짓한 인터넷 서점들의 도전을 받을 것이다.

## 사용 편의성

최선의 가치와 최선의 선택 범위를 준다면 성공이 보장되는가? 아니다. 이것은 해답의 일부일 뿐이다. 고객은 또한 훌륭한 서비스를 기대한다. 당신 또한 그렇지 않은가?

점포주가 미소를 짓고, 고객의 아이 이름을 기억하는 것으로 만사 형통이던 시대와는 달리 웹상의 서비스는 매우 복잡해졌다. 인터넷 서비스는 비디오 게임의 경기 방식과 비슷한 기술상 쟁점이 관련된다. 페이지를 다운받는 시간은 얼마나 걸리는가? 웹사이트를 전체적으로 안내해 주는 검색 시스템은 제대로 디자인되었는가? 고객이 녹색 바지 대신 청색 바지를 원한다면 찾기는 쉬운가? 시간은 안 걸리는가? 바지와 잘 어울리는 셔츠는 있는가? 옷차림과 어울리는 신발은 있는가? 이것들 전부를 함께 구입하는 것이 가능한가?

사용자가 사이트를 이용할 때 편안함을 느끼게 하는 것도 사용의 편의성에 있어 중요한 부분이다. 원하지 않는 상품을 반품하기는 쉬운가? 새벽 3시라도 도움이 필요할 때는 도움을 받을 수 있는가?

## 개인화

비슷한 제품을 사려고 같은 상점에 자주 들리는 경우 점포 주인이 당신에 대해 잘 아는 경우가 있다. 그것은 좋은 서비스의 또 다른 형태이다. 다른 측면에선 능숙한 상품 관리 기술이다. 지능적인 판매상들이라면 고객들이 애용하는 제품이 있을 때, 또는 고객의 환심을 살 만한 새로운 제품이 있을 때 이를 알려 줌으로써 매출을 증대시킨다.

일반적으로 웹에서의 개인화로 불리는 이 마케팅 유형에는 여러 쟁점이 내포돼 있다. 이것이 제대로 시행되면 입소문을 통해 널리 알려지게 된다. 그러나 그것이 지나치면 고객들이 프라이버시를 침해당했다고 생각하여 오히려 역효과를 내게 된다. 아마존은 '서클' 프로그램에서 이 같은 문제에 봉착하자 고객 요구에 맞춰 프로그램을 수정하는 방향으로 현명히 대처했다. 경험이 많은 고객이라면 모두 알고 있듯이, 공격적인 판촉 전략과 적정 수준의 지원 사이에는 분명한 선이 있다. 인터넷을 통해 영업하는 사람들 중에는 시장 점유율 확보에 열중한 나머지 개인 고객에 소홀해지고, 종종 이 사이의 경계를 혼동하는 사람들이 있다. 인터넷은 텔레비전 같은 대중 매체가 아니다. 인터넷은 전화 같은 일대일의 매체이다.

## 안전

웹에서 쇼핑할 때 개인의 프라이버시와 신용카드를 보호하는 문제는 아주 자주 거론되는 주제이다.

@dtech와 토크 시티가 실시한 한 조사에 따르면, 인터넷 쇼핑 고객 가운데 42%는 '보안'을 우려 사항으로 지목했다. '프라이버시'는 18%를 차지해 단일 항목으로는 온라인 쇼핑의 최대 걸림돌로 나타났다.

고객의 보안이나 프라이버시를 보장할 수 없는 웹사이트는 가상 공간에 점포를 개설해서는 안 된다. 그런 사이트가 비일비재하기 때문에 전자상거래에 커다란 위험이 조성되며, 그것은 결국 웹의 발전을 저해한다.

## 정치

미국의 선거 운동에서 인터넷이 차지하는 비중은 날로 더 중요해지고 있다. 성공적인 인터넷 운동에는 무엇이 포함될까? 상당 부분, 그것은 상업 사이트와 비슷한 원칙을 따라야 한다.

### 선택 범위

선거는 결국 선택의 문제이다. 입후보자의 사이트는 특정 입후보자를 위한 사이트여야 한다고 생각하기 쉽다. 그러나 적절히 설계된 정치 사이트라면 고객의 여망에 맞춰 구성되어야 한다. 즉, 유권자들의 여망을 반영하는 광장이 되어야 하는 것이다. 유권자들은 살상용 무기 판매에 대한 입후보자의 정치적 입장을 알고 싶어한다. 낙태, 교실 안에서의 예배, 전쟁, 혹은 조세 등이 주요 쟁점이 될 수 있다.

사이트는 모든 핵심 쟁점에 대한 유권자의 질문에 응답해야 한다. 만일, 입후보자 A의 웹사이트에서 당신의 집 가까이에 있는 강 상류에 댐을 건설하는 정책에 관한 견해를 묻고 싶다고 하자. 그런데 A의 웹사이트에 "미안합니다. 지금은 당신의 질문에 답할 수 없습니다."라는 메시지가 뜬다면 당신은 그것을 수긍하기 힘들 것이다.

반면, 댐이 강의 상류 400마일 밖 다른 주에 위치하고, 자신의 힘이 빈약하며, 보다 중요한 쟁점이 많이 있기 때문에 그 질문에 응답할 수 없다고 A가 답변한다면 상황은 많이 달라질 것이다.

현명한 입후보자라면 핵심 쟁점의 체크 리스트를 사이트의 첫머리에 잘 보이게 올리고, 유권자들이 그 체크 리스트에 포함되지 않은 쟁점에 대해 질문을 던지게 해서 이러한 문제를 우회할 수 있다.

## 가격

정치인들이 시장에 매물로 나왔다고 생각하기는 곤란하다. 그러나 현직 상원 의원이라면 재선 운동 선거 자금을 위해 매일 최대 1만 달러를 모금한다고 충분히 예상할 수 있다. 그것이 어떻게 가능한가? 이러한 것은 웹사이트를 통해 답변해야 할 질문이고, 동시에 헌금을 받을 수 있는 좋은 기회이기도 하다. 지능적인 입후보자는 두 가지를 모두 실천한다. 감춰야 할 비밀이 없는 입후보자는 모든 주요 기부자의 명단을 공개하고, 선거 운동 경비를 추정하며, 일반 대중들에게 헌금을 요청할 수 있다. 또한, 경쟁자에게 헌금한 유권자들의 명단을 공개할 수도 있다.

## 사용 편의성

현직 상원 의원인 샐리 보트게터가 임기 중 대단한 업적을 이뤘다고 자랑하는 전단들이 선거 전날 우편함에 넘쳐나는 광경은 불쾌감마저 준다. 대신 유권자가 보고 싶을 때, 그 정보를 웹사이트에서 찾도록 하면 좋지 않을까? 유능한 입후보자라면 과장 광고를 하기보다는 객관적인 사실을 통해 유권자를 설득하려고 할 것이다. 고객들은 사족을 바라지 않는다. 그들은 단순 명료한 진실을 좋아한다. 입후보자가 총기 규제에 반대 투표를 했는가 안 했는가? 변명보다는 진실을 말할 필요가 있다.

여기에서의 관건은 유권자들이 중요하게 생각하는 쟁점들과 입후보자를 조사할 수 있도록 허용하는 대화형 요소를 제공하는 데 있다.

### 개인화

선거가 치러지기 바로 직전 '친애하는 머피 씨'로 시작되는 편지를 누구나 한번쯤은 받아본 적이 있다. 여간 짜증나는 일이 아니다.

그러나 하원 의원이 당신에게 전화를 걸어 이름을 물은 다음에 여러 쟁점에 대한 견해를 묻는다면 아마도 협력할 가능성은 높아진다. 그런 활동을 웹사이트에서 수행할 기회를 갖는다면 어떻게 될까? 비록 개별성은 떨어지지만 선거일 전 3일 이상 우편함을 가득 채운 따분한 편지보다 훨씬 인상적이다.

### 안전

단 하나 명심할 점이 있다. 나의 이름과 관심사를 다른 입후보자에게 노출시킨다면 즉각 나의 당적을 바꾸겠다. 정말이다.

## 엔터테인먼트

필름과 비디오 테이프 등의 수동적 매체에 익숙한 엔터테인먼트 산업이 고도의 양방향성에 적응한다는 일이 간단치가 않다. 끝내 주는 각본, 초호화 배역, 적절한 배경, 충분한 제작 비용 등은 여전히 중요하다. 그러나 이제는 관객 개개인이 모종의 역할, 예컨대 배우, 무대 담당, 혹은 감독 등의 역할을 하게 함으로써 그들을 드라마에 몰입시켜야 한다. 할리우드를 위시한 엔터테인먼트의 메카에서는 새로운 매체를 최대한 이용하기 위한 갖가지 실험을 진행중이다.

궁극적인 관건은 영화의 장점과 비디오 게임의 대화형 요소를 결합시키는 일이다. 비록, 그렇게 되지 못한다 해도 양방향성은 프로그램 편성, 시간, 시청면에서 막대한 권한을 관객에게 부여한다.

## 선택 범위

웹에서 엔터테인먼트의 선택 범위를 제약하는 요인은 아무 것도 없다. 지금은 소일거리를 찾기 위해서 주말에 주요 대도시 극장에서 상연되는 10편 내지 20편의 영화를 소개하는 신문을 읽거나, 텔레비전-라디오 페이지를 점검하거나 콘서트 등을 조사한다. 그러나 머지않아 당신이 (아마도 텔레비전을 통한) 메뉴를 통해 텔레비전, 라디오, 영화, 무도, 음악, 나이트 클럽, 게임, 라이브 이벤트, 가상 현실, 그리고 특이한 멀티미디어 오락을 선택할 날이 올 것이다. 영화의 예고편을 보거나 음악 일부를 발췌해서 들을 수 있다. 또, 라이브 이벤트라면 입장권을 예약할 수 있다. 디지털 영화의 경우, 사용자의 선택은 거의 무제한이고 보고 싶을 때를 선택할 수도 있다.

## 가격

영화 입장권을 사면 그 수입의 일부만 영화 제작사의 몫으로 돌아간다. 수입의 상당 부분이 극장 운영자와 극장 소유 체인에 귀속되기 때문이다. 웹에서는 그런 일이 발생하지 않는다. 영화를 제작한 회사가 웹사이트도 같이 운영하고 있을 것이고, 극장 소유주에게 돌아가는 몫이 없어지기 때문에 최종 관람료는 더 낮아질 것이다.

웹으로 판매되는 시디(혹은, 주문에 따라 직접 배달되는 음악, 대개는 음반 회사의 마스터 음반에서 디스크로 다운로드되는 형태), 소매 채널을 생략하고 웹을 통해 구매하는 컴퓨터 게임에도 이와 동일한 방식이 적용될 수 있다.

## 사용 편의성

엔터테인먼트를 제공하는 웹사이트는 서비스가 생명이므로 농구의 슬램 덩크와 비슷하다고 할 수 있다. 엔터테인먼트 채널은 고객에게 휴식과 재미를 선사해야 하기 때문에 고객의 요구에 고도로 반응해야 한다.

## 개인화

이 부분은 소매 거래 모델과 비슷하다. 우수한 엔터테인먼트 사이트는 고객의 기호를 점진적으로 파악한다. 고객들은 방대한 오락 유형 가운데 하나를 선택할 수 있고, 웹사이트는 고객의 기호에 맞는 내용물을 제안할 것이다. 당신이 우디 알렌이 감독한 영화를 두 편 보았다면, 웹사이트에서 당신에게 우디가 출연한 신작 영화가 있다는 사실을 알린다. 또, 당신이 다저스 팀과 자이언츠 팀의 최근 경기를 시청했다면 다음 번 경기가 언제 열리는지도 알려 줄 것이다. 만일, 누군가가 얼터너티브 음악의 인기 그룹인 스매싱 펌프킨즈를 보려고 지난번 순회 공연의 입장권을 샀다면, 이번 주말에 열리는 파리 콘서트를 시청하려고 할 가능성이 많다.

헐리우드가 영화에서 실제로 활약할 수 있는 기회를 관객에게 준다면 개인화는 한층 높은 수준에 도달할 수 있다. 이는 전통적인 이야기 전개(storytelling)와는 다른 방식의 엔터테인먼트이다. 그러나 영화 카사블

랑카의 결말이 최초의 원작과 다르게 되는 결과가 발생한다면 나로서는 유감이 아닐 수 없다.

## 안전

웹 포르노에 대해서는 덧붙일 말이 없다. 그것은 고객들 사이에서 중요한 쟁점이 되고 있으며, 그 분야에서도 역시 고객이 왕이다. 분명히 많은 사람들이 웹에서의 성인 오락물을 원하고 있다. 동시에 많은 사람들은 아이들이 음란물 사이트에 노출되지 않기를 바란다.

다행스럽게도 필터를 사용해 간단하게 성인 누드, 폭력, 상스런 단어, 인종 차별 선전, 혹은 차단이 필요한 모든 내용을 볼 수 없도록 방지할 수 있다. 그리고 온 가족이 늘상 접속해야 하는 웹사이트라면 필터를 도입하는 편이 더 현명하다. 결국, 인터넷에서 음란물을 차단하는 활동이 전통적인 매체에서의 그것보다 더 쉽게 될 것이다.

제5장

# 인터넷 소매업 : 서비스가 전부다

루스벨트 필드(역자 주 : 뉴욕 주 롱아일랜드 중서부 나사우 카운티 일대)는 역사가 살아 숨쉬는 곳이다. 찰스 린드버그가 1927년 유명한 대서양 횡단 비행을 위해 이륙한 지점이기 때문이다. 소매업의 역사로 말하자면 루스벨트 필드에 미국 최초의 쇼핑 몰이 들어섰다. 내가 최초의 정장 한 벌을 산 곳도 바로 이 곳이다.

가상 공간을 들여다보면 쉽게 옛날의 숨결을 느낄 수 있다. 내가 가상 몰에 접속할 때에는 루스벨트 필드의 초창기 모습이 떠오르곤 한다. 미국 소매업은 여러 단계의 변화를 거쳤지만, 전자상거래 또한 향후 10년간 많은 변화를 겪을 것이다. 그 과정에는 많은 진통과 비약적인 발전이 수반될 것이다. 일부 개념은 여전히 유효하겠지만 어떤 개념은 무용지물이 될지도 모른다. 낮은 가격이 고객들은 즐겁게 만들겠지만 때로는 비싼 가격을 치러야 하는 경우도 있을 것이다.

그러나 결국 고객들은 소비자로서의 막강한 권리를 누리고, 상인들은 고객의 요구에 대응하느라 진땀을 뺄 것이다. 2010년쯤 안정화 단계에 접어들겠지만 그 때까지 상인들은 인터넷을 통해 제품을 판매하는 방법을 익히고, 고객들은 제품 구매 방법을 배워야 하는 등 다소 불안정한 시기가 될지도 모른다. 다시 한 번 말하자면, 미래에 대한 가장 훌륭한 단서는 과거 속에 있고 최종 결과는 신기술의 개발을 통해 수정되게 된다.

지난 동안의 소매업 발전사를 회고해 보자. 최초의 소매업자들인 정육점, 제과점, 촛대 제조상들은 자신이 가장 잘 하는 분야에 초점을 맞추었다. 세상의 많은 일이 지금 그런 방식으로 이루어진다. 그것이 온당한 삶의 방식이다. 그리고 내 경험에 의하면, 정육점 고기로 만든 스테이크가 슈퍼마켓에서 구입한 스테이크보다 대개는 더 맛있다. 제과점의 빵이 시장의 빵보다 거의 언제나 우수하다. 그리고 촛대 전문점은 잡화점에 비해 고품위 촛대를 더욱 다양하게 보유한다. 하지만 전문점은 대체로 비싼 가격을 부른다. 왜냐 하면, 시시한 물품을 대량 구매해 이윤 마진을 줄일 수 있는 대형 점포에 대항해야 하기 때문이다. 결국, 지난 40년간 미국 내 수십만 개의 군소 상점이 문을 닫았다. 오늘날 전문 소매업체는 중상류 계층과 갑부들에게 어필하려고 애쓴다. 중간 계층은 특별한 경우에만 전문점에서 쇼핑한다.

앞서 지적했듯이 빵 트럭, 농산물 운반 차량, 우유 트럭 등이 제품을 문 앞에 배달해 준 1950년대의 배달 서비스를 나는 기억한다. 대부분의 시장이 배달 서비스를 제공한 사실을 또한 기억한다. 그 서비스는 놀라웠지만 노동 집약적 성격, 높은 가격, 품질에 대한 고객 기대치의 성장으로 인해 점차 쇠락의 비운을 맞았다.

서부 개척과 맞물려 거의 모든 미국 도시에 등장했던 잡화점에서 그 기원이 발견되는 백화점은 지난 1세기 이상 온갖 풍상을 견뎌 왔다. 군소 상점에 비해 품질은 간혹 낮을지라도 다양한 상품을 갖추고 있어 오늘날에도 많은 고객들이 애호하고 있다. 이 때문에 케이마트, 타깃, 월마트, 삭크, 노드스트롬, 니먼-마르쿠스 등 사회의 모든 경제 계층을 위한 백화점이 여전히 존재하고 있다.

시어즈 사는 오래 전에 백화점으로 신기원을 이룩했다. 뿐만 아니라 시어즈의 일반 상품 카탈로그 사업은 우편 주문이나 시내 카탈로그 카운터를 통해 시골에 사는 미국인들이 공구, 신발, 의복 등 품목을 주문하도록 했다. 중요한 점은 시어즈가 고객들에게 일관되게 호소함으로써 명성을 쌓았다는 것이다. 시어즈 카탈로그 고객은 상품이 우수하다는 점을 알았다. 그 같은 신뢰가 없다면 카탈로그 사업은 효과가 없을 것이다. 카탈로그 회사가 우후죽순으로 등장했지만 시어즈의 카탈로그 유통 방식이 표준으로 정착됐다.

대도시에서는 식품 백화점 형태의 슈퍼마켓이 내가 어린 시절에 경험했던 군소 시장을 누르고 주도권을 잡았다.

당시 재미있는 사건이 발생했다. 확실히 슈퍼마켓은 대형화되고, 월마트는 사방으로 진출했다. 그리고 약국은 슈퍼 스토어로 성장했다. 그러나 또 다른 징후가 발견됐다. 전문점이 부티크의 형태로 재기에 성공한 것이다.

## 쇼핑 몰 현상

지금은 대형 백화점들이 마치 붙박이처럼 으레 몰을 장식하고 있다. 그러나 그 사이에는 대부분이 체인점 소속인 수십 개의 중소 점포가 끼어 있다. 이 군소 점포들은 높은 수준의 개인 서비스, 선택 범위가 넓은 틈새 상품, 그리고 도매 가격과 관련하여 비용 효율성을 선사한다. 결국, 고객들은 다소 높은 가격에 더 많은 선택 범위를 가진다.

마지막으로, 카탈로그 사업에서 비슷한 경향을 볼 수 있다. 대형 백화점이 점차 전문 체인점의 도전을 받았듯이, 일반 상품 카탈로그 사업은 전문 카탈로그 사업에 의해 커다란 도전을 받고 있다. 수백만 명의 고객들이 카탈로그를 통해 의복, 선물, 서적, 레코드 등 전문 품목을 주문한다. 이는 초창기 시어즈 카탈로그 고객처럼 주문 상품이 공정한 가격에 일관된 품질을 갖는다는 신뢰가 형성됐기 때문이다.

## 수익 모델 발견과 가격 경쟁의 한계

초창기 전자상거래의 성장세를 관찰하다 보면, 이미 익숙해진 사건을 다시 경험하는 듯한 느낌이 들어 향후에 일어날 일들에 대해서도 어느 정도 냉정함을 유지할 수 있다. 온라인 소매업의 진전에 대해서는 놀랍고 당혹스럽다는 평가가 대중 매체를 번갈아 장식하지만 그렇게 흥분할 일은 아니다. 여기서 새로워진 유일한 점은 일부 기업가들이 인터넷에 상점을 열어 우편 주문 카탈로그의 대안을 창조했다는 것이다. 대단한 일이다!

지난 수년 간, 인터넷으로 제품을 파는 군소 상점에 관한 소식이 들려오기 시작했다. IBM은 나이 든 이태리 여성에게 올리브 기름을 사는 미국인 부부가 나오는 광고를 통해 그 개념을 묘사하기도 했다. 그녀는 웹사이트로 전 세계에서 밀려오는 올리브 기름 주문을 선적한다고 했다.

웹사이트를 개설하는 간접비가 매우 낮은 관계로 군소 기업이 인터넷으로 주문을 받지 않는 것이 더 이상할 것이다. 요즘에는 무언가를 생산하는 기업과 마찬가지로 웬만한 수공업 장인은 웹사이트를 보유하고 있다. 많은 사이트는 아직 웹으로 주문을 수령하지 않지만, 그 대부분은 방문객이 제품을 찾거나 주문 통화를 할 수 있을 만큼 편리해졌다.

이 단계에서 두 가지 사항을 주목해야 한다. 첫째, 인터넷의 군소 상인에게 구입한 제품은 일관된 품질이 보장되지 않는다. 예컨대, 이태리 여성의 올리브 기름이 어떤 품질인가는 우편물을 받아서 깡통을 개봉해야만 알 수 있다. 둘째, 생산자에게서 수령한 상품은 일반적으로 일관된 품질을 제공하지만 가격이 대체로 희망 소매 가격에 머무른다. 생산자들은 자사 제품을 판매하는 유통 채널보다 낮은 가격을 매기기 꺼려한다. 게다가 운송 및 처리 비용 때문에 추가 부담을 예상해야 한다.

두 번째 단계의 일등 공신은 가상 공간에서 대량 판매를 최초로 시작한 아마존닷컴의 창업자 제프 베조스이다. 아마존은 일찍부터 예민한 감각을 지녔다. 즉, 인터넷에서의 판매 비용이 낮기 때문에 이익을 올리는 유일한 방법은 서적, 시디, 비디오 테이프 등 대량 판매에 유리한 제품을 취급하는 것이었다. 새로운 깨달음의 경지가 열리자 베조스는 월가 헤지펀드 매니저의 자리를 버리고 아마존 창업에 전력 투구했다.

많은 대중 매체와 기관 투자자들이 아마존의 장기 비즈니스 모델에 대해 걱정하고 있다는 것은 사실이다. 실제로 아마존은 비슷한 상품을 판매하는 다른 대기업과의 극심한 경쟁에 휘말려 있다. 그러나 아마존은 전국에 현실 공간의 매장 체인을 갖지 않아도 된다는 막대한 경쟁 우위를 누린다. 단점은 전국적인 배송 체계가 완비되지 못한 점이다. 아마존은 배송 체계를 구축하기 위해 주식 상장 및 그에 연이은 하이 일드, 정크 본드 판매로 모집한 자금을 모두 투입했다. (회사채 발행 당시 아마존은 여전히 적자 상태라서 '투기' 등급을 받았다. 그럼에도 투자자들은 아마존의 장기 부채 상환 능력을 신뢰하고 기꺼이 투자했다.) 아마존은 양대 과제에 직면해 있다. 첫째, 다른 가상 서점들이 아마존보다 낮은 가격을 통해 시장을 잠식한다. 둘째, 어지러울 정도의 고성장 과정에서 적은 이윤이라도 낼 능력이 있느냐는 점이다. 이 수익성 문제는 궁극적으로 인터넷 판매를 하는 모든 기업에게 사약이 될 수 있다.

## 일관된 품질, 대량 판매가 급소

21세기에 접어들면서 산업 분야마다 일관된 품질을 가진 온라인 상품을 대량으로 판매하기 위한 암중 모색이 벌어지고 있다. 특히, 약국 사이의 뜨거운 경쟁은 어디서나 발견된다. 그도 그럴 것이 구강 청결제 한 병은 어디까지나 구강 청결제 한 병에 불과하기 때문이다. 약을 인터넷으로 싸게 구입하고 배달도 해 준다면 반대할 이유가 있겠는가?

우편 주문 카탈로그 회사들이 인터넷으로 전환하는 현상이 빈번해졌다. 예측 가능한 품질의 제품을 공급하고, 고객에게 만족을 주는 서비스에 강점이 있다는 점에서 당연한 귀결이다. 이들 기업은 재고 전략, 이행 창고, 불평 접수, 반품 능력, 그리고 UPS, 페덱스, 미국 우편국 등의 특송 회사와 양호한 관계를 갖고 있다. 이 중 다수는 저가 공급에 또한 익숙해 있다. 하지만 카탈로그 상인들은 일반적으로 40% 수준인 소매 마진을 줄이면서까지 할인 판매를 한 적이 없다. 어떤 우편 주문 전문기업이라도 아마존이 현실 공간의 경쟁사에게 시도한 방법을 통해 경쟁사보다 낮은 가격을 매기는 데 충분한 고객을 유치할 수는 없었다. 인쇄해야 할 카탈로그 분량이 많아서인지 아무도 먼저 기선을 제압할 수 없었기 때문이다.

## 직판 모델

우리는 이제 인터넷 소매업에서 가장 논란이 심한 직접 판매를 다루기로 한다. 여기서는 소매업체를 통해 경쟁사 제품을 구매하는 대신, 공장에서 직접 제품을 구매하도록 생산자가 고객들을 설득하는 활동이 핵심이다. 이 방식을 실천하려고 하는 기업들이 고객 서비스, 관리비, 애프터서비스 같은 추가 비용을 어쩔 수 없이 떠맡은 점을 제외하면, 우리가 과거에 '도매 구입' 으로 불러온 현상과 다를 바 없다.

내가 보기에 직판 모델의 최선의 예는 아무래도 델 컴퓨터이다. 이 회사는 자사의 개인용 컴퓨터를 언제나 직접 판매해 왔다. 델은 처음부터 개인용 컴퓨터를 기업에 대규모로 공급하는 업체로 출발했다. 그런 방식의 판매가 호조를 보였고, 많은 사무 노동자들은 델을 가정으로 끌어들였다. 곧, 델은 고객들에게 직접 판매하기 시작했다. 델은 다른 소매업자들에 비해 더욱 저렴한 가격으로 인지도 있는 브랜드의 훌륭한 제품을 선사했다.

델은 인터넷 공략에도 발빠른 움직임을 보여 커다란 성과를 거두었다. 1999년 중반에는 하루 인터넷 매출이 1800만 달러로 연간 65억 달러에 이르렀다. 이름 없는 싸구려 제품이 아시아에서 밀려왔지만 델의 시장 점유율은 매출액과 더불어 상승했다. 델의 조 메렌지 전무에 의하면, 인터넷에 선착함으로써 경쟁사와의 격차를 더 벌릴 수 있었다고 한다. 그는 마켓워치가 중계한 한 연설에서 다음과 같이 장담했다. "우리가 계획대로만 된다면 많은 경쟁사들이 다음 2년 안에 더욱 뒤쳐질 것으로 확신한다. 우리는 결과를 여유 만만하게 기다리고 있다."

다른 컴퓨터 메이커들은 소매점을 통해서 컴퓨터를 판매하기 때문에 직접 판매 방식의 성과를 측정하기는 어렵다. 1990년대 후반 시장 점유율 감소로 소매 채널이 거의 전멸한 애플 사는 온라인 판매가 급신장세를 보이고 있다. 자체의 소매점 유통망을 만든 게이트웨이 사 또한 괜찮은 성장을 보였다. 그러나 컴팩은 곤경에 처했고, 그 이유는 소매 부문이 지나치게 비대해졌기 때문인 것으로 분석된다.

출판사가 책을 직접 팔고, 제약 회사가 약을 고객에게 직접 판매하는 시대가 올 것으로 믿는 사람이 있다. 상황이 그렇게 전개된다면 아마존이나 플래그스탭은 최저 마진을 붙여 책이나 약을 판매하는 능력에 심각한 타격을 입을 것이다. 그런 일이 벌어지지는 않으리라고 나는 생각한다. 생산자들이 제작은 잘 할지 몰라도 판매를 잘 한다는 보장은 없다. 델은 인터넷으로 이동하기 전부터 다년간 직판 경험이 있다. 랜덤하우스는 그렇지 않다. 시디를 소니 사로부터 직접 구매하겠다는 생각을 해 본 적이 있는가? 바이에르 사로부터 아스피린을 사고 싶은가? 이 같은 쇼핑 방식은 불편하고, 고객들이 이 제품 저 제품을 비교하면서 쇼핑할 수 없게 만든다.

물론, 그런 방식으로 자동차를 사거나 구치 시계, 혹은 애호하는 텍사스 바베큐 소스의 우송을 요청할 수는 있다. 브랜드명과 고객 애착심이 위력을 발휘하는 급소가 바로 여기이다. 그렇다, 인터넷으로 델 컴퓨터를 살 수 있다. 그러나 품질에 대한 고객의 확신이 없는 한, 이름 없는 개인용 컴퓨터를 사지는 않을 것이다.

## 구매 행태의 혼성화

소매업계에서는 전통적인 전문점과 직접 판매가 성장세를 보여 왔다. 이어서 백화점, 몰, 슈퍼 스토어가 번성했다. 비슷한 사태가 인터넷에서 진행되고 있다. 그러나 이러한 가상 점포 유형은 대량 판매에 기반하기 때문에 최근까지 실효성이 없었다.

온라인 소매업계는 한 해 수천억 달러의 수입을 올리지만 가상 쇼핑은 이제 시작이라는 견해가 우세하다. IBM 루 거스너 회장이 초창기 온라인 소매업체에 대해 '태풍 전야의 개똥벌레' 라고 묘사한 발언을 나는 떠올린다. 거스너에 의하면, 그 가운데 약간의 기업은 살아남아 번성할 수 있지만 전통적인 소매업체들이 가상 공간으로 이동하면서 대부분 사라질 것으로 예측했다. 확실히, 소매업계의 관심을 자극할 만큼 인터넷은 성장했다.

- 테크놀러지 기업인 IVANS 사에 따르면, 미국 쇼핑 고객의 61%는 온라인 제품 구매에 관심이 있다. 1년 전의 수치는 50%였다.
- 반스앤노블닷컴의 1999년 1/4분기 매출은 1998년 4/4분기에 비해 25% 증가한 3230만 달러로 나타났다. 이 회사의 신규 고객은 45만 명이 늘어났고, 이는 우드스탁에 모인 군중의 수와 비슷하다.
- AOL의 쇼핑 고객은 1999년 1/4분기에 온라인 몰에서 18억 달러를 소비했다. 3월 한 달 간 매출은 6개월 전에 비해 76%가 증가했다. 한편, 라이코스는 같은 분기 동안 몰 임차인과의 상거래로 2억 달러의 계약고를 올렸다.
- 커뮤니티 웹사이트인 Ad:tech 앤 Talk City에 따르면, 인터넷 때문에 쇼핑 습관이 바뀌었다고 대답한 응답자 비율이 58%에 달했다. (쇼핑 고객의 약 18%는 프라이버시가 중요한 문제라고 대답했다.)

이 정도의 환경이라면 월마트 등 거대 소매업체들이 눈독을 들일 게 뻔하다. 매주 일요일 수천 개의 신문에 동일한 상품을 광고하는 이 체인들은 같은 상품을 온라인으로 공급할 것이다. 그들은 저가격 공급에 경험이 많은 자체 점포를 통제한다. 새로운 온라인 경쟁사가 범접할 수 없는 대량 구매를 실시한다. 그리고 유통 및 주문 이행 능력이 탁월하다.

시어즈 사의 온라인 사업 본부장 앨리스 피터슨이 CBS.마켓워치닷컴과의 인터뷰에서 온라인 협력사를 적극 물색중이라고 발언한 사정이 이해가 간다. "웹사이트가 시어즈 점포로 고객을 몰고 올 것으로 생각한다. 쇼핑 고객들은 웹사이트의 탐색을 통해 통제감을 느끼고 싶어한다. 그들이 특정 상품에 구체적인 관심을 표시하면 점포에 한 번 들르도록 요청한다. 그들은 점포에서 사거나 온라인 상으로 계약할 수 있다." 향후 수년 간 이 모든 추세는 계속 가속화될 것이지만, 모든 곤란을 해소시킬 광대역 서비스가 달려오고 있다.

## 광속 서비스

온라인 소매업이 급성장세를 보이고 있지만 대역폭이 50배 이상 증가하면 어떤 결과가 빚어질까? 마치 쇼핑 몰로 가는 진흙탕 길을 8차선 고속도로로 대체하는 것과 같은 효과가 있다. 향후 수년 간 이런 현상이 빚어질 것 같다.

시장 조사 회사인 포레스터 리서치에 따르면, 광대역 인터넷 서비스는 2003년까지 미국의 2600만 가구가 사용할 전망이다. AOL이 저속도 요금의 절반수준인 매달 40달러에 공급을 개시한 고속 DSL 서비스는 미국 가구의 41%가 사용할 수 있다. 마이클 델은 《배런스(Barron' s)》와의 인터뷰에서 "광대역의 도입에 따라 개인이든 기업이든 재화와 서비스의 고객들에게 권력이 이동할 것"으로 내다봤다.

확실히 더 많은 선택의 기회를 통해 신속하게 비교 쇼핑을 할 수 있지만, 고객의 권리가 강화되는 데는 몇 년 정도가 걸릴 것이다. 그 과도기에는 현재 권력을 가지고 있는 집단 사이에 치열한 싸움이 벌어질 것으로 예상된다. 전투 공간은 무척 친숙한 텔레비전 화면이 될 것이다.

앞서 언급했듯이 오는 2006년 미국의 전체 텔레비전 시스템은 디지털로 이행하며 그 때까지 우리가 지금 시청하는 모든 아날로그 방송은 중단된다. 이 이행 과정에 양방향성이 프로그램 편성에 혼입되어 대중이 텔레비전으로 쇼핑을 할 수 있다.

텔레비전은 쇼핑 고객의 설득이라는 점에서 매우 강력한 매체이다. 저녁 시간을 강타하는 피자헛이나 버거킹 광고로 우리는 배가 고프다고 생각하게 된다. 좋은 음식(흠을 잡으려는 의도는 없다. 나는 이러한 즉석 식품을 좋아한다.)은 아니지만 텔레비전이 그것을 판매한다(우리는 기존 미디어의 손아귀 안에서 얼마나 무기력한 존재들인가?). 그리고 자동차 광고, 의류 광고, 식품 광고, 테크놀러지 광고 등이 줄을 잇는다.

아직 이야기는 끝나지 않았다. 최신형 고선명 디지털 텔레비전으로 피자 광고를 보다가 리모콘을 누르면 신용카드로 돈이 지불되고, 15분 안에 따끈따끈하고 먹음직스런 파이가 문 앞에 배달되는 미래를 상상해 보라.

텔레비전의 리모콘을 누르는 것으로 무엇이든 살 수 있다면 어떤 기분이 될까? 이런 일이 거의 눈앞에 닥치고 있다.

## 봇과 판촉 혁신

광고주는 텔레비전 쇼에 제품을 배치해 주는 대가로 돈을 지불한다. 인기 쇼의 인기 스타가 입은 의상, 먹는 음식, 몰고 다니는 차를 시청자는 사고 싶어한다. 생산업체는 제품 광고의 목적으로 막대한 광고비를 쏟으며 그 비용은 고객들에게 직접 전가된다.

그러나 이것이 텔레비전에만 국한되는 것은 아니다. 미국의 온라인 시청자 가운데는 AOL 팬이 많으므로 기업들은 거기에 자사 제품을 올려놓는다. 인기 검색 엔진은 공략 표적으로 된다. 물론, 이 같은 일이 지금 진행중이지만 협대역 서비스라면 대형 광고주들이 소형 경쟁사에 비해 큰 이점을 갖지 못한다. 광대역 환경이라면, 거대 기업의 강세가 두드러져 최선의 프리젠테이션에 투자할 수 있는 기업이 현저한 우위를 누릴 것이다.

현 단계의 온라인 소매 형태는 몇 년 안에 끝날 것이다. 앞서 지적한 새로운 도구인 쇼핑 봇을 사용자들이 통달할 때가 바로 그 시점이다.

우리는 오리지널 '별들의 전쟁' 3부작과 비슷한 과정을 겪을 것 같다. 우선 인터넷 고객들이 인터넷에서 더 저렴한 가격과 폭넓은 선택 범위를 누리면서 제국은 타격을 받는다. 이어서 악마의 제국이 디지털 텔레비전을 강력한 죽음의 별로 이용하며, 고객들에게 맹타를 가해서 세력을 회복한다. 마지막으로, 고객들은 자신의 운명에 대한 통제력을 다시 확립시키는 R2-D2 비슷한 소프트웨어의 도움으로 권좌에 복귀한다.

봇은 고객의 노예처럼 행동한다. 당신이 몸을 움직여 비교 쇼핑을 하는 대신, 봇이 쇼핑을 해 준다. 예컨대, 토마스 핀천의 유명한 소설『V』를 한 권 사도록 컴퓨터에게 말할 수 있다. 잠시 후, 서적의 최저 가격은 XYZ 서점의 8.95달러이고, 운송에 3달러가 추가되며, 이틀 후면 배달된다고 컴퓨터가 보고한다. 당신 대신에 봇이 비교 쇼핑을 하고, 당신은 가장 저렴한 가격으로 거래를 수행했다는 사실에 안심한다.

## 명령만 내리소서

봇은 거의 모든 제품을 다룰 수 있다. 마쓰다 사의 스포츠카인 미아타를 사려고 한다면 봇이 시중에서 제품을 공급하는 다섯 군데의 영업점을 찾을 수 있다. 푸른색 모델을 원한다면 봇이 대신 광고를 체크한다. 집 근처에 10달러 이하로 멕시코 요리를 서비스하는 식당 다섯 곳의 상호를 알고 싶다면 봇이 알아서 찾아 준다.

다른 품목에도 봇은 도움을 준다. 아이가 생일 선물로 사달라고 조르는 종코(Zonko) 인형을 최저가에 사고 싶다면 봇을 보내면 된다. 몸에 맞는 칼빈 클라인 진을 최저가에 판매하는 집 근처 점포 또한 봇이 찾아 줄 것이다.

텔레비전 시청 도중 인기 스타가 멋진 티셔츠를 입고 있다면 쇼에서 구매할 필요 없이 봇에게 그것을 확인해서 가장 저렴한 소매점을 찾아보라고 하면 된다.

결국, 쇼핑 재미가 없어지는 것은 아닐까? 소매업체로서는 입맛이 쓸 것이다. 추가 서비스나 부가 제품으로 비싼 가격을 받을 수 있는 소매업체가 특히 그렇다. 야후! 창업자 제리 양은 저자와의 인터뷰에서 많은 소매업체와 몰이 봇을 금지할 가능성이 있다고 지적했다. 봇이 다른 소매업체의 스파이 노릇을 하며 경쟁사가 특정 품목 가격을 어떻게 매기는가를 알아내 더 낮은 가격을 제시할 수 있기 때문이다. 경쟁사를 그런 방식으로 도태시킬 수 있다는 게 제리 양의 판단이다.

자유 경쟁과 파격적 가격 설정 사이에는 분명한 선이 있지만 후자로부터 상인을 보호하는 제도는 마련돼 있다. 소매업계가 이 문제를 고객의 이익에 반하는 방향으로 악용해야 할 이유는 찾기 어렵다. 만일, 그렇게 하려는 소매업체가 있다면 곧 후회하게 될 것이다.

## 제6장

# 금융업 : 만고의 '킬러 애플리케이션'

인생의 너무나 많은 부분이 돈을 버는 데 소비된다는 현실은 슬픈 일이다. 우리 모두는 건강과 행복을 이야기한다. 인생에서 중요한 것은 자유라고 말하면서 인생의 황금기를 고용자에게 판매하고, 부자를 부러워하며, 연봉 크기와 구매력으로 성공 정도를 측정한다. 마돈나가 노래하듯이 우리는 물질 만능의 세계에 살고 있다.

그러므로 금융이 인터넷의 막강한 '킬러 애플리케니션' 으로 등장한 사실이 조금도 이상하지 않다. 물론, 진정한 킬러 애플리케이션인지는 아직 속단하기 어렵다. 그렇다. 인생의 최고 보배는 자유지만 그 밖의 모든 활동에 돈이 필요하다. 그리고 돈의 차입, 대부, 저축, 투자, 융통, 보험, 보호, 활용은 거의 모든 사람의 필수 활동이다. 인터넷이 그런 일들을 쉽게 해 줄 수 있다면 인터넷을 해야 하지 않을까? 그리고 우리나 인터넷으로 사업하는 모든 사람 또한 금융거래를 위한 서비스가 필요할 것이다. 다시 말하면, 인터넷에서도 가장 중요한 가치는 자유지만 그 밖의 모든 활동은 금융 서비스를 필요로 한다.

집을 사고 싶다면 모기지 대출이 필요하다. 책을 사고 싶다면 신용카드가 필요하다. 특정 주식을 사고 싶다면 증권 회사가 필요하다. 당좌를 개설하려면 은행이 필요하다.

인터넷이 아니더라도 금융업은 지난 10년간 급진적인 변화를 겪어 왔다. 은행 통합은 수십만 개의 일자리를 없애 버렸다. 미국 하원은 은행, 증권 회사, 보험 회사 간의 많은 장벽을 없앴다. 퇴직 저축은 대기업이 주도하는 연금 펀드로부터 개인 퇴직 적립금제(IRA) 및 401(k) 같은 개인 중심의 방식으로 옮아갔다.

은행과 저축 대부 조합의 수는 계속 감소하는 추세지만 우리들의 우편함에는 집 담보 대출 및 신용카드를 선전하는 홍보 전단으로 넘쳐난다. 나의 강아지는 최근 골드 카드 승인이 허용됐다는 통지를 받았다. 강아지의 '탁월한' 신용 등급으로 인해 3.9%의 특별 할인 이자율을 적용하겠다고 했다(이 행복한 강아지는 부채가 없다.).

인터넷 및 그 관련 기술에 힘입어 미국인은 사상 최장 기간 지속되는 경제 호황을 누리는 가운데 21세기를 맞았다. 그러나 번영의 시대에도 음지는 수두룩하다. 개인 저축율은 1929년 대공황 이후 최저 수준이다. 미국인 1인당 평균 부채는 8000달러에 달한다. 사회 보장 제도가 곧 바닥을 드러내 수십 년간 힘들게 일해 온 수백만 명의 베이비 붐 세대가 노년기에 아무런 지원을 받지 못할지도 모른다.

누구나 자신의 회계를 제대로 파악할 필요가 있으며, 이를 위해 수백만 명의 대중이 인터넷으로 향하고 있다. 미국 증권거래위원회에 따르면, 뉴욕 증권거래소와 나스닥의 거래량 가운데 30%는 인터넷이 차지한다. 인터넷을 통한 주문액은 14%에 달한다. 테크놀러지 조사 기업인 고메즈 어드바이저에 의하면, 오는 2002년 온라인 뱅킹 고객의 수는 1998년보다 4배나 늘어난 2420만 명으로 증가할 전망이다. 1조 5000

억 달러 규모인 미국의 모기지 대출 시장은 2003년까지 그 25%가 가상 공간으로 옮아갈 거라고 분석가들은 예상한다. 다수의 웹사이트에서 이용 가능한 대화형 도구를 사용하면 예산 기획, 매달의 대부금 상환, 퇴직금 증가액 추정을 쉽게 할 수 있다.

단점이라면 인터넷은 고객의 신용 한계를 넘어서는 채무 관계를 조장하며, 전문가의 자문 없이 사활을 건 투자를 하게 만들기 때문에 개인의 금융 상태가 악화될 수 있다.

## 부동산 시장의 효율화

조지아 공대가 실시한 한 조사의 결과, 웹 사용자의 42%가 부동산 사이트에 접속한 것으로 나타났다. 웹 사용자는 평균 나이 35세, 가계 소득 6만 7000달러 수준이므로 이는 놀라운 일이 아니다. UC 버클리 대학의 '부동산과 도시 경제학 피셔 센터' 에 의하면, 인터넷이 진정한 대중 매체로 선보이기 시작한 1995년 이전에 웹에는 이미 4000여 개의 부동산 사이트가 있었다. 미국 내에서 매물로 나온 거의 모든 주택은 인터넷에 게시되어 고객들이 사고자 하는 시장에서 수천 마일 떨어진 곳이라도 쉽게 사진을 보고 가격을 비교할 수 있다.

인터넷은 일반적으로 각양 각색의 주택과 시장에 관한 텍스트 정보를 지도와 더불어 입체적으로 보여 줄 수 있어 고객의 주택 검색 능력을 크게 향상시킨다. 또한 일정한 지역의 주택을 게시한 부동산 회사에 실시간으로 연결 가능하다.

몇 년 전만 해도, 세인트루이스에서 샌프란시스코로 이사하려면 샌프란시스코에 소재한 중개 회사에 정보를 요청하거나, 만 지역으로 직접 가서 정보를 얻어야 했다. 믿을 만한 중개 회사를 선택했는지 여부는 주어진 시장의 주택 공급 상황보다는 마음에 꼭 맞는 주택을 성공적으로 찾았느냐와 더 관련이 많았다. 새로운 도시로 이사한 뒤에 더 나은 집을 찾아서 다른 마을로 이사하는 예도 드물지 않았다.

이제 고객은 지역과 특색별로 마을을 골라 그 지역에 나온 매물을 점검하고 교육 시설을 따져 본 뒤에, 중개 회사에 접촉해서 특정 부동산에 관심 있음을 표명하고, 더욱 자세한 정보를 획득한다. 통제력은 중개 회사에서 구매자에게로 이동했고, 고객이 단 한 번의 시도로 생각하던 집을 구매할 가능성이 높아졌다. 이처럼 시장이 효율화되면 잠재 구매자 풀이 팽창됨으로써 부동산 가치가 점진적으로 상승하고 매물이 신속하게 판매될 수 있다.

부동산 회사에게는 사용이 쉬운 웹사이트를 만들고, 최신 정보를 유지하며, 경쟁업체와 차별되는 수준의 수수료를 부과해야 한다는 압력이 발생한다. 지능적인 부동산 사이트는 지역과 시내 지도, 교육구 관련 자료, 조세 정보, 도로 지도, 교통량 정보, 범죄 통계, 그리고 중개 회사와 지방 정부 기관 및 고객의 의사 결정에 필요한 다양한 정보원을 실시간으로 연결시킨다.

동일한 웹사이트로 수백 개의 집단에 서비스하는 전국 규모의 부동산 회사는 아마존이 규모 효율에 따라 거래 비용을 낮추어 시중 서점을 위협한 것처럼 기존의 중개 회사에 비해 막대한 우위를 갖는다. 이에 따라 대형 회사의 부동산 지점은 다양한 상품을 구비하고 서비스 수준을 높이는 한편, 고객에 대한 가치 증대를 실현하게 됐다.

부동산 시장의 과제는 무엇인가? 주택을 인터넷으로 판매하기는 더욱 쉬워졌다. 당면 과제는 수백만 개나 되는 전국 부동산 매물을 다루기가 너무 복잡하다는 점이다. 대규모 지역 부동산 회사의 조직적 도움이 없다면 검색 틀을 구체화하기가 어려운 실정이다.

부동산 관련 정보는 realtor.com, nahb.com(전미주택건설협회 사이트), fanniemae.com 등에 잘 나타나 있다. bamboo.com 같은 부동산 서치 사이트는 정교한 기술을 통해 세계 어느 곳에서든지 주택을 검색할 수 있게 했다.

## 모기지

새 집을 사려면 대체로 담보 대출이 필요하다. 과거에는 은행에 신청하거나 주택 대부 조합을 방문하고, 몇 날 몇 주를 기다린 후, 대출 승인을 받아야 주택을 살 수 있었다.

1990년대 들어서 사정은 급변했다. 첫째, 주택 대부(mortgage) 중개회사가 전통적 금융 관계의 대안으로 떠올랐다. 많은 대부자 가운데 가장 조건이 좋은 대부자를 골라 주고, 대부자로부터 수수료를 챙기는 중개 회사만 접촉하면 된다. 그 다음에는 당신에게 모기지를 판매할 뿐 아니라 다른 수백 명의 대부를 함께 묶어 부동산 담보부 증권을 통해 월가에 판매하는 컨트리와이드 같은 회사가 개입한다. 이렇게 해서 컨트리와이드 사는 즉시 이자율을 조정할 수 있다. 컨트라와이드와 그 경쟁사들은 신속한 대출 승인을 통해 주택 구입을 간편화했다.

인터넷은 우선 다양한 대부 형태를 단일 거래처에 통합하고, 최적 조건의 고객 대출을 가능하게 한다. 이 분야의 유명 사이트인 bankrate.com은 3500여 개의 대부자를 조사해서 고객들에게 전국 평균보다 1% 낮은 이자율을 알려 준다.

E-loan 같은 회사는 인터넷을 통한 신속한 대출 승인이 강점이다. 신청 서류를 지급 우편으로 발송해야 하는 경우도 있지만 통상적으로 시중 은행보다 유리한 거래를 성사시킨다.

## 은행과 저축 대부 조합

최근까지 은행은 일반 고객들을 위한 금융계의 중심이었고, 전국 각지의 중소 도시에서는 수천 개의 '지방' 은행이 비슷한 기능을 수행한다. 일반적으로 고객들은 은행에 계좌를 열고, 거기에 봉급을 예치하며, 신용카드를 신청한다. 그 후, 적절한 시점이 되면 고객의 거래 내역을 훑어본 대부계를 만나 새 차나 주택 구입에 필요한 자금을 대부받을 수 있는지 문의한다.

이런 유형의 금융 활동은 지난 몇 년 동안 조금씩 쇠퇴했다. 대형 도시 은행 간 통합, 신용카드의 전국적 마케팅, 그리고 모스크바에서 마우이까지 어디서나 사용 가능한 ATM 카드의 개발 등으로 이러한 추세는 더욱 뚜렷해지고 있다.

비록 일부 대형 은행은 지나치게 굼뜬 행보를 보였지만, 인터넷은 최근의 추세에 가속 페달을 밟고 있다. (은행은 종종 자해적이라고 부를 정도로 보수 성향이 강하다.) 웰스 파고 은행은 퍼스트 인터스테이트를 인수하거나 노웨스트와 결합하기 훨씬 이전인 1990년대 중반에 이미 공격적인 인터넷 금융 서비스를 고객에게 제공했다. 그러나 고메즈 어드바이저 사가 1999년 봄에 발표한 상위 5대 인터넷 은행의 면모를 보면 흥미로운 점을 발견할 수 있다. 세큐리티 퍼스트 네트워크 뱅크, 웰스 파고, 시티뱅크, 살렘 5센트 저축 은행, 뱅크 오브 아메리카가 해당 은행인데, 여기에는 초대형 중추 은행, 중소 지역 은행, 인터넷 신진 은행이 뒤섞여 있다. 인터넷 금융에서는 브랜드가 아니라 서비스에 의해 은행이 선택된다는 것을 알 수 있다. 인터넷 금융에서 승자와 패자를 가르는 분수령은 정확성과 수수료 두 가지이다.

정확성을 보장하는 기술은 보편화됐지만 온라인 금융을 이용하는 고객의 이야기를 들어 보면 은행이 제 시점에 지불을 하지 못하는 경우가 많다. 그것은 문제가 된다. 잔고가 부정확하거나 봉급의 예치가 지연되는 것을 받아들일 수 없는 것처럼 그런 일은 누구도 참지 못하기 때문이다.

1990년대 후반에는 이자율 하락에 따라 금융 기관이 성장 이윤을 보장하는 적절한 순 이자율 마진을 유지하기 어려웠기 때문에 은행 수수료가 전반적으로 상승했다. 그 타개책으로 창구 서비스를 받거나 다른 은행에서 ATM을 사용할 때, 고객에게 폭리에 가까운 수수료를 부과하기도 했다. 이제는 그런 불합리함을 더 이상 감수하지 않아도 된다. 인터넷 은행도 다른 은행을 통한 ATM 사용에 수수료를 부과하지만, 대부분의 일반 은행에 비해 높은 저축 이자율을 지급함으로써 그만한 부담은 보상하고도 남는다. 그리고 대부분의 인터넷 은행은 24시간 무료 전화 서비스를 제공하기 때문에 고객이 편리한 시간에 계좌와 관련된 질문을 할 수 있다.

## 뮤추얼 펀드

시장 조사 기관마다 차이는 있지만 미국인의 60% 이상이 직접, 혹은 퇴직 보험을 통해 뮤추얼 펀드를 소유한다. 그리고 대부분의 투자자는 매일매일의 펀드 실적이 어떤 수준인지 잘 알지 못한다. 많은 사람들은 그들의 퇴직금이 변화무쌍한 시장에서 시장 평균 실적에도 못 미치는 펀드 매니저에 관리되고 있다는 사실을 알지 못한다.

이 분야 선두 주자인 피델리티 같은 일부 기업은 펀드 선택 요령을 고객에게 계몽하는 방식으로 신뢰를 쌓아 왔다. 예를 들면, 어떤 사람의 금융 상태가 어느 정도의 위험을 감수할 수 있는지 계산할 수 있도록 하는 도구가 웹에 대거 올려져 있다.

그러나 거의 모든 펀드 회사들은 펀드 판매 사업을 하기 때문에 고객들이 경계를 늦추어서는 안 된다. 자동차를 판매하는 딜러는 경계하면서도 수수료가 높은 뮤추얼 펀드를 사도록 유인하는 영업 사원에게는 합당한 만큼의 주의를 기울이지 않는 것이 이상할 정도이다.

이 현상은 특정 주제에 대한 지식이 모자랄수록 타인의 호의에 의존할 수밖에 없다는 증상과 관련이 있다. (나는 이 현상을 살인 미스터리 소설의 제명에 따라 '블랑쉬 듀브와 신드롬'이라고 부른다.) 그러나 불행하게도 아직 웹이 해답을 제시해야 하는 부분이 남아 있다. 웹에는 Morningstar.com을 필두로 뮤추얼 펀드와 관련된 상세 정보를 제공하는 사이트가 많다. 그러나 궁극적으로 자신에게 필요한 정보를 찾아 결정하는 것은 고객의 몫이다. 현재 수천여 개의 펀드가 제공되기 때문에 그것은 간단한 작업이 아니며 해답은 자신이 찾아야 한다.

## 온라인 증권 회사

온라인 증권 회사는 웹의 금융 서비스 분야에서는 가장 큰 논란의 대상이며, 인기 있고, 오해가 잦으며, 최대의 규모를 가지고 있고, 최고의 성장률을 보인다. 지난 5년간 온라인 투자 활동의 놀라운 성장세에 비추어 보면, 전적으로 타당한 결과이다. 1995년에 온라인 주식 거래는 제로 상태였다. 5년이 지난 지금 700만 명 이상의 미국인이 온라인을 통해 주식이나 채권을 주문하고, 이것은 개별 투자자의 주문 가운데 25%를 차지한다.

"다음 수년 간 온라인 증권 계좌의 수는 시애틀, 샌프란시스코, 보스턴, 달라스, 덴버, 마이애미, 애틀랜타, 시카고 등 대도시 인구를 합친 수준이 될 것이다."고 증권거래위원회의 아더 레빗 의장은 예측한다.

당신은 이것에 어떤 준비를 하고 있는가? 두 가지 대답이 있겠지만 차라리 준비가 안 된 편이 더 나을 것 같다. 이 분야는 인터넷에서의 기술진보 속도보다 수요 증가가 더 빠른 몇 안 되는 분야의 하나이다. 따라서 거래가 예상대로 체결되지 않은 고객은 무수한 서비스 장애를 경험하게 된다. 아메리트레이드, 이트레이드, 슈왑을 포함한 거의 모든 주요 온라인 증권 회사는 자체적인 문제를 안고 있다. 대체로 문제는 사용자가 컴퓨터 시스템을 통해 일정한 서비스 수준을 제공받는 능력인 확장성과 관계되어 있다. 한창 거래가 진행중일 때 시스템에 장애가 발생한다면 투자자들은 난감해질 수밖에 없다.

레빗 의장은 투자자들이 자기가 한 행동의 의미를 잘 이해하지 못한다고 말한다. 그들은 온라인으로 거래를 할 때, 거래소를 통해 현실적으로 주식을 사고 팔고 있다고 믿는다. 그러나 그들은 전화를 하거나 직접 움직일 때처럼 증권 회사를 통해 주문을 낼 뿐이다. 온라인 투자자는 일반 투자자가 직면하고 있는 것과 똑같은 위험을 안고 있지만, 그것이 분명하지 않다는 점을 레빗 회장은 경고하고 있다.

예컨대, 대부분의 주요 온라인 증권 회사들은 일반적인 증권 회사와는 판이한 방식으로 텔레비전 광고를 한다. 딘 위터 광고는 투자자를 한 번에 한 명씩 설득시킨다고 소개하고, 스미스 바니 광고는 옛날 방식을 써서 그들이 돈을 벌었다고 하며, 드레이퓨스 광고는 월가를 배회하는 사자를 보여 준다. 투자자를 부자로 만들어 줄 노련한 전문가를 보유하는 자기 회사를 통해 투자하라는 주문이다.

이에 반해, 온라인 증권 회사들은 개인이 자신의 능력을 통해 부자가 될 수 있다고 강조한다. 레빗이 역정을 낸 어떤 광고는 작은 섬을 구입한 견인 트럭 운전사를 모델로 했다. 다른 광고에서는 아이들을 가정용 컴퓨터에서 몰아 낸 다음에 바이오테크 주식 투자로 순식간에 1400달러를 벌어들인 두 명의 가정 주부를 보여 준다. 레빗이 보기에 그런 류의 광고는 대중에게 투자 활동이 아무 것도 아니라는 인상을 주기 때문에 개미 군단을 크게 혼란스럽게 할 수도 있는 것이다.

"위법이 아닌 한, 기업에 제품을 어떻게 팔라고 명령해서는 안 된다는 주장에 일단 동의한다. 그러나 증권 판매는 비누 판매와 다르다. 증권 회사는 단순히 '매수자 주의 요망' 이라는 경고를 초과하는 의무를 언제나 고객에게 지고 있다."고 레빗은 역설한다.

그의 말에 일리는 있다. 그러나 수백만의 미국인이 온라인으로 증권 거래를 하며, 같은 길로 나서고 있다. 낮은 수수료, 인터넷 열기, 그리고 상당히 많은 비용이 필요했던 활동을 이제 독자적으로 할 수 있다는 자신감의 유혹을 받는 까닭이다. 인터넷 성장과 맞물린 꾸준한 주가 상승 추세가 그런 유행을 부추겼다. 시장이 하강세로 반전되면 관심의 열기는 성장 시와 비슷한 속도로 급속히 냉각될 것이다.

한편, 월가의 '기득권' 회사들은 온라인 시장의 활황세에 주목하고 높은 수수료, 풀서비스 접속 방식을 점진적으로 탈피하는 양상을 보이고 있다. 온라인 신진 기업들에 대한 기득 세력의 반격은 메릴 린치가 온라인 수수료를 29.95달러로 낮춤으로써 서막이 올랐다. 이 수준은 메릴 린치의 전통적인 수수료에 비해 무척 저렴한 편이지만, 그래도 온라인 증권 회사보다 3~4배 높다.

아메리트레이드 사의 조 리케츠 회장은 US 뱅코프(역자 주 : 미국의 10대 상업 은행의 하나) 파이퍼 제프리 컨퍼런스에서 낮은 수수료가 "문제는 아니다."고 설명했다. 그 이유는 고객의 계좌에 지불하는 이자율보다 5% 높은 수준으로 투자자에게 자금을 대부해서 대부분의 이윤을 올리기 때문이라고 한다. 계좌당 5%의 순 이자율 마진을 올리는 현실 공간의 은행이 미국 내에 하나도 없다는 점을 빼면 전통적인 은행 기법과 다를 바 없다.

이것이 고객들에게 어떤 의미를 갖는가? 이는 더 강력해진 힘을 현명하게 행사하라는 신호이다. 투자의 세계에서 스스로 증권 회사의 일을 수행하려는 사람은 수수료를 절약할 수 있지만, 투자 포트폴리오가 수포로 돌아갈 가능성이 있다고 경고하는 증권 회사의 도움을 받을 수는 없다. 이에 대비하기 위해 포트폴리오 성분들이 미리 설정한 한계치를 벗어나면 알람 시계처럼 '경보'를 발하도록 설정할 수는 있다. 그러나 경고 신호에 즉각 반응할 수 있는 직업적 위치에 있지 않다면 언제나 경각심을 유지하는 편이 안전하다.

온라인 증권 회사의 최근 경향은 풀서비스를 지양하고 개별 서비스를 제공하는 것이지만 조만간 새로운 변화의 물결이 밀어닥칠 것 같다. 온라인 증권 회사와 월가의 거대 경쟁사가 세력을 계속 유지하려면 무료 서비스를 포함하는 신세대 감각의 투자 슈퍼 사이트를 개통시켜야 한다. 일부 기업은 이미 아래와 같은 서비스를 제공한다.

- 특별한 부가 기능을 포함하는 무료 포트폴리오 서비스. 고객 계좌에 특별 사건이 발생하면 통지해 준다.
- 독자적인 자료원의 소식. 계정 소유자가 중대한 헤드라인 뉴스를 신속히 획득하게 한다.
- 치밀한 프라이버시 보호. 사이트의 첫 페이지에 분명히 게시한다.
- 시장 추이에 대한 명쾌한 해설. 실시간 백업 전화 지원이 무료, 또는 최소 비용으로 이루어져야 한다.
- 뮤추얼 펀드 정보를 제공하는 사이트와의 연결

이러한 사항들이 당신의 사이트에 지금 요청될 수 있다는 점을 명심하라.

## 금융 통합 대세

지금까지 21세기 초반 금융 서비스업의 현주소를 탐구했다. 그러나 앞으로 10년 뒤에는 모든 것이 달라질 것이다.

광대역 통신 도입으로 거의 모든 시장 활동은 온라인으로 전환된다. 컴퓨터 속도가 빨라지면 거래가 체결됐는지 여부를 더 이상 묻지 않아도 된다. 컴퓨터 성능이 개선되면 시스템 장애는 과거지사가 된다. 10년 안에 또 다른 경기 후퇴가 엄습하면, 요즘 같은 인터넷 투자 열기 또한 과거지사가 될 것이다.

그러나 가장 중요한 변화는 금융 영역의 통합이다. 금융계에 변화의 회오리가 일고 있는 현재, 대부분의 고객이 부동산 대부 회사, 은행, 신용카드 회사, 증권 회사, 보험 회사 등과 별도의 관계를 맺어야 할 필요는 없다. 이 모든 서비스를 단 한 곳에서 최저 이자율로 얻을 수 있기 때문이다. 금융 기업들도 결국 이를 깨닫고 통합 서비스를 제공하게 될 것이다.

유일한 애로 사항은 그들이 신진 경쟁사들과 경쟁해야 한다는 점이다. 대부분의 분석가들은 마이크로소프트나 인튜잇 사 등 소프트웨어 업체가 미래의 금융 슈퍼 스토어가 될 것으로 예상한다. 그럴 가능성이 있을까? 해답은 당신에게 달려 있다. 당신이 가장 힘있는 주체이기 때문이다.

## 제7장

# 의료업 : 고객들이여! 명령만 내리소서

5년 전, 나의 주치의는 콜레스테롤 수치가 높은 20%의 미국인 대열에 내가 합류하게 됐다고 통고했다. 그 대열에는 83세의 모친 또한 들어 있었기 때문에 그리 큰 문제라고 생각하지는 않았다. 그럼에도 불구하고 나의 콜레스테롤 수준이 프랑스식으로 볶은 고농축 블랙 커피의 과다 섭취와 관련이 있는지 알아 보기로 했다.

의사는 확신이 안 선다는 듯 물끄러미 나를 바라보며, 걱정이 되면 약을 먹어 보라고 권했다. 내가 가입한 보험 회사가 발행한 건강 가이드에는 콜레스테롤 수치를 낮추려면 다이어트, 운동 등 누구나 알고 있는 사항을 실행하라는 뻔한 내용만 적혀 있었다. 25년이나 간직한 관계로 누더기가 다 된 아델 데이비스의 고전 『건강 식생활』 또한 카페인의 위험성을 누차 강조하지만 커피와 콜레스테롤 간의 상관 관계에 대한 정보는 찾을 수 없었다. 그래서 인터넷을 찾아봤다.

야휴에서 '커피 AND 콜레스테롤'을 검색하기로 하고 버튼을 누르자

학술 논문 몇 편을 포함, 주제와 관련된 10여 편의 글이 떠올랐다. 스웨덴의 한 과학자는 드립, 스팀, 프랑스식 압착, 그리고 조잡한 여과 방식 등 가장 상투적인 방법으로 커피를 만들면 커피가 콜레스테롤 수치를 증가시킬 가능성이 있다고 설명했다. 그러나 종이 필터를 사용할 경우에는 이상하게도 예외가 된다고 덧붙였다. 내가 그의 연구를 해석한 바로는 대부분의 커피점에서 만든 커피가 나에게 위험하지만, Mr.Coffee 기구로 만든 커피는 무방하다는 결론이 내려졌다. 그러나 좀더 세밀한 확인이 필요했다.

나는 그 의사의 전자 메일 주소를 보고 질문을 띄워 나의 결론이 옳은지 물었다. 그리고는 두 번째 논문을 읽기 시작했다. 갑자기 전자 메일 도착음이 삐익거렸다. 마침 스웨덴은 아침 시간이라 친절한 의사가 2분 만에 답신을 보내와 내가 이용하는 Mr.Coffee로 만든 커피는 무방하다고 말했다.

그 날 저녁 나는 두 가지를 배웠다. 첫째, 지나치게 과도한 카페인이나 콜레스테롤 때문에 사람이 죽을 수도 있다. 그러나 카페인과 콜레스테롤 간의 직접적인 상관 관계는 없다. 둘째, 인터넷을 통해 세계 어느 곳에 있는 누구든지 무료로 의학에 관한 거의 모든 것을 알아 낼 수 있다. 첫 번째 발견으로 나는 안심했고, 두 번째 발견의 위력에는 경외감마저 들었다.

1990년대 초반, 나는 당시 샌프란시스코 지역의 전화 회사인 퍼시픽 텔레시스 그룹(Pactel)에 의해 실시된 '원격 의료'와 관련된 많은 프리젠테이션을 보았다. 발상은 단순했다. 1990년대 후반에는 모든 의사의 사무실이 광대역 회선을 통해 최고 병원들에 연결되며, 그 병원의 과목별 일류 의사가 대기하면서 진료 자문을 해 준다는 것이다. 그 서비스의 운영 구조를 보여 주는 많은 전시회를 보았다. 회선의 양쪽 끝에서 의사들이 특정한 엑스레이 사진을 놓고 검토하며 폐 옆의 작고 검은 덩어리가 무엇인지 논의하던 영상을 나는 기억한다. 그 전부가 허풍으로 보였고, 많은 부분이 실제로 그러했다. 팩텔이 50억 달러를 투자한다고 호언한 정보고속도로 프로젝트는 결코 구축되지 않았고, 회사 자체는 사우스웨스턴 벨 사에 매각됐다. 그리고 동네 의사들은 지금도 과거의 동네 의사들과 마찬가지로 전문성의 결여를 친절한 미소와 동정심으로 상쇄한다.

## 원격 의료의 현실화

나는 원격 의료가 조만간 현실화되리라고 생각하며, 그에 대해 아무런 의심을 품지 않는다. 다만, 그 요소 중 일부는 결코 실현되지 않을지 모른다. 일례로, 각 과목별 최우수 전문의가 종합 건강 관리 기관(HMO)이나 회원 진료 서비스 단체(Preferred Provider Organiza-tion)의 카드를 휴대한 모든 대중에게 의료 자문을 제공할 것이라고 기대할 수 없다. 그렇게 된다면 의료 수가가 천문학적 수준으로 뛰어 올라 최고 갑부나 아주 운 좋은 사람만 그들의 서비스를 받을 수 있을 것이다.

전문성이 보통 수준인 의사들이 지역 의료 센터에 포진하고, 그 곳에서 시골 의사들에게 최신 지식을 전달하며 추가 진료를 권고하는 네트워크가 형성될 가능성이 크다. 시골 의사들은 내가 커피 문제로 시도해 본 작업을 할 수도 있다. 즉, 인터넷으로 조사 연구를 할 수 있다. (요즈음 도시 의사들은 이 문제에 큰 관심을 쏟지 않는다.) 그리고 대도시 의사들은 다른 도시의 동료들에게 온라인으로 연결돼 증상, 처치, 결과 등의 데이터베이스를 공유할 것이다.

제3세계 국가의 의사들에게도 좋은 성과가 기대된다. 그들은 지난 수년 간 광범위한 연구 결과에 접속해서 많은 생명을 구할 수 있었다.

다양한 형태의 원격 의료는 의과 대학, 교육용 병원, 정부 연구 기관, 질병 연구 집단, 그리고 대체 의학 연구에 이미 활발히 도입되는 양상이며, 대형 HMO와 보험 회사에 곧 실용화될 듯하다. 그러나 인터넷 도입에 따른 가장 광범위하고 직접적인 충격은 다음 세 가지의 경제적 측면에서 느껴질 것이다.

1. 의료 관리 업체. 이 사이트는 가장 우호적인 표현을 쓰자면 '가상 의사' 라고 할 수 있으며, 증상, 질병, 원인, 가능한 치료 방법에 관한 정보를 제공함으로써 건강과 관련된 결정을 안내하는 서비스를 지원한다. 의사와 달리 의약품을 처방하지 않으며, 미국이 변호사 만능의 사회이기 때문에 심각한 질병으로 발전할 가능성이 없는 미미한 증상에도 의사를 찾으라고 충고할 것이다. 일부 사이트는 윤리적 논란을 불러일으켰다. 이 가운데 일부 선발업체는 개업 의사를 상대로 적극적인 판촉 활동을 펼치면서 환자를 괴롭히는 모든 문제에 대한 저렴한 상담 서비스를 제공한다고 내세운다.
2. 의료 공급 업체. 약국, 장비 메이커, 그리고 건강 회복과 유지 및 행복한 삶에 필요한 모든 품목을 판매하는 업체를 포함한다. 대부분의 전문가는 공급업체들이 시내 약국이 부과하는 가격에 비해 훨씬 낮은 가격에 처방약을 판매할 것으로 내다보지만, 그 충격은 급성 질환보다 진행성 건강 문제에 국한될 것이다. (미국인은 매년 도서 구입 비용보다 5배나 많은 1500억 달러를 의약품에 지출한다. 아마존이 인터넷 도서 판매를 지배하듯이 특정 회사가 의약품 판매를 지배한다고 생각해 보라!) 이 가상 점포는 의약품 외에 화장품류, 피임약, 대머리 약, 기타 유사 의약품을 공급할 것이다.
3. 의료 인프라. 출납, 기록 관리, 그 밖의 의료 서비스 전달에 투입되는 행정 기능을 담당하는 분야이다. 많은 인터넷 전문가들은 모든

분야에 인프라가 상존하며, 예컨대 자동차 산업에서 청구서, 기록 관리, 기타 행정 기능을 관리하는 정보 기술과 별도로 의료 인프라를 고려할 필요가 없다고 주장한다. 나는 그 같은 견해에 반대한다. 왜냐 하면, 의료 분야에서의 건전한 기록 관리는 양질의 의료 서비스를 제공하는 데 있어 필수적인 문제이고, 오늘날의 보건 의료에는 그 기능이 미흡한 예가 많기 때문이다. 실로 이 분야는 미국의 의료 행정에서 상당한 비중을 차지하고 있고, 매년 약 3000억 달러가 지출되는 등 인터넷에서 성장 잠재력이 가장 큰 의료 서비스이다.

이러한 세 가지 범주의 웹사이트는 1999년까지 1600개를 넘어섰고, 배양 접시 위의 박테리아보다 더 빠른 속도로 증식되고 있다. 시장 조사 회사인 사이버 다이알로그 사에 따르면, 2400만 명 이상의 성인이 온라인에서 의료 정보를 검색했다. 인터넷을 이용하는 미국인 가운데 43%가 의료 정보를 검색하고, 81%는 의료 정보가 유용하다고 생각하는 것으로 US 뱅코프 파이퍼 제프리 사의 금융 분석가 다렌 마훌라는 추정한다. 이것은 웹의 의료 서비스가 '킬러 애플리케이션'의 반열에 들어섰다는 증거이다.

"의료 서비스에 인터넷을 도입하면 신속하게 다양한 서비스를 제공받을 수 있고, 신진 기업에 대한 초기 투자를 통해 상당한 금전적 이득을 얻을 수 있다."고 이 주제와 관련된 백서에서 마훌라는 지적했다. "인터넷은 앞으로 몇 년 사이에 의료 산업을 변혁시킬 수 있는 가장 독보적인 추진력이 될 것이다."

얼마 후, 마훌라는 다음과 같이 덧붙였다.

"이러한 신기술들은 의료 분야의 관리, 임상 과정의 효율화뿐 아니라 고객들에게 힘을 부여하는 방향으로 활용될 것이다. 고객의 권리 강화(empowerment)는 현재 인터넷으로 이용 가능한 '컨텐츠'에 그치지 않는다. 가정용 컴퓨터로 개인의 건강 상태를 추적하고, 심전도를 분석하며, 맥박과 혈압을 체크하고, 이러한 기록을 통해 평생의 병원 진료 기록을 추적할 수 있다고 생각해 보라. 한마디로 개인은 자신의 건강 관리에 정통한 고객이자 참여자로 격상된다."

이러한 예측들은 물론 기분 좋은 일이다. 하지만 각 분야를 좀더 살펴보고 인터넷의 초기 경쟁 양태를 검토해 보자.

## 의료 관리 업체

아마도 주치의가 당신을 위해 인터넷을 이용하면서 세계 제일의 전문가와 상담하지는 않을 것이라고 나는 생각한다. 나의 주치의가 커피와 콜레스테롤과의 관계에 대한 질문에 신경을 쓰지 않은 것처럼 의사들은 특별한 요구가 없는 한, 의약품 처방에만 계속 매달릴 것이다.

당신은 인터넷으로 자신의 건강에 관한 모든 정보를 얻을 수 있다. 인터넷의 경우, 문제가 되는 것은 신중성이나 윤리적인 면에서 가정의에 못 미친다는 점이다. 따라서 관건은 필요 이상으로 개인 정보를 노출시키지 않으면서 당신이 신뢰하는 자료원을 이용해 정보를 얻는 데 있다.

이 분야에는 두 개의 집단이 개입한다. 하나는 질병, 증상, 처치, 이론 등에 관한 방대한 정보를 출간하는 집단, 단체, 연구 센터, 개인 의사 같은 정보 공급자이다. 일반적으로 이러한 사이트들은 대화형 사이트가 아니고, 개인화 또한 실현되지 않지만 의약품 관리를 위해서는 차라리 이 방식이 더 낫다. 질병과 관련된 객관적 사실을 전해 주면 질병 연구를 둘러싼 환자들의 정서적 반감을 완화할 수 있기 때문이다. 현실을 직시하지 않으려는 환자들의 경향을 객관적 사실을 통해 완화시키고, 개인의 필요에 따른 조언을 해 주며, 치료를 위해 의사를 찾아보라고 독려할 수 있다.

친척 한 명이 공피증이라는 무서운 병으로 1998년 세상을 떠났다. 이 희귀한 병은 폐나 피부 같은 기관을 공격하고, 점차 확산되면서 세포를 파괴한다. 친척이 이 자기 면역 질병에 걸리기 전에 나는 그러한 것이 존재한다는 사실조차 몰랐다. 그러나 그 후, 이에 관한 몇 가지 유익한 정보를 읽었고, 현재 이론과 치료법을 파악했으며, 이 질병으로 다년간 고생해 온 사람들과 이야기를 나눌 수 있었다. 인터넷이라는 막강한 힘이 한꺼번에 지식과 위안과 조언을 선사한 좋은 예로서, 나는 무료 의료 '서비스' 가 모든 사람에게 이미 막대한 도움을 주고 있다는 점을 이 예를 들어 강조하고 싶다.

그러나 인터넷은 이보다 더 광범위한 기능을 수행한다. 가족 의료 기록을 단일 데이터베이스에 보관하거나, 환자에게 약품 알레르기를 경고하거나, 병이 심해지기 전에 증세를 확인하도록 돕는 등 고객 건강 관리를 체계화할 수 있다. 여기서의 최대 효과는 일반 병의원을 찾을 때 경험하듯이 동종의 문답식 진단 기법과 관련된다. 이를테면 언제나 쑤시는지, 가벼운 통증인지 격심한 통증인지, 얼마나 오랫동안 그런 증상을 보였는지, 식사와 잠은 어떤지 등을 물을 수 있다.

환자가 많은 질문에 대답할 수 있다면 더욱 충실한 진단을 유도할 수 있다. 의사는 그 반응을 기억하려고 애쓰며, 올바른 방법을 통해 질문하려고 시도한다. 컴퓨터는 이 작업을 완벽히 처리할 수 있다. 모범적인 진단을 제공하고, 의사에게 제2의 진단을 받아야 할지 아니면 아스피린 두 알을 먹은 뒤 잠을 푹 자면 되는지에 대한 매우 인간적인 결정을 내리도록 도울 수 있다.

그러면 반대편에 누가 있는지도 모르고, 당신의 개인 의료 정보로 그들이 무슨 짓을 할지 모르는 판국에 인터넷으로 모든 질문에 대답할 이유가 있는가? 그렇게는 생각하지 않는다. 고객들은 프라이버시 보호를 요구한다. 그들은 의료 정보 취급에 있어 명확한 정책을 표명하는 의료 사이트를 선호하며, 어떤 사이트의 행태가 마음에 안 들면 다른 사이트로 가 버릴 것이다.

당연히 둘러봐야 할 또 다른 장소는 완전한 프라이버시를 보장하면서 질문에 신속히 응답해 주는 의료 관련(doc-in-a-box) 프로그램을 판매하는 소프트웨어 점포이다. 다만, 웹에 비해 이러한 프로그램들은 범위가 한정되고 지속적으로 갱신되지 않는다는 문제가 있다.

웹에서의 프라이버시 보호는 고객들에게 달려 있다. 놀라운 것은 동료나 친구에게 의료 문제를 감추는 사람이 온라인 대화방에서 생면부지의 사람에게 상세한 정보를 누설하고는 프라이버시가 노출된 데 대해 경악을 금치 못 한다는 사실이다. 내가 대화방에서 메시지를 띄울 때 애용하는 다소 편리한 규칙은 내 집 현관 앞에서 큰소리로 외칠 수 없는 등급의 메시지는 결코 올리지 않는다는 것이다. 의료 사이트에서 발설된 내용은 고객의 결정에 의한 것이고, 사생활 보호와 관련된 모든 기대는 사실상 회색 지대 안에 들어 있다.

## 정보 판매

레베카 아이젠버그는 CBS.마켓워치닷컴에 기고한 한 칼럼에서 웹MD를 맹렬히 공격했다. 헬세온(Healtheon) 사가 적자를 면치 못하는 웹MD를 100억 달러에 인수함으로써 월가를 놀라게 한 사건이 있은 직후였다. 그녀는 수상쩍다고 생각했다.

"웹MD 웹사이트인 WebMD.com을 오후 내내 뒤져 해답을 찾아냈다. 이 사이트의 한 구석에 박혀 있는 '프라이버시 정책'에 의하면, 웹MD의 진정한 사업 목적은 정보를 원하는 고객들로부터 인구학적 정보를 수집하고 그 정보를 제약 회사, 의료 장비 메이커, 의료 보험 회사, 정부 기관, 그리고 위험을 최소화하려는 민간 기업에 시장 조사 및 표적 광고용으로 판매하는 데 있다."

고객들이 외부에 발설하기를 꺼려하는 신상 정보를 공개하기 앞서 위에서 언급한 수준의 신중함이 절실히 요구된다고 하겠다. 아이젠버그의 연구에 매료된 나는 웹MD와 몇몇 인기 의료 사이트를 이틀 간 검색해 보았다. 내가 방문한 사이트들은 모두 고객에 대한 인구학적 정보를 수집하고, 일정한 방식으로 제3의 당사자와 그것을 공유한다고 소개했다. 또한 허락이 없는 경우, 제3자에게 개인 신상 정보를 공개하는 일은 결코 없다고 언명했다. 예컨대, 웹MD는 사용자의 IP 주소, 전자 메일 주소, 사용자 프로필, 기타 자료를 수집한다고 했다. 또한, 고객이 대화방에서 발설한 모든 정보는 보호되지 않는다고 말했다.

그런 행태에 불만을 품는 고객이라면 무료이고, 거의 무제한인 의료 정보를 웹의 어느 곳에서나 찾을 수 있다. 그런 행태에 불만이 없다면 웹MD 같은 의료 사이트는 정보 발굴에 상당한 도움을 준다. 우리가 앞서 사용한 선택 범위, 사용 편의성, 개인화, 안전이라는 기준으로 보면 이 분야 선발업체는 웹MD, healthgate.com, Mediconsult.com, OnHealth.com 등으로 평가된다. 이 사이트들는 모두 무료이므로 가격 기준은 제외하고 비교해 보자.

## 선택 범위

이 사이트들은 모두 광범위한 정보를 다채롭게 보여 준다. 어떤 사이트는 디자인이 요란하지만 홈페이지만으로 사이트의 진가를 함부로 재단할 수는 없다. 어떤 이는 번쩍거리는 화면에 현혹되지만 그에 식상하는 사람도 있다. 이는 개인 기호의 문제로 보인다. 전체적으로 이 사이트들의 선택 범위는 넓다고 평가된다.

## 사용 편의성

서비스 영역에서 우선 큰 차이가 난다. 나는 각 사이트에 비교적 쉬운 질문이라고 여겨지는 '허리 통증'을 입력하고 검색해 보았다. 두 개 사이트는 주제와 관련해 아무 것도 없다고 알려 줬고, 다른 두 개는 너무 많은 결과들을 검색해서 유용한 정보를 얻기 어려웠다. 그래서 '콜레스테롤 AND 커피'를 검색했다. 메디컨설트는 해당 자료가 없었고, 헬쓰게이트는 몇 년 전 내가 야후에서 실행한 조사를 상기시키기라도 하듯 24개의 자료를 제시했다. 온헬쓰가 제시한 26개 자료는 모두 나의 조회와 관련된 내용이었고, 이해하기 쉬웠다. 웹MD는 2000개 이상의 자료를 연결해 가상 세계의 말의 성찬(tower of babble)을 보여 줬다. 그래서 헬쓰게이트와 온헬쓰에 B+를, 다른 사이트에는 F 점수를 주었다.

## 개인화

이러한 사이트에는 전자 메일로 질문할 수 있는 옵션을 제외하고는 개인화된 서비스가 없었다. 일부는 질문에 응대할 의사를 대기시킨다고 말했고, 후에 메디컨설트를 조회해 보니 의사 상담료가 195달러라는 메시지가 있었다. 나의 첫 번째 방문에서는 대화방을 제외하면 개인화가 모두 미흡했다. 그래서 모든 사이트에 D 평점을 내렸다.

## 안전

모든 사이트는 자신들의 권고에 관한 면책 조항을 내걸었다. 그런 현실을 비판할 필요는 없다. 그러나 자신들의 권고에 책임을 지지 않는 이방인으로부터 무료 의료 상담을 받는다면 과연 안전이 보장될 수 있을 것인가? 나아가 어떤 사이트도 나에게 만족감을 주지 못한 프라이버시 문제가 있다. 헬쓰게이트는 광고주가 제공한 자료를 포함시켜 이익 상충이 우려되기도 했다. 예컨대, 캘리포니아 아몬드 협회가 만든 자료를 제시하고는 견과류가 건강에 해로울 수 있다는 생각은 옳지 않다고 했다. 모든 사이트가 안전 항목에는 무기력했다.

나의 결론은 이렇다. 이 사이트들은 대단한 잠재력이 있지만 대중의 신뢰를 받는 의료 정보의 원천이 되려면 아직 갈 길이 너무 멀다. 나로서는 당분간 검색 엔진에서 정보를 얻고, 이러한 사이트에서는 안심할 수 없는 이익 상충과 안전 문제를 피하려고 한다.

# 약국

의료 공급 사이트 몇 곳을 방문해 보자. 그 대상은 Drugstore.com(아마존이 45% 소유), PlanetRX, 그리고 SOMA(CVS 소유)이다. 이러한 사이트들은 편리한 검색 사양을 포함, 상당히 세련된 사용자 환경을 갖고 있다. 선택 범위가 다양하고 마치 현실 공간의 대형 약국 같다는 느낌이 배어난다.

## 가격

가격면에서는 각 품목의 할인폭이 다 다르다. 전체적으로 엇비슷한 수준이지만, 간접비가 적은 온라인 기업이기 때문에 할인폭이 더 커야 한다고 생각된다. 그렇지 않고서는 온라인 약국을 이용할 이유가 없다. 7달러인 자외선 차단제의 경우, 약국에서 구입하면 배달료를 지불하지 않기 때문에 거의 세일 가격에 살 수 있다.

## 개인화

모든 사이트는 개인화된 서비스를 제공하므로 합격점을 받을 수 있었다. 그러나 좀더 생각이 필요한 주제는 이 사이트들이 개인별 처방, 약의 부작용 가능성, 보험료 청구, 기타 난제에 대한 기록을 얼마나 잘 제시할 수 있느냐의 여부이다.

## 안전

마지막으로 안전 문제가 있다. 이러한 사이트들은 종합된 자료를 제3자에게 보낸다고 했다. 나로서는 문제가 아니지만 목청을 높이는 고객들이 있을 것이다. 이러한 사이트 모두가 최소한 시중 약국처럼 위험한 약의 조제 같은 문제를 찾아낼 수 있어야 한다고 생각한다. 그리고 청구서는 정확하고 안전하다고 믿을 수 있어야 한다. SOMA는 프라이버시 정책 때문에 링크를 제공하지 않아 조금 아쉬웠다.

안전 문제의 중요성을 일깨워 준 사례가 있다. 내가 이 분야의 선발업체들을 탐구할 즈음, 온라인 소형 약국 몇 곳이 최소 3개 주에서 당국의 조사를 받았다. 각각 일리노이 주와 캔사스 주에 위치한 두 개 업체는 환자를 구분하지 않고 (한 고객은 16세 소년이었다.) 비아그라를 팔다가

꼬리가 잡혔다. 또 다른 업체는 환자를 모르는 상태에서 대머리 치료제인 프로페시아를 팔았다. 경쟁 무대가 확장되면서 이런 문제를 감시하기는 더욱 어려워졌다. 결국은 고객들이 경계를 게을리하지 말아야 한다.

따라서 소매 분야에서 이 점포들은 모두 합격점을 받지만, 나로서는 시내 약국에 비해 편리성이 없다면 온라인 약국을 찾아야 할 이유가 없다고 생각한다. 이 점포들이 수익성보다 대량 판매 위주로 선회하면서 종국엔 가격이 대폭 낮아질 가능성이 크다. 고객들은 이러한 업체로부터 더 나은 서비스를 요구할 권리가 있으며, 업체에게 그런 기대를 충족시키라고 주장해야 한다.

## 인프라 사이트

기업과 기업 간(B2B) 사업인 의료 인프라 사이트는 내가 제시한 5개 평가 기준 도식에 잘 맞아떨어지지 않는다. 그러나 마훌라의 백서는 이 기업 중 일부가 성공해야 하는 이유를 조리 있게 설명한다.

마훌라는 Abaton.com(웹MD와 합병), 셰어드 메디칼 시스템, 서너(Cerner), 메디카로직 등의 회사를 집중 연구했다. 설득력이 있는 통계 사례를 아래에 요약해 본다.

- 의료 비용의 25% 수준인 2500억 달러가 매년 불요 불급한 서비스 제공, 시험과 절차의 중복, 그리고 과다한 관리비 부담으로 낭비된다.
- 실험실 시험의 11%는 자료 분실로 인해 다시 실시해야 한다.
- 처방의 25%는 조제되지 않는다.

- 미국에서 의료 기록의 보관에 소요되는 비용은 매년 2000억 달러에 이른다.
- 미국 병원 5500개 가운데 의료 협력사와 온라인으로 연결된 곳은 1/3에도 못 미친다.
- 미국 의료 업계가 인터넷으로 기자재를 공급받는 비율은 6%에 지나지 않는다. 의료 분야를 제외한 나머지 분야는 25% 수준이다.
- 병원 입원 환자 백 명 가운데 여섯 명은 의료 사고(ADE)를 겪고, 그 28%는 방지가 가능하다. 이 때문에 매년 14만 명이 사망하며, 의료 사고는 미국인의 4대 사망 원인의 하나로 둔갑했다. 웹에 있는 환자 프로필을 통해서 어이없는 죽음을 대폭 방지할 수 있다.

더구나 하원 예산처의 추정에 의하면, 미국인의 가처분 소득은 2005년까지 매년 1.54% 증가하는 반면, 의료 비용은 같은 기간에 매년 7.3%씩 증가한다고 한다. 따라서 베이비 붐 세대의 노령화가 진척되는 현재, 의료 관련 비용을 줄이는 것은 분명히 경제적인 지상 명제이다.

인터넷과 다양한 의료 사이트가 더욱 강력해진 고객들의 입맛에 맞추어 저렴한 가격에 다양하고 개선된 의료 서비스를 제공할 것이다. 나아가 인터넷은 많은 사람의 생명을 구할 수 있다. 고객들이 이러한 요구를 더 많이 해야 한다.

## 제8장

# 엔터테인먼트의 신기원 : 무한 선택

투자 은행가 허브 앨런은 엔터테인먼트 분야의 숨은 실력자로서 특급 손님만 초빙하는 선 밸리 컨퍼런스로 유명한 인물이다. 선 밸리 컨퍼런스는 엔터테인먼트계의 슈퍼스타와 기업 영수들이 망중한을 즐기는 휴식처이기도 하다. ABC와 캡 시티즈(Cap Cities) 사의 CEO들이 래프팅 유람과 골프를 즐기며 합병 계획을 마련한 회동 장소도 바로 이 컨퍼런스였다.

얼마 전, 내가 이 회의에 참석할 당시 광대역 인터넷 서비스의 급속한 보급 및 그것이 엔터테인먼트 산업에 미치는 영향을 놓고 시종 뜨거운 논의가 진행됐다. 200여 명의 기업 중역이 운집한 이 컨퍼런스에는 마이클 오비츠, AT&T의 마이크 암스트롱, 인텔의 앤디 그로브, 픽사(및 애플)의 스티브 잡스, 마이크로소프트의 빌 게이츠, 마이크로소프트 공동 창업자 겸 벤처 자본가 폴 앨런, 리버티 미디어의 존 말로네, ABC의 봅 이거, NBC의 봅 라이트, CBS의 멜 카마진, 헐리우드의 잭 발렌티,

그리고 오프라 윈프리 등 내로라 하는 명사가 참가했다. 그들은 환담하고, 먹고, 웃으며 이야기했다. 무대 뒤에서는 광대역이 엔터테인먼트 산업에 미치는 영향을 놓고 진지한 대화가 진행됐다.

"이 행사는 테크놀러지와 엔터테인먼트 산업의 실력자들이 참가한 독특한 모임이다. 올해 프리젠테이션에서 주목되는 점은 인터넷에 의한 거대한 충격이다."라고 케이블, 무선, 그리고 인터넷 기업의 수렴에 승부수를 띄운 벌컨 벤처(Vulcan Ventures) 사의 폴 앨런이 역설했다. "여기 참석한 모든 사람들은 어떻게 소속 기업을 인터넷 영역에 진주시키느냐를 이야기하고 있다."

실로, 그렇게 해야 할 충분한 이유가 있다. 인터넷에 대한 일반적인 기대가 진실이라면 우리는 뉴스, 스포츠, 영화, 텔레비전, 혹은 광고 등의 미디어와 관련된 사고 방식이 크게 변화되는 세계로 이동하고 있다. 당신 회사의 수입이 이러한 서비스를 통해 발생한다면 광대역 케이블, 디지털 텔레비전, 그리고 탁월한 양방향성 기술에 고객을 뺏기기 전에 주요 사업 분야를 인터넷으로 옮기는 계획을 세우는 게 좋다.

공중파 텔레비전의 경우, 시청률이 1%라도 하락하면 회사 중역의 운명이 달라지는 현실을 직시해 보자. ABC 방송사의 인기 코미디 프로인 '달마와 그레그(Dharma and Greg)'가 일방적으로 리바이벌되었다는 데 실망한 시청자들의 반감 때문에 시청률이 5% 하락한다면 어떻게 될까? 샌프란시스코 야구 팬이 ESPN에서 중계하는 보스턴 게임 대신에 클리브랜드 인디언즈의 야간 게임을 보고 싶어한다면 어떨까? 영국에서 제작한 우수 드라마를 보고 싶다면? 중국의 북경 오페라는 어떤가? 아니면 다음 달에 방문하게 될 도시에 대한 정보는 어디서 찾을 수 있는가?

갑자기, 시청자의 선택폭은 3~4개 공중파 방송국이나 VHF 및 UHF로 방송하는 몇몇 지방 방송국 수준을 훨씬 뛰어넘게 됐다. 이제 시청자들은 조잡한 웹사이트부터 노련한 헐리우드 프로까지 수백, 아니 수천 개 채널 가운데 하나를 선택할 수 있는 권리를 가졌다. 통신 서비스 회사인 Quest의 텔레비전 광고는 이 추세를 잘 보여 준다. 한 기업인이 먼지투성이의 길가 모텔에 여장을 풀자, 안내원은 룸서비스로 도너츠와 커피가 나오지만 객실 안의 케이블은 지금까지 제작된 모든 영화를 언제라도 보여 준다고 한다. 말 그대로 영화의 홍수 속에 살고 있는 것이다.

## 엔터테인먼트가 광대역을 만나면

머지않아 시청자는 웹 방송을 통해, 혹은 최소한 웹사이트를 통해 원하는 모든 것을 볼 수 있다.

광대역 시대는 대화형 요소와 개선된 광고 능력을 결합시켜 더욱 고도화된 텔레비전 시대를 여는 데 지나지 않는다고 믿는 사람이 많다. 그런 고품위 비디오가 출현하기 시작하면 단순한 웹사이트는 무시될 것으로 그들은 예상한다. 그러나 이 주장은 수천만 명의 사람이 텔레비전을 끄고, 대신에 간단한 웹사이트로 채워진 컴퓨터 앞에서 앉아 있는 이유를 설명하지 못한다. 텔레비전이 점차 개선되고 있지만 웹사이트 또한 동화상 비디오, 하이파이 음향 등을 수용해 가일층 개선되며, 그것들의 프리젠테이션이 기술 혁신의 세례를 받고 있다는 점을 기억해야 한다.

무뇌아처럼 철없는 영화나 텔레비전 프로를 제작하는 헐리우드 제작자들에게는 공포의 시대가 아닐 수 없다. 영화의 관중 동원 기록이 계속 경신되고 있지만 영화의 품질은 점차 열악해지고 있다. 그리고 인터넷 등 대안 미디어가 다수의 시청자를 흡수하면서 텔레비전 시청자 수도 줄고 있다. 아주 교만한 경영자만이 고급 텔레비전의 등장이 더 나은 지능적 프로그램을 편성하려는 웹의 경향을 역전시킨다고 믿을 것이다. 향후 오랫동안 고급 영화관과 저질 텔레비전 쇼는 사라지지 않을 것이다. 그러나 조만간 기업 이윤이 하락하면 주요 영화사들 사이에서는 과도한 제작비를 하루빨리 줄이려는 바람이 불 것이다. 제작 편수가 줄면 관중이 줄고, 결국에 이윤은 더 줄어들어 다시 제작 위축이라는 악순환이 반복된다.

그 효과에다 상이한 미디어 유형(라디오, 텔레비전, 영화, 잡지, 신문, 케이블 네트워크)의 수를 곱하고, 다시 분야별 제작 편수(드라마, 코미디, 스포츠, 공연 예술, 뉴스, 금융, 교육, 성인 등)를 곱하면 사회 전반에 광대역 네트워킹 서비스를 공급할 때 발생하는 변화의 폭을 짐작할 수 있다. 그리고 무어의 법칙에 의거한 급격한 기술 변화를 감안하면 단지 몇 년 뒤의 고객 기호에 잘 대응할 수 있는 계획을 입안한다는 것이 거의 불가능하다는 점을 알 수 있다.

마지막으로 대화형이라는 요인이 있다. 이 특징에 대해서는 현재 비디오 게임 업계가 가장 잘 이해하는 편이지만 내가 보기에는 장래의 미디어 시대를 지배하려고 하는 집단에게 특히 결정적인 요소이다.

## 돌연한 비약

스프린트 사의 윌리엄 에스리 회장은 앨런 컨퍼런스에서 나에게 이렇게 귀띔했다. "우리는 대도시의 기업계에 이미 도달하기 시작했고, 몇 년 안에 대부분의 가정까지 확장될 광대역 폭발의 전환점에 서 있다."

TCI 사의 회장을 역임한 존 말로네는 전화 회사에 의해 공급되는 디지털 가입자 회선(DSL) 서비스의 취약점을 케이블 회사들이 집중 공략할 것으로 믿는다고 말했다. 그러나 고대역폭 옵션이 우월한 시청 경험을 뜻한다면 고객들은 단연코 그 추세를 따를 거라고 단언했다.

신판 '별들의 전쟁' 예고편을 보려고 하는 대중에게 그 말은 아마 사실일 것이다. 그러나 많은 웹 사용자들에게 대역폭 개선이 갖는 의미는 그들이 찾는 정보로 더 빨리 접속한다는 점에 있다. 그들은 바보상자를 시청하는 일반적인 대중이 아니고, 향후 텔레비전을 끄기로 이미 작심한 독립적인 공중이다.

이 같은 미래 경향의 예측에 도움을 줄 만한 과거 사례는 많지 않다. 이는 기술 품질뿐 아니라 프로그램 제작과 매체 자체의 질적 비약이다. 아마도 동화상 산업, 혹은 텔레비전의 탄생이 가장 유사한 비유라고 할 수 있다. 이러한 미디어는 주로 영화관이나 방송 시설 구축의 어려움으로 인한 물리적 제약 때문에 대중적 수용이 다년간 지체됐다. 오늘날 광케이블은 미국 가정의 40%를 통과하며, 수요가 환기된다면 언제라도 안방에 진입할 수 있다. 그리고 이 수요는 21세기 초반에 큰 물결을 이룰 듯하다.

이 추세가 매체별로 어떤 영향을 끼치고, 누가 어떤 준비를 하고 있는지 살펴보자. 주요 엔터테인먼트 기업이 모두 허다한 인터넷 프로젝트를 진행시키는 와중이라 아래의 예측은 개략적인 데 그친다.

## 보고 싶은 영화를 원할 때 본다

우리는 이미 텔레비전, 영화, 음반 회사의 운명을 결정하는 여러 장애물을 논의했다. 이제는 업계 거인들이 스스로의 이익을 보호하기 위해 어떻게 하는지 살펴보자. 이른바 수직적 통합이 그 노력에 집중 반영된다. 이는 먹이 사슬의 모든 단계에 기업 지분을 박아 두고, 엔터테인먼트 상품의 생산부터 배급 과정까지 일체적으로 통제하는 방식이다.

이 분야에서 빼어난 두 기업은 타임 워너와 디즈니이다. 두 회사를 살펴보면 몇몇 초대형 기업이 수직적 통합을 통해 협력사와 공동 개발한 서비스를 이용해 자체의 창조적 컨텐츠를 어떻게 판매하는지 알 수 있다.

AOL 타임 워너는 세계 최대의 인터넷 서비스 사업자(ISP)인 아메리카 온라인을 소유한다. 또한, 타임 사(《타임》과 《포천》 발행)와 영화-텔레비전 제작사인 워너 브라더스를 소유한다. 다른 주요 사업으로 워너 뮤직 그룹, 터너 엔터테인먼트 네트워크, CNN, HBO, 타임 워너 케이블을 포함한다. 케이블 부문은 미국의 2100만 가정에 제공되며, AOL 서비스를 위한 비옥한 토양을 제공한다. 이 회사는 또한 마이크로소프트, 미디어원, 어드밴스-뉴하우스사와 공동으로 로드런너(RoadRunner)로 불리는 고속 인터넷 서비스를 운영한다. 그리고 AT&T는 케이블을 통해 자사의 전화 서비스를 구매하는 매 가구당 15달러를 타임 워너에 지불하기로 계약했다.

디즈니는 유명한 테마 파크 외에 유람선, 호텔, 부에나 비스타 뮤직 그룹(월트 디즈니 레코드, 헐리우드 레코드, 리릭 스트리트 레코드, 맘모스 레코드를 포함), ABC 텔레비전, 라디오 네트워크, 라디오 방송국, 케이블 네트워크, 텔레비전 방송국, 터치스톤 영화사, 미라막스 영화사, 부에나 비스타 영화사, ESPN을 소유한다. 또한 인포시크 사와 공동 구축한 벤처 기업인 Go.com은 쇼핑, 검색 엔진을 포함하고 모든 디즈니 서비스에 접속할 수 있어 웹에서의 디즈니 활동에 있어 아주 중요한 역할을 하고 있다

디즈니와 AOL 타임 워너 등 대기업이 인터넷의 회사 자산을 어떻게 활용할 것인지는 미루어 짐작할 수 있다. 경쟁사들 또한 비슷한 계산을 하고 있다. 예를 들면 소니 사는 영화, 음악, 비디오 게임, 컴퓨터, 가전에 주력하고 있다. 바이아컴 사의 CBS 부문은 스포츠라인, 써드 에이

지, 그리고 마켓워치를 포함한 다수의 인터넷 벤처 기업에 지분을 보유하며, 단일 지주 회사에 이러한 사업을 결합시키는 방안을 모색하기도 했다. 엔터테인먼트 분야의 거의 모든 주요 기업이 인터넷을 통해 최소한 기존 수입을 유지하기 위해 노력하고 있다.

인터넷이라는 뉴 미디어에서도 그들이 엔터테인먼트 사업을 지배할 수 있을 것이라고 예상할 수 있는가? 고객들이 이러한 기업이 제작한 엔터테인먼트 상품을 오랫동안 보아 왔고, 거기에 익숙해져 있으므로 그럴 가능성도 적지 않다. 그러나 신진 기업에도 문호는 열려 있다. 텔레비전 시청자가 새로운 프로그램에 개방적이라는 사실을 팍스 사는 입증했다. 마찬가지로 보다 인터넷에 적합한 새로운 방식의 엔터테인먼트 아이디어를 개발하는 기업은 고객을 사로잡을 수 있다. 결국, 지금 웹에서 가장 인기 있는 상품은 몇몇 대중 매체의 부산물이 아니고, 차라리 사람들이 발견하고 싶어하는 수만 개의 특색 있는 상품이라고 하겠다.

어느 날 저녁, 나는 베트남 전쟁과 관련된 자료를 제공하는 웹사이트들을 검색하다가 그 전쟁에 관해 결코 들은 적이 없는 많은 사실을 읽었다. 또 어떤 때에는 컴퓨터 게임을 하기도 하고, 금융 대화방에서 다른 사람들과 이야기를 나누기도 하며, 방금 개봉된 영화의 비디오 클립을 감상하기도 한다. 영화 클립을 제외하면 그 어느 것도 텔레비전에서 볼 수 없는 것들이다. 웹상에 올려져 있는 영화 클립들은 내가 원할 때를 골라서 볼 수 있다. 이것이 원하는 것을 원할 때 할 수 있는 대화형 엔터테인먼트의 진수이다.

## 수준 높은 대화형 프로그램

미국에 있는 주요 엔터테인먼트 기업 중에 효과적인 대화형 서비스를 제공하는 기업은 드문 것 같다. 비디오 게임에 익숙한 신세대가 미국 소비자 대중의 큰 부분을 차지하게 되면서 21세기에는 어떤 엔터테인먼트 형태가 인터넷에 가장 적합한지, 그리고 무엇이 20세기의 수동적인 텔레비전과 영화 관중에게 호소력을 가지는지 등의 요인에 많은 변화가 생겼다.

주류를 이루는 엔터테인먼트 기업은 텔레비전 쇼나 영화의 제작에 능숙하지만, 인터넷은 고유한 특성을 가진 미디어이다. 영화와 텔레비전이 성장하는 데 한 세대가 걸렸듯이, 고품질의 광대역 웹 프로그램을 개발하려면 15~20년은 더 소요될 것이다.

물론, 언제나 싸구려는 있기 마련이다. 미국 엔터테인먼트 산업에서 항상 진실로 입증된 다음 경고를 잊어서는 안 된다. "나쁜 영화를 만든 감독과 작가를 비난할 수 있고, 나쁜 영화에 돈을 댄 제작사를 비난해도 좋지만 그런 요구를 한 관객 또한 비난받아 마땅하다." 결국 고객들이 시장에 나온 폭력적이고, 야비하며, 천박한 오락물 제작자를 비난하기 원한다면 그런 작품을 시청한 자신에게도 비난의 화살을 돌려야 한다.

## 웹 스포츠 방송

중학 3학년 때부터 절친한 친구 사이인 찰리는 다년간 워싱턴 레드스킨 팀의 열렬한 팬이었다. 우리가 롱아일랜드에서 거주했기 때문에 레드스킨 팀이 자이언츠 팀과 경기를 하지 않는 날에는 텔레비전으로 미식 축구를 시청할 수 없다는 문제가 생겼다. 그는 그나마 시즌 기간 동안 레드스킨 경기를 중계한 펜실베이니아 지역의 어떤 라디오 방송을 들었지만 불편이 이만저만한 게 아니었다. 그는 일리노이 주 에반스턴에 있는 노스웨스턴 대학에 진학했다. 당시 이 지역에 연고를 둔 와일드

캐츠 미식 축구 팀은 최악의 성적을 보이고 있었다. 대학 졸업 후, 찰리는 몇 년 동안 와일드 캐츠 팀의 성적을 알아내느라고 큰 고통을 겪었다.

스포츠 프로그램이 인터넷의 최고 인기 분야라는 점은 전혀 이상하지 않다. 나는 스포츠가 생각만큼 빨리 인기를 끌지 못했다는 점이 의아스러울 뿐이다. 아무리 줄여 잡아도 미국의 광적인 스포츠 팬은 1000만 명이 넘는다. 이들은 프로 농구, 투르 드 프랑스 사이클 경기, 혹은 윔블던 테니스 대회를 가리지 않고 인기 종목의 결과를 빨리 알아내지 못하면 행복할 수 없는 사람들이다.

원하는 거의 모든 경기를 볼 수 있다면 경기를 보지 않고 그냥 집에 있는 사람이 그 중에 몇이나 될까? 대학 당국은 이미 인터넷이 졸업생들과 효과적으로 접촉할 수 있는 훌륭한 장치라는 사실을 알고 있다. 졸업생들은 대학 웹사이트에서 팀의 최신 뉴스를 듣고, 라디오 게임 중계를 듣거나, 심지어 웹 생방송을 볼 수 있다. 이것은 스포츠라는 빙산의 일각에 불과하다. 모든 프로 스포츠 팀, 모든 주요 골프 또는 테니스 토너먼트, 그리고 모든 주요 대학이 전 세계 팬에게 웹 방송을 하기까지 어느 정도의 시간이 필요할까?

한 대학교의 졸업생 25만 명이 매주 미식 축구 경기 중계를 보기 위해 마우스를 클릭한다면 대학이 얼마나 많은 광고 수입을 얻을지 생각해 보라. 그것은 단지 대학이나 프로 스포츠 팀뿐만 아니라, 내 친구 찰리, 그리고 수백만의 광적인 미국 스포츠 팬에게도 대단한 축복임에 틀림없다.

여담이지만 찰리는 요즈음 축구로 관심사를 옮겼다. 축구는 미국의 주요 도시에서 찾아보기 어렵다. 그러나 그가 필요로 하는 모든 결과를 인터넷으로 찾을 수 있다.

## 음란물

솔직히 나는 인터넷상의 포르노에 관한 통계를 믿지 않는다. 예를 들면, 미국 인터넷 고객의 약 1/3인 3500만 명이 정규적으로 성인 사이트를 방문하고, 나체 인간들의 성교 장면을 넋을 잃고 바라본다는 통계를 믿지 않는다. 그러나 이 분야 통계를 공식 추적한다는 Sex-tracker.com에는 그렇게 적혀 있다. 인간은 본성적으로 섹스에 길들여졌고, 많은 인터넷 사용자들이 섹스를 인터넷의 거대 사업으로 만들 거라고 나는 믿는다. 음란 전화방, 성인 영화관, 비디오 가게의 한 구석에 놓여 있는 비디오, 모든 신문 판매대를 장식하는 누드 잡지, 그리고 유명 관광지에 넘쳐 나는 저속한 잡지의 홍수가 좋은 예이다.

그것을 포르노, 음란물, 혹은 성인 오락물 등 어떤 명칭으로 부르든지 간에 우리가 인터넷에서 보는 내용은 전혀 새로운 것이 아니다. 유일한 차이가 있다면 비디오 카메라와 수백 달러짜리 장비 몇 개를 갖추면 멍청이라도 인터넷에서는 포르노 제작자가 될 수 있다는 점이다. 그러나 많은 사람들이 음란물의 대지에서 풀을 뜯지 않는다면, 아무리 인터넷이라도 사회를 음란물에 중독된 양떼로 변질시킬 수 없다. 설사 그렇게 된다고 해도 우리는 엄연한 자유 사회에 살고 있다.

부모가 약간의 주의만 기울이면 갖가지 접속 방지 소프트웨어를 통해 아이들이 음란물에 접속하는 것을 차단할 수 있다. 접속 방지 프로그램을 사용할 수 있지만, 그렇다고 인터넷 컨텐츠를 규제하려는 시도가 성공하지는 못할 것이다. 많은 컨텐츠가 외국에서 제공되기 때문에 규제의 실효성이 없을 것이고, 자유 언론에 대한 제약은 장기적으로 이득보다 손해가 더 많은 위험한 조치이기 때문이다.

## 공연 예술

1980년대 후반, 당시 세계 일류 발레단으로 성장하고 있던 샌프란시스코 발레단과 볼쇼이, 키로프, 뉴욕 시립 발레단, 그리고 아메리칸 발레단을 3주 동안 비교해 볼 수 있는 특별한 기회가 나에게 있었다. 나는 AP 통신사에 발레단 연재 기사를 쓰고 있었고, 우연치 않게 5개 발레단 모두 샌프란시스코에서 공연을 했다. 내가 결코 잊을 수 없는 멋진 문화 행사였고, 언제 다시 보아도 신선한 느낌을 받을 것 같다.

그 후, 몇 년 동안 나는 런던에서 공연하는 심포니, 더블린 무대에 올려진 연극, 파리에서 열리는 발레, 중국의 경극, 그리고 남미의 포크 댄스를 볼 수 있기를 바랬다.

오랫동안, 나는 공중파 텔레비전의 후퇴와 상업 방송에 문화 프로그램이 부족하다는 점이 아쉬웠다. 그래서인지 나는 표 사기도 쉽지 않은 심포니, 발레, 연극, 오페라를 열심히 찾아다닌다. 이러한 공연들은 보통 어느 정도 생활 수준이 높은 청중으로 채워진다. 따라서 행사를 후원하는 기업에게 매력적인 면이 있다. 그리고 발레 극장의 일등석(얼굴을 구분할 만큼 가까운 거리면 된다.)은 최소한 야구장 특석 정도의 입장료를 받을 수 있다. 이런 조건에도 불구하고, 훌륭한 공연을 공중파 TV로 방영하는 것은 상업적인 타산이 맞지 않는다.

이제는 문화적으로 소외된 계층도 충분히 그것을 만끽할 수 있는 시대로 접어들었다. 문화 안내 사이트를 점검하고, 하루 저녁에 수십 가지의 훌륭한 심포니, 발레, 혹은 연극 공연을 볼 수 있다고 생각해 보라. 또한, 대화형 프로그램 안내 사이트를 통해 예술가의 행적과 기풍에 관해 읽을 수 있고, 배우와 감독, 그리고 작가나 지휘자와의 양방향 토론에 참석할 수 있다고 생각해 보라.

문화는 자고로 가진 자의 전유물이었다. 그러나 조만간 문화는 고객의 전유물이 될 것이다. 내 친구 찰리가 부에노스아이레스에서 열리는 축구 게임을 시청하는 데 반해, 나는 전통의 플로렌스 오페라 극단이 공연하는 베를리오즈의 환상 교향곡을 시청할 것이다.

## 광고

배너 광고에 짜증이 나면 박수를 쳐라. 팝업 광고에 지쳤다면 고함을 쳐라. 믿을 만한 웹사이트가 소위 '상업 파트너'로 불리는 광고주가 만든 페이지로 당신의 클릭을 유도했을 때 환멸을 느낀다면 괴성을 질러라.

좋든 싫든 웹사이트는 돈을 벌기 위해 존재한다. 무언가를 직접 판매하지 않는다고 해도 광고를 통해 돈을 벌 수 있다.

광고가 반드시 나쁜 것인가? 그렇지는 않다. 광고는 주요 신문과 텔레비전 네트워크를 수십 년간 지원해 왔다. 광고는 특히 전문 잡지를 포함, 전통적인 매체를 통해 전달되는 대부분의 '컨텐츠'를 지원한다. 만일, 광고가 없다면 이러한 매체의 구독료는 우리가 지불하는 것보다 몇 배 더 비싸거나 아니면 서비스 자체가 존립할 수 없을 것이다.

웹상에서 광고 없이 엔터테인먼트를 제공할 방도가 있는가? 있다. 사이트 가입비를 받으면 된다. 사실, 대부분의 전문 스포츠 이벤트는 가입비를 받는다. 그러나 사이트에 광고가 있다면 가입비는 더 낮아질 것이다. 마치 야구장 외야석에 광고판이 있어 입장료가 낮아지는 것과 같다. 정부 보조가 없는 것은 아니겠지만, 공영 방송이나 국립 예술 재단의 예산이 지난 20년간 삭감되어 왔다는 것은 좀 의아한 일이다.

기업은 물건을 팔아 돈을 번다. 예를 들면, 영화 관람을 하는 관중에게 광고물이나 사운드 트랙을 팔려고 애쓴다. 기술력을 감안해 볼 때,

아마도 몇 년 동안은 따분한 배너 광고를 실컷 구경해야 할 것 같다. 대역폭이 증가할수록 웹사이트 광고는 한층 위세를 떨치고, 컨텐츠와 더욱 긴밀히 통합될 것이다. 예를 들어, 웹 TV 시청자들은 프로그램과 정보 창 사이를 이동하면서 많은 광고들을 보게 된다. 익사이트앳홈의 광대역 서비스에서는 특정 제품에 대한 영상과 자세한 정보를 제공하는 '윤택성 매체용(rich media)' 상업 광고를 불러올 수 있다. (익사이트앳홈에 따르면, 사용자들이 일단 이 영역에 들어오면 몇 분 동안 머무는 경향이 있다고 한다. 이것이 고객들의 관심을 끌고 있다는 증거이다.) 일부 소매업 사이트는 우선 원가 이하로 제품을 팔고, 광고 매출을 통해 이윤을 올리려고 한다. 그것이 가능할까? 상업 텔레비전이 광고를 통해 프로그램을 방송하듯이, 그렇게 성공할 수 있는 충분한 근거가 있다.

향후, 상당 기간 광고의 홍수는 더욱 거세지겠지만 광고주들은 보다 은밀한 방법으로 소기의 목적을 달성할 것이다. 영화를 감상할 때, 줄리아 로버츠가 입은 블라우스가 마음에 들면 한 번 클릭해 보고 사이즈가 맞는지 알아낼 수 있다. 이것이 광고다. 여자 월드컵 결승전 우승이 확정되는 순간 보니 챠스텡이 셔츠를 찢어 나이키 사의 스포츠 브라를 드러낼 때, 당신은 클릭을 해 보고 어떤 색깔과 사이즈가 공급되는지 알 수 있다.

한 걸음 더 나아가, 아이가 만화를 보다가 버튼을 누르면 (부모의 승낙을 얻어야 바람직하다.) 장난감 주문이 가능하다. 배가 출출한 사람도 전화할 필요 없이 리모콘을 클릭해서 피자 주문을 할 수 있다. 에로 영화를 시청중인가? 그렇다면 '뜨거운 십대'와 대화하고 싶은가? 누군가는 그런 일이 가능하도록 머리를 짜낼 것이다.

광고를 전혀 보고 싶지 않은 사람에게는 더욱 철저한 대안이 필요할 듯하다. 실제로 기존 웹사이트의 대형 광고를 차단하는 소프트웨어 프로그램이 이미 공급되고 있다. 고객들은 광고주의 데이터 송출을 금지하는 선택 기능을 이용할 수 있고, 과도한 그래픽 이미지를 제거해서 다운로드 속도를 높일 수도 있다.

# 제9장

# 저널리즘 : 진실의 글로벌화

'자유' 로운 선택의 자유를 누리려면 믿을 수 있는 정보가 필요하다. 믿을 만한 정보가 없다면 제대로 된 선택을 할 수 없을 것이다. '자유' 사회에서 언론인의 사명은 믿을 만한 정보를 제공하는 것이다. 그것은 언론인 고유의 사명이고, 솔직히 말하면 달성이 거의 불가능한 사명이기도 하다.

언론 분야에 25년을 봉사한 내가 보기에 세계는 흥분과 공포를 자아내는 저널리즘의 새 시대로 접어들고 있다. 이미 언급했듯이, 나의 '실시간' 저널리즘에 대한 직업적 매료는 20년 전 AP 통신사 근무로 시작됐다. 아이들이 비디오 게임을 하는 광경을 지켜본 1992년 무렵에는 대화형 저널리즘에 대한 관심이 고조됐다. 멀티미디어 저널리즘을 지향한 경험은 블룸버그 뉴스에서 만개했다. 웹 저널리즘에 매료되어 군소 회사인 DBC 뉴스룸으로 전직했고, 여기서 CBS.MarketWatch 서비스가 시작되었다. 결과적으로 지금은 '진실 저널리즘(journalism vérité)' 의 탄생을 지켜보는 듯한 분위기에 휩싸여 있다. 한마디로 이야기와 정보원을 고객이 선택하는 뉴스 형태를 말한다. 이는 사회 내 정보 흐름은 물론, 정보를 통해 취사 선택을 하는 인간 능력에 근본적인 변화를 가져올 것이다.

20세기의 언론은 커다란 공헌을 했다. 그러나 언론이 대중에 제공한 정보는 언론인이라는 특수형 인간이 개입됐기 때문에, 전적으로 신뢰할 만한 수준은 결코 못 되었다. 동시에 그들은 박봉의 어려움 속에서 장시간 사회 봉사를 위해 일하는 불굴의 이타주의자들이다. 여론 조사 결과가 보여 주듯이 때로는 교만하고, 생색을 부리며, 권위주의적이다. 언론인은 자신의 관점이 종종 모든 사람의 관점과 반드시 일치하지 않음에도 스스로를 '진리'의 수호자라고 믿는다. 마치 대중이 교화의 대상이라도 되는 것처럼 허풍을 떨면서 고객들의 고유한 지성을 무시하기도 한다. 모두가 한 가족이라는 사실을 망각하고, 일반 대중보다 더 많은 권리를 갖는다고 자임한다.

언론인이 특정한 관점을 통해 어떤 이야기를 전개하는 것은 중요하다. 관점이 없다면 이야기의 대소 경중을 분간할 수 없기 때문이다. 그러나 비록 소수이기는 하지만 점점 더 많은 미국인들은 언론이 너무 앞서 간다고 생각한다. 가네트의 《USA 위크엔드》가 1999년 중반에 실시한 한 여론 조사에 따르면, 미국인 중 65%만이 전통적 의미의 언론 자유를 아직 지지한다. 이 수치는 미국인의 1/3이 1차 헌법 수정 조항을 재개정해야 한다는 생각임을 암시하고 있다.

일부 언론인이 유명 인사의 사생활을 침해하거나, 시청률을 높이려고 흉악 범죄를 선정적으로 보도하거나, 사실 확인 없이 관변적인 견해를 그대로 내보냄으로써 대중의 대의를 남용했다는 비판은 경청할 만하다. 그리고 다른 모든 사람과 같이 언론인 또한 정치, 인종, 종교, 성, 민족적인 고유한 편견의 희생자이기는 매한가지이다.

이제 인터넷은 언론의 권력을 우리 모두에게로 이양하고 있다. 뉴스의 컨텐츠가 국가적인 언론 조직보다는 고객과 취재원에 의해 결정되는 단계로 접어들고 있다. 개인은 특정 뉴스 조직이 만들어 낸 특정 뉴스 기사를 읽어야 할지 아니면 전적으로 무시해야 할지 선택한다. 고객들은 개인적으로 신뢰하는 정보원이 정치적 극단주의자, 현직 대통령, 혹은 기업 대변인 등 그 누구든지 간에 그 정보원으로부터 자신에게 흥미를 주는 주제를 선택한다.

인터넷은 전신, 통신 서비스, 라디오, 텔레비전 모두를 합친 것보다 언론의 성격에 더욱 많은 변화를 가져 올 것이다. 내가 '진실 저널리즘'으로 부르는 이 추세에 대해 나의 많은 동료들은 그것을 도대체 언론이라고 부를 수 있을까 하는 회의의 눈길을 보낸다.

## 뉴스 가치는 독자가 결정

진실 저널리즘은 대중이 믿을 만하다고 간주하는 정보를 얻을 수 있을 때 탄생한다. 그것은 누구나 독특하고, 따라서 고유한 정보 집합을 요구한다는 사실을 인정한다. 때때로 기자나 미디어 기업이 개입하지 않을 때 정보가 더 정확해진다고 인정한다. 누구나 질문을 던지고 만족스런 해답을 요구할 수 있다고 인정한다. 그리고 사회에 진정으로 중요한 의제는 미디어 기업이 아니라 사회에 의해 결정돼야 한다는 점을 인정한다.

과거에는 언론인이 머릿기사를 결정했다. 이제는 개인의 권리가 더욱 더 반영되고 있다.

커다란 위험은 우리 모두가 다소 근시안적으로 치우치는 경향이다. 즉, 사회 전체에 중요한 이야기를 식별하지 못 할 수 있다. 예컨대 독자가 시내 학교, 환경, 록 음악, 기업, 스포츠와 관련된 각종 소식을 보려고 선택하며 의회, 범죄, 아시아 혹은 아프리카 관련 소식은 아예 보려고 하지 않을 수 있다. 그 결과 수만 명이 사망한 기근이나 정부의 부패, 북경의 데모, 또는 주거지의 연쇄 살인 사건에 대해 전혀 알지 못하는 경우가 있다.

또 다른 위험은 만일 대중이 뉴스 기사의 상이한 취재원을 이해하지 못한다면 믿을 만한 이야기와 특수 이해 관계인이 쓴 편향적인 기사를 분간할 수 없다는 점이다. 다행히 많은 사람은 의심을 할 줄 안다. 그럼에도 불구하고 타인이 진실하다고 믿는 사람들이 아직 많다.

마이크 블룸버그가 저자와의 대화에서 밝혔듯이, 히틀러는 독일 대로변의 장광설을 무기로 정치판에 뛰어들었지만 대중은 최소한 누가 이야기하는지는 알았다. 인터넷에서는 누가 누구인지를 모른다.

내 마음속에 있는 구시대 언론인으로서의 나는 과연 대중이 이 문제를 다룰 수 있는지, 사회가 선동가에 의해 장악되지는 않는지, 우리를 여론 조작자로부터 보호할 수호신은 있는지, 소비자가 과연 제2의 히틀러를 색출해 낼 판단력은 있는지 의심한다. 내 가슴속에 있는 신세대 언론인으로서의 나는 이야기를 선택하고, 믿을 만한 정보원을 선택하며, 자신의 갈증에 맞춰 지식을 흡수하는 소비자의 지성을 존중한다. 갈증은 거의 무한하고, 생동하는 신세대 저널리즘은 신흥 소유주인 고객의 통제 아래 있다는 충분한 증거가 있다.

## 심리 점유율

어느 경우에나 인터넷의 고객은 자신의 뉴스를 스스로 선택하며, 아직 초창기이지만 그들의 선택은 대체로 현명하다고 생각된다. 주류 뉴스 조직들은 인터넷을 통해 거대한 새로운 시청자층을 발견하고 있다. 예를 들면, 《뉴욕 타임즈》는 종이 신문 독자보다 온라인 구독자 수가 훨씬 더 많다. 그리고 미국인 수천만 명은 뉴스를 얻기 위해 대체로 인터넷에 의존한다. 시간이 흐르면서 뉴스 조직은 전문 능력과 독자의 개인적 취향을 결합하는 능력을 개선하며, 고객들은 뉴스 전문가들의 이런 시도를 환영하는 듯이 보인다.

인터넷 조사 회사인 미디어 메트릭스에 따르면, 콜럼바인 고등학교에서 총기 살인 사건이 발생하고 미국 주도의 유고 연방 공격이 단행되자 AP.org 등의 온라인 뉴스 사용이 70% 증가했다고 한다. 말하자면 대중은 자기 삶에 중요하다고 생각하는 특정 사건에 대해 더 많은 정보를 얻으려고 노력하며, 자발적으로 그런 뉴스를 고품위 뉴스 사이트에서 찾으려고 이동한다. 모두가 좋은 조짐들이다.

내가 블룸버그 뉴스에서 일할 때, 가장 인기 있던 기사는 월가와 아무 관계가 없었다. 그것은 O. J. 심슨의 무죄 방면이었다. 그 이유는 블룸버그 단말기 뒤에 둥지를 튼 다수의 금융 관리자들이 거의 만장 일치로 심슨 사건을 가장 중요한 정보로 선택했기 때문이다. 보통 그들의 관심은 수백 가지 이상으로 나뉘어져 있다.

모니카 르윈스키의 대배심 증언이 발표되자 많은 웹사이트에 과부하가 걸려 장애가 일어났다. 확실히 수백만 명의 대중은 시시콜콜한 말초적 표현을 보려고 애썼지만, 또 다른 수백만 명은 그런 단어가 클린턴이 탄핵받아야 하는지 결정하는 데 도움을 준다고 여겼다.

이런 것들은 중요한 사건이 무엇인가를 대중이 선택했던 사례들이며, 미디어는 심슨 및 모니카와 관련된 아주 많은 양의 자료를 제공했다. 그러나 단지 미디어만 기능을 수행했던 것은 아니다. 거기에는 그 이야기들을 역사적 사건으로 만든 대중의 수요가 선행됐다.

물론, 이런 종류의 사건들이 가장 떠들썩한 이슈가 되지만 대부분의 사람들은 좀더 자신에게 적합한 뉴스에 관심을 갖는다. 블룸버그의 경우, 수만 명의 금융 관리자들이 현명한 투자 결정을 내리려고 정보를 찾는다. 마켓워치의 경우는 원하는 것을 찾아서 선택하는 고객들에 의해 매일 수십만 개의 상이한 정보가 요청된다. 그리고 다른 웹 기반의 미디어에서는 지상의 거의 모든 언어로 이용할 수 있는 무궁 무진한 뉴스 기사, 논설 기사, 보도 자료, 그래픽 및 각종 자료가 총합되어 있다.

## 자유로운 독자의 현명한 결정

간단히 말해서, 우리는 저널리즘이 독자적인 사명을 거의 완성하는 단계로 진입하고 있다. 말하자면, 믿을 만한 정보를 필요로 하는 사람에게 전달해서 현명한 결정을 내리게 하거나, 대중을 실질적으로 자유롭게 만든다. 미디어가 이제 새롭게 권력을 획득한 고객의 수요에 봉사하면서 대체로 수동적 역할에 그친다는 점은 역설적이다.

## 멀티미디어 보도의 품질

저널리즘에 지속적인 생명력을 부여하고, 인터넷이 실속 없는 말장난이 되는 것을 방지하는 네 가지 핵심 요인이 있다. 그것들은 (1) 즉시성 (2) 신뢰성 (3) 편집 방침, 그리고 (4) 양방향성이다. 아래에서 차례로 살펴보자.

## 즉시성

이전에도 '실시간' 뉴스가 거론돼 왔지만 실시간이라는 것의 원래 의미는 무엇인가? 먼저 '뉴스'가 왜 '뉴스'인지 생각해 보자. 뉴스 사업은 현 시점에 가치를 갖는 사실인 '새로운' 정보와 관련된다. 크고 작은 두 가지 사실을 고려해 보자. 하나는 당신이 사는 도시에 비가 올 확률이 65%라는 것이다. 둘째는 살인적인 토네이도가 당신이 사는 도시로 몰려오고 있다는 것이다.

첫 번째 사실이 당신에게 중요한 이유는 비를 맞고 싶지 않고, 우산을 가져가야 하며, 잔디밭이 다소 건조해 보이기 때문이다. 이 정보가 내일도 가치를 가질까? 비를 맞지 않아야 한다는 점은 문제가 되지 않는다. 우산을 염려하지 않아도 된다. 잔디밭은 물기를 머금거나 그렇지 않을 것이고, 이것이 반드시 중요하지는 않다. 따라서 뉴스 가치는 대부분 사라진다.

두 번째 사실은 그에 따라 즉시 행동하느냐의 여부에 따라 생사가 걸린 중대 문제이다. 내일이 되면 토네이도에만 관심을 가질 것이다.

여기서 알 수 있는 것은 어떤 정보이든지 유효 기간을 갖는다는 점이다. 중요한 정보일수록 더 급박해진다. 보통 대부분의 정보는 이 양 극단 사이에 위치하며, 그 중요성은 뉴스와의 물리적 혹은 상대적 근접성에 따라 달라진다.

예를 들면, 지방지 1면에는 사상자를 낸 교통 사고가 보도된다. 7면에는 6명이 사망한 다른 주 교통 사고가 짤막한 기사로 실린다. 32면에는 인도에서 23명이 사망한 열차 전복 사고가 1단 기사로 난다. 기사에 대한 관심도는 당신이 우연히 인도에 있는지, 혹은 다른 자동차 사고가 발생한 주로부터 방문했는지에 따라서 매우 다르다.

ZZZ 사가 이번 분기의 수익이 당초 예상치에 못 미칠 거라고 발표했다면, 그 회사 주식을 대량 보유하지 않은 사람에게는 그렇게 큰 우려 사항이 아니다. 그러나 그 회사의 주식을 많이 보유한 사람이라면 다른 주주들을 통해 주가가 더 떨어지기 전에 정보를 얻으려고 애쓸 것이다.

시내 중심가에 있는 바에서 살인 사건이 발생한다면, 당신이 사는 도시에서 일어난 그 일에 관해 무엇이든 확인하기 위해 병적인 호기심이 발동할 수 있다. 그러나 아직 잡히지 않은 살인자가 기승을 부리거나, 당신이 희생자와 가까운 사이가 아닌 한, 그 사건이 당신의 삶에 지속적인 충격을 미칠 수는 없다.

인터넷은 세계를 더 작게 만들고, 더 즉각적이게 한다. 학교에서의 총기 난사 사건, 비행기 추락, 혹은 토네이도가 발생할 때에는 해당 뉴스의 가치가 증가되며, 사건 근접성에 따라 중요도가 다른 세부 내용이 입수되는 대로 곧장 전 세계의 고객들에게 소식이 전해진다. 그러므로 고객이 필요로 할 때 가장 적합한 정보를 획득할 수 있다.

## 신뢰성

인터넷에서 클린턴-르윈스키 사건을 보도해서 유명해진 사이버 추문 폭로의 대가 매트 드러지(Matt Drudge)는 《뉴욕 타임즈》만큼의 신뢰성을 가지고 있을까? 아니다. 그는 과연 믿을 만한가? 이것은 아주 다른 질문이다.

전통적으로 언론인은 보도에 앞서 자료원의 신뢰성을 결정해야 한다. 슈퍼마켓에 진열된 선정적인 타블로이드 신문은 AP 통신사와는 상이한 기준을 가질 것이다. 타블로이드 신문은 내밀한 이야기를 귀띔했다고 전해진 미확인 소식통을 인용해 왕년 영화 스타의 비참한 최후에 관한 이야기를 싣는다. AP는 기사와 관련된 각 분야의 거의 모든 정보를 확인된 취재원에 의존하고, 윤리적인 문제가 없는 경우 취재원을 밝히라고 기자들을 훈련시킨다. AP 기사에서 기사 단락의 수만큼 빈번하게

'경찰 당국은' 이라는 표현을 반복하는 것은 이 때문이다.

차이를 알아 보기 위해 탐구력이 예민해야 할 필요는 없다. 화성인이 미국 수도에 착륙했다고 AP가 보도하면, 당신은 당장 전화로 달려가 사랑하는 사람의 안부를 물을 것이다. 타블로이드 신문에 그 기사가 실렸다면 일소에 붙이고 쇼핑 활동을 계속할 것이다.

그러나 인터넷은 취재원의 신뢰성과 관련된 문제 의식을 독자의 판단에 맡긴다. 예를 들어, 100만 년 전에 화성인이 지구에 착륙한 과학적 증거가 있다고 어떤 대학교 웹사이트에서 적었다면 그것을 믿겠는가? 엑슨 사가 유조 탱크의 기름 누출을 완전히 제거했다고 밝힌 보도 자료를 그대로 믿겠는가? 당신이 살고 있는 주의 주지사가 자기의 정치적 경쟁자가 학교 위원회의 공금을 착복했다고 발표한다면 그것을 믿겠는가?

믿을 수 없는 자료원과 믿을 만한 자료원을 분별하려면 상식 이외에도 훈련과 경험이 필요하다. 대부분은 사람들은 이런 자질을 가지고 있지 못하다. 똑같이 높은 지능을 가진 두 사람이 특정 정보의 진실성에 대해서는 다른 의견을 가질 수 있다. 그런 문제는 그들이 신뢰하는 미디어에 맡기는 것이 상례이다.

## 편집 방침

독자들은 북미자유무역협정(NAFTA)을 기억할 것이다. 1992년 미국 대통령 선거에서 이 문제에 대해 조지 부시는 비판적 입장을 취했고, 빌 클린턴은 옹호했으며, H. 로스 페로는 미국인의 일자리가 멕시코로 대거 빠져나갈 거라며 조롱하는 가운데 커다란 반향을 불러일으켰다.

나프타가 신문 1면을 장식한 배경은 무엇인가? 수만 명의 미국인이 그 시기를 전후한 시점에 경기 후퇴로 일자리를 잃은 상황에서, 경제는 빅 뉴스였다. 하지만 클린턴은 피부에 와 닿는 경제 문제에 선거 운동의 초점을 맞췄다. 내가 보기에 나프타가 미국 경제에 얼마나 중요한가를 1면 기사로 열심히 장식한 뉴스 미디어가 아니었다면 대부분의 미국인과 유력 후보 두 명은 나프타를 무시했을 것이다.

정확성과 적시성은 예외로 한다고 해도 이러한 것은 언론의 가장 중요한 요소라고 할 수 있는 편집 방침에 있어서의 모범적 사례이다. 많은 미국인들이 엔터테인먼트 뉴스에 가장 큰 관심을 갖지만, 신문 편집인과 텔레비전 제작자들은 가장 중요한 쟁점에 관한 책임을 느끼고 그것을 머릿기사로 장식했다.

이 같은 판단이 인터넷이라는 새로운 선택에 의해 대체되고 있다. 노동조합이나 경제계의 특수 이익 집단을 제외하면 대중이 나프타에 관해 기꺼이 알아 보려 할까? 일반 대중이 빈곤, 인종 차별, 폭력적 범죄에 관해 읽으려고 할까? 아마도 그렇지 않을 것이다.

## 양방향성

당신이 읽는 클린턴 대통령 관련 기사 가운데 모니카 르윈스키가 등장한다면 이렇게 생각할 것이다. "그녀 친구가 누구였지? 맞아, 린다 트립이야. 지금은 트립이 어떤 집단과 장단을 맞추고 있지? 그 집단이 보수주의자들의 헌금을 받지는 않았던가?"

이러한 질문은 성격상 당신이 읽고 있는 기사에서 밝혀지지 않는다. 그러나 신문의 뉴스 칼럼을 쭉 읽어 내려가거나 텔레비전 같은 수동적 매체를 시청하다 보면 의문이 일어나는 게 인간의 본성이다. 인터넷에서는 모든 고객들이 필요할 때 문제를 던지고, 즉각 해답을 얻을 수 있는 기회를 갖는다. 광대역 환경에서는 또한 비디오 클립과 오디오 녹음을 통해 뉴스에 살을 붙일 수 있다.

진실 저널리즘에서 가장 중요한 변화라면 주제를 선택하는 고객의 능력이 모든 영역으로 확장된다는 점이다. 언론인이 모든 기사에 양방향성 기능을 부여해야 하기 때문에 이는 중요한 변화라고 할 수 있다. 기사 속의 모든 용어와 관련된 기사를 독자들이 찾을 수 있도록 검색 엔진을 이용할 수도 있을 것이다.

우리는 대화형 저널리즘의 여명기를 맞고 있다. 하지만 라디오나 텔레비전 뉴스 제작 방식이 완성되는 데 15~20년이 소요된 것처럼, 새로운 매체를 최대한 활용하는 방법을 찾기 위해서는 10~20년이 필요할 것이다. 인터넷 시대의 도래에 따르는 한 가지 문제는 지난 시절 뉴스 제품을 줄곧 생산해 온 고참 기자와 편집인들이 신문 구독 및 텔레비전 시청 세대이기 때문에 양방향성에 대해 아주 무지하다는 점이다. 한편, 비디오 게임을 하면서 성장하고 개인용 컴퓨터로 작업하는 젊은 언론인들은 양방향성을 이해하고, 때로는 기대하는 경향이지만 언론 경험이 일천하다.

세대가 교체되고, 기술 진보를 통해 대화형 뉴스가 생산될 가능성이 많아지면서 보다 근본적인 변화가 예상된다. 이 시점에 이르면 고객들이 어떤 주제를 읽고 싶어하는지가 아니라 그 주제에 관해 무엇을 더 읽고 싶은지를 정의하게 될 것이다.

새로운 현실은 기자가 던져 준 기사를 수동적으로 받아들이던 대중을 상대해 온 언론인들을 매우 당혹스럽게 한다. 기자가 작성한 기사를 고객들이 끊임없는 질문을 통해 방해하기 때문이다.

새로운 미래를 사랑하든, 증오하든 관계없이 그것은 뉴스가 미래에 전달되는 방법이다. 나는 우려되는 부분은 있지만 고객들의 뉴스 수집 범위가 늘어나기 때문에 대체로 좋은 일이라고 본다. 앨런 그린스펀이 연설하면서 경제에 관해 언급했다면, 그것을 들은 투자자가 구체적 맥락을 알기 원하는 경우, 클릭만 하면 연설문 전문을 읽을 수 있다. 그린스펀이 발언할 때의 분위기를 알고 싶다면 다시 클릭해서 영상을 볼 수도 있다.

마켓워치는 이미 모든 기사에 대화형 요소를 도입했다. 이 사이트의 자료들은 보통 5~6개의 관련 기사, 당일의 다른 머릿기사, 기사에 언급된 주식의 시세, 기사 관련 보도 자료, 그리고 기사 중 발언 내용을 지원하거나 보강하는 다른 형태의 자료에 링크된다. 주요 기사는 인터뷰의 텔레비전 클립이나 해당 주제와 관련된 육성 보도 같은 '멀티미디어' 보도로 링크된다. 300개의 단어로 구성된 기사가 각 페이지의 검색 도움 연결 개수를 제외하고도 30~40개의 실시간 링크를 포함하는 것이 일반화됐다.

이에 따라 독자는 전통적인 뉴스 기사를 보면서 임의로 심층 조사를 할 수 있다. 또한, 미디어의 자료원을 조사해서 각자의 기준에 따라 신뢰성을 따질 수 있다. 만일, 문제가 발견되면 기자 이름을 클릭해서 신속히 전자 메일을 보내거나, 게시판으로 들어가 기사 내용에 관한 문의를 할 수 있다.

## 제2부

# 서장 : 미래를 향한 출사표

WWW의 미래를 하나의 비전을 통해 정확하게 예측할 수 있는가? 아마도 그렇지 못할 것이다. 만일 그렇다면 인터넷 기업을 경영하고, 인터넷 주식에 투자하며, 웹이 세상을 어떻게 변화시킬지 예상하기가 쉬울 것이다. 아마 인터넷의 가장 흥미로운 점은 그것이 어떻게 될는지 아무도 확신할 수 없다는 것이다.

저자가 얼마 전 infoUSA.com으로 직장을 옮기기 전에 나누었던 아래의 대화들에는 기술 발전과 사회의 미래에 대한 생각이 잘 드러나 있다. 독자적이고 전문적인 견해를 함께 나눠 준 열 명의 전문가들에게 감사드린다. 이들을 선정하면서 나는 인터넷 기업의 '드림팀' 이사진을 선임한다고 자부했다. 그들은 인터넷 및 비즈니스와 관련된 실무 지식이 풍부할 뿐 아니라 특정 분야에 고도의 전문 역량을 갖고 있다. 즉 트립 호킨스의 양방향성, 앤디 그로브의 데이터 처리, 폴 엘드만의 경제 이론, 베리 딜러의 엔터테인먼트, 폴 사포의 미래 예측, 레베카 아이젠버그의 법률, 제리 브라운의 사회, 앤 윈블라드의 기업가 정신, 제리 양의 컨텐츠, 그리고 마이크 블룸버그의 금융 등이 그러하다. 나는 또한 오프라인 세상에서 각자의 멋진 인생을 즐기면서 독특한 개성을 발산하는 이들을 의도적으로 한데 묶기로 작정했다.

그들의 언어, 특히 전문 영역에 대한 독자적인 시각이 정보 시대의 웹 법칙에 대한 생각의 폭을 넓힐 수 있을 거라고 나는 확신한다.

# 험머-윈블라드 벤처 파트너 창업자

모든 위대한 인터넷 기업가의 이면에는 자금을 제공한 현명한 벤처 자본가가 있다. 기업가로서 재계에 입문한 앤 윈블라드는 험머-윈블라드 벤처 파트너 사의 창업자로서 이 분야의 대표적인 인물이다.

1976년, 스티브 잡스와 빌 게이츠가 막 창업할 당시 윈블라드는 500달러의 창업 자금을 가지고, 최초로 성공적인 회계 소프트웨어 프로그램의 하나를 제작한 오픈 시스템 소프트웨어 사를 창업했다. 그녀는 6년 뒤에 이 회사를 1500만 달러에 팔았다.

그녀는 IBM, 프라이스워터하우스쿠퍼스, 마이크로소프트 등 유명 기업에 컨설팅을 제공했고, 미국 프로 농구의 왕년의 스타 존 험머와 함께 벤처 회사를 창업했다. 이 회사는 소프트웨어 벤처에게만 자금을 댔다는 점에서 특이하다. 이 회사를 모태로 파워소프트, 스코퍼스 테크놀러지, 하이페리언 솔루션, 윈드 리버 시스템즈, T/메이커 등 많은 기업이 쏟아졌다. 험머-윈블라드 계열 기업 가운데 최소 18개가 매각됐고, 7개

사가 상장됐다. 20개에 달하는 인터넷 계열 기업으로는 Pets.com, HomeGrocer.com, Liquid Audio, AdForce 등이 있다.

윈블라드는 대학에서 수학을 배웠고, 그녀가 지금 이사로 재직중인 세인트 폴 소재 세인트 토마스 대학교에서 교육과 국제경제학 석사 학위를 받았다. 부친이 고등학교 체육 감독을 지냈고, 여동생이 고등학교에서 스페인어를 가르치기 때문인지 교육에 대한 그녀의 관심은 각별하다.

6개 기업의 이사로 재직중인 그녀는 업무를 꼼꼼히 따지는 경영인으로 잘 알려져 있다. 《비즈니스 위크》는 실리콘 밸리의 유력 금융인 25명 가운데 한 명으로 그녀를 지목했고, 월간지 《업사이드》는 디지털 시대에 가장 영향력 있는 백 명 가운데 한 명으로 3년 연속 그녀를 꼽았다. 그녀의 경영 스타일은 미네소타에서 성장한 배경을 반영이라도 하듯 온화한 인성, 강한 팀워크 감각, 그리고 불도저를 무색케 하는 추진력 등 단순함으로 철저히 무장되어 있다.

인터넷은 개인적으로 어떤 용도로 사용하는가?

나는 소프트웨어 업계에 몸담아 왔고, 그래서 전자 메일 사용자로서 오래 전부터 인터넷을 이용했다. 누구나 전자 메일을 사용하는 현재, 나에게 인터넷의 주된 용도는 전 세계와의 통신을 위한 플랫폼 기능이다. 사람들이 점차적으로 전자 메일을 사용하게 되었기 때문에, 전자 메일은 훌륭한 통신 플랫폼으로서 인터넷의 주된 기능이 됐다고 생각한다. 나는 음성 사서함과 전자 메일 인터페이스를 보유하고 있으며, 전화는 좀더 새로운 용도로 쓰이게 될 것이라고 예상해 본다. 이처럼 전자 메일은 나의 출발선이다.

나는 한 사람의 고객이다. 그러나 미네소타에서 사업을 처음 시작할 때는 시간이 거의 나지 않았기 때문에 지금과는 조금 달랐다. 나는 내가 원하는 것이 무엇인지 알고, 하고 싶은 때를 알고, 또 당장 그것을 하고 싶다. '내 일을 하는 데 필요하고, 생활에 편리하면 된다.' 고 생각하기 때문에 나는 가격에는 별로 예민하지 않다. 그래서 대개는 특별히 선정된 사이트에서 쇼핑을 한다. 보통은 Ann.com을 이용하고 있다. 나는 디지털 인터페이스가 필요할 때는 언제든지 그것을 이용한다. 아날로그적인 시간이 생기면 극장에 가거나, 자전거를 타거나, 테니스를 하거나, 산보를 하고, 현실 공간에서 쇼핑을 즐긴다.

당신은 초기 이용자 수준을 뛰어넘었다. 또한, 인터넷을 생활의 일부로 승화시킨 능동적인 사람이다. 그러나 성공한 여성 기업가로서 인터넷에서 할인 상품을 구매해야 할 이유는 없지 않은가?

나는 수입이 많기 때문에 가격을 일일이 따지지는 않는다. 비교 쇼핑을 위한 도구들인 쇼핑 봇, 할인 봇 등은 명칭이 무엇이든지 간에 가끔씩 사용한다. 그러나 나는 컴퓨터 프로그래머로 일해 봤기 때문에 다소간 다른 방법을 사용한다. 나는 아마존이 인수한 알렉사(Alexa) 사의 소형 유틸리티 프로그램을 설치했다. 이 프로그램은 내가 어떤 사이트로 가는지, 사람들이 다른 어떤 사이트에서 오는지 보여 준다. 당신이 어떤 사이트에 접속해 있는지를 확인하는 것은 무척 재미있는 일이다. 만약에 당신이 CBS.MarketWatch.com을 방문한다면 사람들이 당신의 사이트를 방문했을 때처럼 거기에 모여 있는 사람들이 누구인지 알 수 있다. 사이트에 연결된 사람들의 도메인 영역과 내가 미처 생각하지 못한 다른 사이트를 종종 확인하게 된다.

그렇다면 당신은 사이트에서 사이트로 이동하는 사람들을 추적하는가?

그렇다. 나는 일종의 은밀한 게임을 즐기는 사람이다. 그리고 그들이 고객으로서 경험할 수 있는 모든 것을 언제나 알려 주고 싶다. 나는 Knot.com이라는 결혼 서비스와 관련된 작은 기업의 이사이다. 그래서 누가 결혼한다는 소식을 들으면 Knot 사이트로 들어가 등록하라고 권유한다. 나는 리퀴드 오디오 사의 이사라서 또한 능숙하게 디지털 음악을 이용하고 있다.

공중파 텔레비전이 신기술을 어떻게 이용할지에 대한 관심이 일고 있다. 인터넷을 통해 단지 텔레비전을 방영하는 것에서 벗어나 인터넷의 장점을 흡수하고 새로운 비전을 창출해야 한다고 보는데.

고등학교에서 농구와 축구 감독을 했던 부친 아래서 다섯 명의 자매와 한 명의 형제가 함께 성장했다. 때문에 우리 가족 모두는 스포츠에 대한 애정이 남다르다. 나는 아직도 플레이오프 경기를 즐긴다. 특히, 1999년 7월에 열린 월드컵 여자 축구 경기는 미국적인 분위기 속에서 흥미로운 경험을 제공했다. 나의 관심 범위는 더욱더 구체화되고 있다. 경기 스코어를 더 많이 보여 주고, 선수별 기록 또한 보여 줘야 한다. 요구 사항이 계속 늘어나고 있다. 인터넷의 중량감에 비해 텔레비전은 너무 경박한 것 같다. 아마 대화형 매체와 비대화형 매체 사이의 차이로 생각된다.

최근에는 텔레비전 주위에 컴퓨터를 설치하여 시청과 검색을 동시에 하는 사람들이 늘고 있다. 만일, 내가 오늘 텔레비전 스튜디오에 가서 '오늘의 세계 동향'을 2분간 강연한다면 8개 블록 떨어져 있는 사무실로 되돌아올 때에는 이미 많은 전자 메일이 도착해 있을 것이다. 고객들이 웹 텔레비전을 이용하는 것도 아니기 때문에, 우리가 그 둘을 분리하려고 계속 애쓰는 반면에 고객들은 그 둘을 압축하려고 애쓴다.

개인용 컴퓨터에 멀티미디어 주변 기기를 장착하거나, 텔레비전의 수직 귀선 소거 시간(video blanking interval)을 활용하려는 갖가지 시도가 있었다. 그러나 그것은 충분한 임계 사용자 수를 확보하지 못했다. 지금은 디지털 케이블 장치와 웹 텔레비전이 활발히 도입되고 있다. 그러나 고객들은 텔레비전과 가까운 곳에 개인용 컴퓨터를 비치하고, 텔레비전을 보면서 컴퓨터를 사용할 수 있다. 고객은 명령을 내리는 주체이며, 그런 의미에서 두 가지 기기의 유용성은 비슷한 수준이라고 할 수 있다.

내가 양방형 저널리즘에 전문적 관심을 가진 이유 중의 하나는 비디오 게임을 하는 아이들에게 매혹됐기 때문이고, "이 봐, 이것은 하나의 미디어이고, 아이들은 종이 신문과는 담을 쌓으며 자랄 거야."라고 말하곤 했다. 그들이 대화형의 뉴스를 원하지 않겠는가?

고교 3년생인 나의 조카는 대학에서 방송학을 전공하려고 한다. 그 애는 미네소타의 공립학교에 다닌다. 그 학교에서 종이 신문은 벌써 없어졌다고 한다. 학교에 폐쇄 회로 텔레비전이 설치됐고, 조카는 텔레비전의 뉴스 진행자이다. 그 애는 여러 대학에 입학 원서를 냈는데, 그 애가 찾아간 한 대학은 ABC 방송사의 앵커맨 테드 카펄 등 방송계에서 유명한 인재들을 배출했다. 그러나 나의 조카는 그 대학에 진학하지 않았다. 이유는 그 대학의 방송 장비가 미네소타의 공립학교의 장비만도 못했기 때문이었다. 요즘 아이들은 여러 가지 기술에 편안함을 느끼고, 기술을 삶의 기본 요소로 받아들인다.

벤처 자본을 얘기해 보자. 최근에 벤처 자금이 봇물 터지듯 밀려들고 있는데…….

사실이 그렇다. 메마른 사막에 있다가 갑자기 후버 댐이 터진 것 같다. 1990년에 시작된 펀드 사업은 소프트웨어만을 목표로 했기 때문에 3500만 달러를 모집하는 데 1년 반이라는 오랜 기간이 걸렸다. 펀드 전부를 소프트웨어에 투자하는 것이 터무니없어 보이던 시절이었다. 최초의 기업이 1991년에 8000만 달러의 시가 총액으로 상장되었는데, 그것은 대단한 성공으로 여겨졌다. 윈드 리버의 현재 시가 총액은 10억 달러 정도이기 때문에 양호한 편이다.

같은 해에 벤처 자본가들은 2억 5000만 달러를 소프트웨어에 투자했다. 인터넷 투자는 없었다. 1999년 2/4 분기에 그 총액은 25억 달러였다. 지난 해에는 소프트웨어와 인터넷에 75억 달러가 투자된 것으로 보인다. 1990년 초반 벤처 자본가의 수중에 250억 달러가 있었고, 2억 5000만 달러가 매년 지출되어 이후 2년 만에 5억 달러 수준으로 폭증했다. 지금은 벤처 자본가들이 500억 달러를 수중에 보유하고 있고, 그 중의 약 30%가 소프트웨어와 인터넷 기업에 투자되고 있다.

사업가들에게는 황금의 시대이다. 그 결과, 누구나 앞다투어 사업을 하려고 하고 있다. 직장을 그만 두고 새로운 회사를 차려라. 참으로 멋진 계획이다. 문제가 있다면, 오염이 심한 넓은 연못에서 싸워야 한다는 점이다.

우리가 Pets.com에 투자할 때에는 최초의 애완 동물 사이트라는 긍지가 있었다. 102일이 지나자, 애완 동물 사이트가 6개나 더 생겼다. 수억 달러의 돈이 그 사이트들에 투자됐다. 애완 동물의 유토피아에는 없는 게 없었다. 가히 애완 동물의 왕국이었다. "개털들, 마침내 날다.", "개가 개를 먹다.", "벤처 자본, 개집에 입성하다." 등의 현란한 제목이 붙은 신문 기사가 대거 쏟아졌다.

벤처 자본이 풍성해지면서 경쟁 또한 격화되고 있다. 이것이 가격 마진에 어떤 영향을 주는가?

결국, 벤처 사업으로의 진입자가 많아졌다. 카누가 10개 있는 데 누군가가 말했다. "내가 요트를 만들어 카누를 보잘것없도록 하겠다." 그러나 노를 가지고 간단히 상대를 쓰러뜨릴 수 없다. 과거의 위험 제거 경로는 "두어 사람을 고용하자, 무언가를 시도해 보자, 일리노이 주의 페오리아에서 통하는지 알아 보자, 다음에 그 안에 로켓 연료를 넣으면 된다."는 방식이었다. 지금은 "당신은 로켓 시험 초년병이다. 우리가 연료를 충분히 채워 넣어 궤도에 올려놓고 다른 싸구려 로켓보다 더 빨리, 더 높이 날도록 만들겠다."라고 자극한다. 달리 말하면, 위험이 압축되고 장기적으로 어느 정도의 성공과 실패를 겪게 된다.

포인트캐스트 사의 경우 2000만~3000만 달러를 투자했으나 창업자에게 1달러에 되팔았다. 파워에이전트 사가 2000만~3000만 달러를 투자한다고 해도, 너무나 많은 생색 기사가 넘치는 세상에서는 기자가 뉴스로 만들어 주지 않는 한, "원 참, 도대체가 뜨지를 않네."라는 제목의 역설적 기사마저 찾아 볼 수 없다. 그러나 우리는 모든 연료를 로켓 시험 바로 첫날에 채워 넣도록 강요받고 있다. Pets.com의 뒷이야기가 좋은 예로 보인다. 1999년 4월 22일 Pets.com은 애완 동물 로켓을 발사하기로 결정했다. 우리는 쥬리 웨인라이트를 최고 경영자로 영입하고, 1000만 달러를 투자하기로 약정하면서 그녀가 원한다면 전략적 투자 파트너를 끌어들여도 상관없다고 통지했다. 그 직후, 쥬리와 나는 컴퓨터 앞으로 다가가 다음과 같은 취지의 보도 자료를 작성했다. "Pets.com 최고 경영자로 쥬리 웨인라이트 취임, 험머-윈블라드가 돈줄, 물경 300억 달러 규모의 애완 동물과 사료 시장 장악 임박."

몇 시간이 안 돼 거의 모든 벤처 자본가들이 쥬리에게 전화를 걸어 지분 참여를 요청했다. 또한, 아마존에서 전화를 걸어 제휴 가능성을 타진했다. 결국, 아마존 지분을 포함한 1000만 달러 규모의 연료를 로켓에 채웠다. 두 달이 채 지나지 않은 6월 20일까지 다시 5400만 달러를 모집했다. 쥬리는 샌프란시스코의 5번가와 브래넌에 20만 평방 피트 크기의 사무 공간을 임대하고 2주만에 30명의 직원을 고용했다. 6월 22일에는 직원 수가 60명 이상으로 증가했고, 그녀는 5만 평방 피트의 창고에 근무하며, 6000만 달러의 예금을 보유하고, 주요 사료 업체 전부와 관계를 맺고 있다. 방문객으로 문이 닳을 정도였다.

어쨌거나 전운이 일고 있다. 대형 오프라인 업체들이 양다리 걸치기를 시도하며 기존의 온라인 업체를 인수하거나, 독자적으로 발빠르게 신진업체를 만들어 내 인터넷에 편승하는 양상이다. 경쟁이 격화될수록 고객들에게는 좋은 일이 아닌가?

그렇다. 좋은 일이다. 여러 면에서 고객들에게 유리하다. 우리가 기업인으로서 다른 사람들에 비해 유리한 위치에 있는 중요한 이유가 고객에게 항복했기 때문이라는 것을 기업들은 배웠다. "당신이 우리를 좋아하지 않으면 우리는 끝장이다."라고 고백했다. 이 경험이 페오리아에서 통하지 않는다면 6000만 달러와 로켓이 흥미를 줄 수 없다는 점을 우리는 안다.

고객들에게 우리를 만지게 하고, 과업을 명령하도록 하며, 사이트를 운영하도록 한다. 누군가가 규격에 맞춰 사이트를 구축한다고 해서 제대로 구축됐다고 할 수는 없다. 우리는 더 이상 제품을 포장해서 고객들을 유인하는 방식의 사업을 하지 않는다. 우리는 이렇게 말한다. "이 사이트의 다른 곳에는 개 사료, 개 줄, 수의사 등등이 있다……. 당신이 원하는 것을 알려 달라. 만일, 이 품목을 원하지 않는다면 사이트에서 지우겠다. 개 사료를 더 사고 싶다면 1페이지로 가라. 오늘의 애완 동물 코너가 우측 상단에 있는 것이 좋겠다면 그렇게 하겠다. 다른 사용자들이 그 곳을 클릭하기 때문이다." 메시지 게시판에는 그들이 좋아하는 것과 싫어하는 것을 올리도록 장려한다. 고객들이 채팅을 하도록 유도해서 "나는 이것을 좋아한다.", 혹은 "나는 이것을 싫어한다."고 말하게 한다. 그렇게 하면 투명하게 사이트의 진면목이 드러나는 효과가 생긴다.

대중이 기대하는 양방향성의 속성이 바로 그것이다. 대중은 대화적인 활동에 관여하기를 좋아한다. 대중을 실망시키면 그들은 재빨리 다른 곳으로 사라질 것이다. 브랜드 호감도에는 어떤 변화가 일고 있는가?

지금은 기업 관점에서 고객 관계 관리(CRM)라고 일컬어진다. 우리가 강조하는 요점은 고객 관계가 있으며, 거기에는 노력이 필요하다는 것이다. 광적인 사랑을 한다고 해도 관심이 필요하다. 고객의 마음은 언제라도 변할 수 있다. 고객들이 서로 다른 욕구와 바램을 갖고 있기 때문에 각 개인을 서로 다르게 취급해야 한다는 게 인터넷의 제2의 교훈이다. 고객들이 다른 것을 선호한다고 이야기할 수 있는 장치를 우리는 가지고 있다. "멍청한 개가 더 이상 그 코너에 있으면 곤란해요. 그 코너에서는 수의사를 만나고 싶어요."라고 불평을 늘어놓을 신문고가 없어도 운영자는 그것을 이미 알고 있다. 수의사를 만나려는 사람과 동등한 자격으로 참가하기 때문이다.

알 만한 사람은 알고 있겠지만, "우리는 무언가를 당신에게 마케팅하려 한다. 비록 맛있다고 이야기하는 사람이 없어도 땅콩 과자가 인기 있다는 점을 납득시키겠다."라고 생각하는 사람들에게는 참으로 미묘한 문제이다. 꼭대기에 고추냉이와 베이컨을 넣은 버거가 다른 무엇보다 인기 있다고 납득시키려 든다. 그리고는 "잘못된 곳이 있다면 당연히 고치겠다."고 말한다. 이제 우리는 목표 지대에서 경기를 해야 한다. 처음부터 고객 이해라는 차원에서 철저해야 한다. 왜냐 하면, 기업의 핵심 마케팅 전략이 고객들 사이에서 입소문이 나야 하기 때문이다. 고객이 기업을 유지시킨다.

심 시티는 훌륭한 사례가 아닌가? (4장을 보라.) 나는 심 시티(Sim City)의 열성 팬이다.

당신의 지적대로 심 시티의 모든 시민들은 동등하다. 인터넷에서의 모든 심들은 서로 다르고 모든 네티즌들도 나름대로의 선호도를 갖는다. 그래서 3D 특징이 농후한 심 시티 게임으로 변하는 것이다.

분명히, 고객 서비스는 장애를 교정하려는 것이 아니라 고객이 원하는 것을 기업이 알려고 시도하는 활동이다. 이미 출혈 경쟁이 심한 테크놀러지 공동체에서 유념할 점은 유리잔이 반쯤 채워졌는지, 혹은 비워졌는지에 대한 판단이다. 유리잔이 결코 채워질 수 없는 벤처 자본가에게는 이 문제가 진짜 관건이다. 기껏해야 반만 채워진다. 유리잔을 너무 오래 바라보면 반은 비어 있는 것으로 보이기 시작한다. 많은 측면에서, 대중은 그토록 많은 변화를 원하지 않는다. 그들은 미래로의 이행 대 과거 방식의 고수라는 껄끄러운 이분법에 불편함을 느낀다. 그들은 즉각 잔을 쳐다보고 반이 비어 있음을 안다. 젊은 테크놀러지 산업이 누리는 엄청난 경쟁 우위가 바로 여기에 있다.

가격을 이야기해 보자. 서비스의 중요성은 말할 필요가 없다. 고객은 양호한 서비스를 평가하고, 더 비싼 가격을 지불할 용의가 있다. 하지만 각각 30%와 60%를 할인하는 온라인 서점이 있다면 나는 서비스는 제쳐두고 60% 할인을 받겠다. 인터넷에서 가격 마진은 어떻게 관리되는가?

고객들은 여러 유형이고, 구매 동기 또한 여러 가지가 있다고 생각한다. 초창기 인터넷 사용자들은 편리성을 높이 샀다. 절약이 아니라 편리성이 문제였다. 그들은 소득과 교육 수준이 높은 계층으로 정보 통신 하부구조가 잘 갖춰진 도시에 거주했다. 그러나 사정이 변했다.

언스트앤영에 따르면, 1998년 모든 상거래의 40%는 인구 5만 명 이하의 도시에 거주하는 사람들에 의해 월마트나 슈퍼스토어와는 비교가 안 되는 높은 마진을 치르며 수행됐다. 기업들은 인터넷에서만 찾을 수 있는 신흥 계층을 위한 시장으로 진출했다. 더불어 소득과 교육 수준이 서로 다른 다양한 인구 계층에 침투하기 시작했다. 그리고 거기에는 누구에게나 줄 수 있는 무엇인가가 있다. 나는 억지로 저가 구매를 하지는 않는다. 나는 다른 사이트에서 아마존에서 했던 것처럼 배달지의 주소를 입력하지는 않을 것이다. 아마존이 터무니없는 실수를 하지 않는 한, 나는 아마존의 고객으로 그대로 남아 있을 것이다.

반면에 저가 구매를 원하는 사람에게 인터넷은 놀라운 창구이다. 가격전이 일반적이다. 그렇다고 모든 고객들이 가격전에 신경을 곤두세우지는 않을 것이다. "가격을 부르면 대신에 항공권을 알아 보겠다."는 역경매 공세에 간단히 넘어가지 않는다. "광고를 보면 개인용 컴퓨터를 거저 주겠다."는 유혹에 넘어가지 않는 사람이 있다.

책을 비롯한 대중적 상품의 경우, 책 제목만 알면 어디서 사거나 똑같은 책이다. 쇼핑 봇을 사용해 최저가를 찾아서 주문하면 되지 않는가?

배달지 주소와 신용카드 번호를 입력해야 하기 때문에 나라면 3~4분이 걸릴 것이다. 신용카드를 찾으려면 주머니를 뒤져야 한다. 사생활 보호 정책이 확실치 않은 또 하나의 사이트에 나의 집 주소를 알려 주어야 한다. 물건은 내 집으로 송부받고 싶다. 내가 두 권을 주문해 한 권은 아버지나 어머니에게 송부하려고 한다면 그들의 주소 또한 입력해야 한다. 나는 아마도 전자 메일을 통해 나의 신원과 내가 실제로 주문했다는 사실을 확인해야 할 것이다. 나에게 시간은 돈이다. 어쩌면 15분은 소요될 것이다. 주머니를 뒤지는 아줌마의 행동은 굼뜨기 그지없다.

당신은 소녀 시절 백과사전을 즐겨 읽었고, 그 독서가 미네소타 주의 한적한 교외에 살던 당신에게 큰 영향을 끼쳤다고 말한 적이 있다. 당신은 소프트웨어가 아동에게 끼치는 효과와 함께 교육용 오락 소프트웨어가 위력적인 돌파구라는 점을 강조했다. 현 시점에 초점을 맞추면 인터넷이 어떤 종류의 사회적 효과를 가질 것으로 생각하는가?

컴퓨팅의 사회적 함축은 무어의 법칙에 집약된다고 생각한다. 개인용 컴퓨터는 성능이 개선되면서 가격이 하락하고, 중고 · 재조립 제품은 더욱 저렴하다. 아울러 ISP 간의 경쟁은 무료 인터넷 접속을 증가시켰다. 내가 지금 지켜보는 현실은 학교 울타리 안에서 실제로 벌어지는 일은 아니다.

그러나 컴퓨터만이 우리의 교육 제도를 바꿀 것이라고 말한다면 농담처럼 여기지는 않을 것이다. 앞서 언급했듯이, 주식 시장에 사운을 걸고 있는 기업은 더욱 중요해진 언론의 새로운 역할을 보면서 다시 한 번 인터넷 경제를 실감하게 된다. 스톡옵션을 보유하는 교사는 없다. 그럼에도 불구하고 교사는 언론인보다 낮은 보수를 받는다. 교사들이 마치 평화 봉사단이라도 되는 양, 우리 아이들을 가르치라고 부려먹고 있다.

벤처 자본가에게 좋은 질문으로 들린다. 인터넷 학교에는 왜 자금 지원이 제대로 안 되는가?

아이들이 무엇을 읽느냐에 대한 주의 규제, 그리고 캘리포니아에서 심각한 논쟁이 일고 있는 어떻게 읽는 방법을 교육시키는가 하는 문제에서부터 학교에서 어떤 언어를 말해야 하고, 말해서는 안 되느냐 등의 규제 때문이다. 벤처 자본가가 인터넷에서 관심을 가지는 영역은 규제받지 않는 시장, 규칙을 따를 필요 없이 실질적으로 신경제를 위한 새로운 규칙을 설정할 수 있는 시장이다. 불행히도 교육은 규제를 받는 산업이고, 규제는 말이 안 된다. 각 주마다 통제가 만연돼 있다.

우리는 사상 처음으로 교육 도구를 부모에게 부여하고, 부모는 인터넷을 통해 군소 학교 도서관보다 더 훌륭한 곳으로 접속해서 교육 방향을 설정할 수 있다. 따라서 이 도구를 어떻게 사용하느냐가 중요한 문제라고 생각한다.

나의 부모는 근근히 돈을 모아 콜리어 백과사전을 사 주었고, 그것은 우리에게 인터넷 노릇을 했다. 종이 백과사전은 모든 지식을 향한 우리의 전망대였다. 백과사전에 지불한 돈과 가계의 소득을 비교해 본다면, 우리 부모로서는 개인용 컴퓨터를 사고, 인터넷에 접속하게 해 주는 편이 훨씬 싸게 먹혔을 것이다.

의료업 같은 다른 산업을 살펴보자. 이 분야는 규제가 매우 심하다. 의료 서비스에 지불한 1달러 가운데 25센트가 행정 비용이라고 한다.

옳은 지적이다. 지구상에서 미국만큼 의료비 지출이 많은 국가는 없지만 유아 사망률이 가장 낮은 것은 아니다. 지출은 더 많이 하면서 서비스는 더 적다.

원격 진료에 대한 관심이 대단하다. 책임 소재라는 문제가 있지만 병에 걸렸는지 진단하거나, 병을 연구하거나, 병의 예방 단서를 알려 주는 사이트가 무수히 많다. 처방 의약품 판매에도 관심이 높다. 다방면으로 의미가 크다고 생각된다.

비슷한 활동이 또한 교육계에서도 다양하게 전개되고 있다. 샌프란시스코에 있는 멀티미디어 기업의 중심부인 사우스 파크(South Park) 안에는 대학 교재 할인 서점 빅 워즈(Big Words)가 온라인과 오프라인 시장에서 진을 치고 있다. 21센추리 인터넷 사에는 교육 기관용으로 각종 교재와 서비스를 판매하는 폴렛(Follet)이 있다. 교재를 구하려고 무던히 애쓰던 시절이 생각난다. 사실 나는 회계 소프트웨어 회사로 시작했고, 소프트웨어의 개발에 기준점을 제시한 '회계 원리 개론' 이라는 책을 세 번째로 구입한 사람이다. 그 교재는 다시 살 수 없었고, 중고 책이나 기대해야 했다. 이제는 인터넷으로 새책과 중고 책을 구입할 수 있다.

학생 입장에서는 책이 대학 시장에서 판매되기 때문에 낮은 가격에 서비스를 받을 수 있다. 구인 사이트가 대학교에 연결되면 구직이 쉬워진다. 학생들에게 더욱더 편리해진 세상이다. 대학은 그래야 한다. 그리고 대학 수준에서 많은 진보가 이루어지고 있다. 중학교, 고등학교 아래로 가면 이야기는 또 달라진다.

우리는 경쟁을 이야기했고, 어느 정도는 사회 변화의 잠재력을 이야기했다. 이 분야로 유입되는 거대 자본 또한 이야기했다. 새판 짜기로 볼 수 있는가?

우리 두 사람은 이 분야를 오래 지켜봐서 그런지 시장의 불안정성을 이해할 줄 안다. 진정 놀라운 점은, 상식적으로 생각해도 롤러 코스터같이 기복이 심한 산업에 우리가 속해 있다는 사실이다. 정점은 높고, 상승세는 짜릿하며, 하강세는 정말 빠르다. 어떤 위험을 만나게 될지 모른다. 그것은 어쩌면 통제가 불가능한 것인지도 모른다.

이 곳의 신참자 중에는 롤러 코스터가 아래로는 내려가지 않는다고 믿는 사람이 있다. 그들은 그것을 안정이라고 믿는다. 지금 당장은 안정 국면일지 모르지만 사람들은 신뢰를 잃는다. 어떤 부속은 돌아가지 않는다. 시장은 세계 위기를 타고 요동을 친다. 미국 이자율은 상대적으로 고정적인 편이라 세계적 경기 침체로 빨려 들어가는 불운을 피할 수 있었다.

정보기술 산업이 국민 생산에 기여를 하고 경제의 주요 동력이라는 사실에도 불구하고, 우리는 세계적 재앙에 대한 통제력이 없다. 우리는 주가를 통제하는 모든 변수와 세계 경제에 대한 통제력이 없다. 이 곳에서 가면을 쓴 사람이 모두 다 조로인 것은 아니다. 이 기업 중 일부를 죽이는 데 치명적인 독가스까지는 필요 없다. 그런 사태는 흥미롭고, 신경제에 새로운 현상이다. 이전부터 이 곳을 지켜 온 우리로서는 그런 사태를 이미 예전에 다 겪었다.

# 3DO 창업자, 회장

트립 호킨스는 화려한 경력의 소유자로서 대화형 기술에 관한 기발한 아이디어로 수백 수천의 소프트웨어 디자이너, 기술 전문가, 경영인에게 깊은 영감을 주었다.

그는 하버드 대학 1학년 시절, 처음으로 자신의 회사를 창업하고 미식 축구 전략을 설명하는 보드 게임을 개발했다. 그는 전략과 응용 게임 이론의 연구로 학위를 받았다. 호킨스는 애플 컴퓨터 사의 68번째 직원이었고, 이 회사 최초의 기업 마케팅 부장을 역임했다. 그가 1982년 창업한 일렉트로닉 아츠(EA) 사는 독립적인 비디오 게임 메이커로는 세계 최대 기업으로 자라났다.

1992년, 호킨스는 정보고속도로의 양방향 커뮤니케이션을 위한 기술 표준을 확립한다는 야심찬 목표로 3DO사를 세웠다. 이 회사는 AT&T, 마쓰시타, 타임 워너, 일렉트로닉 아츠 등으로부터 대규모 투자를 이끌어 냈지만 시장 반응은 미미했다. 최초 제품을 공개하기도 전에 주식을 상장해 6000만 달러를 모집했고, 시장 가치는 최대 12억 달러로 치솟았다. 그러나 초고속도로 계획의 철회와 경영 실수가 겹쳐 이상은 실현될 수 없었다. 지금 3DO는 다른 표준을 따르는 비디오 게임을 제작한다.

3DO의 처음 목표에 있어 호킨스에게 뭔가 착오가 있었던 걸까? 그렇다. 그 만한 위업을 이룰 수 있다고 믿을 만큼 천진했다는 게 그의 솔직한 고백이다. 그러나 1993년 그가 제시한 많은 아이디어들은 현재의 웹에 이용되고 있고, 미래에 구현될 것들이다. 그리고 대화형 엔터테인먼트에 대한 그의 이론은 교육, 쇼핑, 언론 및 기타 생활 영역에 적용 가능하다.

개인적으로 웹을 어떤 용도에 사용하는가?

20년 이상 프로 야구 환상 리그에 관여해 온 점이 가장 현저한 개인적 목적이라고 말할 수 있다. 웹을 일상적으로 쓰면서 야구 선수 관련 정보를 얻는다. 이를테면 특정 선수의 부상이 어느 정도인지, 커브 볼 위력이 떨어져 성적이 빈약한지 등의 숨은 이야기를 얻는다. 그러나 나는 또한 최신 통계 자료, 인쇄 매체에서 찾을 수 없는 더욱 상세한 내용을 담고 있는 통계자료, 그리고 시의 적절한 정보를 얻는다.

전문 분야는 어떻게 이용하는가?

사태가 어떻게 보도됐는지 알아 보거나, 간단한 클릭으로 주식 시세를 알아 보거나, 경쟁사(또는 우리 회사)가 만든 특정 신제품을 찾을 수 있어서 좋다. 대중이 어떤 정보를 선택하고 특정 사건이 어떻게 포장돼 보도되는지 파악한다.

마치 비디오 게임처럼 새로운 미디어와 상호 작용하는 세대가 달려오는 듯하다. 신세대는 따분한 종이 신문을 통한 뉴스 수집에 더 이상 만족할 수 없는 환경에서 자라나고 있다.

그것은 사실이다. 인간은 본질적으로 사회적이며 상호 작용을 하는 동물이다. 다른 포유 동물도 상호 작용을 하지만 인간만큼 사회적인 동물은 없다. 인간의 상상력과 창조력은 거의 무한하다. 소는 온종일 들판에서 풀을 뜯으며 만족할 수 있지만, 인간이라면 그런 환경을 참을 수 없다. 인간은 본능적으로 그 사실을 알며, 결과적으로 많은 엔터테인먼트 상품의 성공과 대중 매체의 인기를 가져왔다. 인간의 창조적인 상상력을 건드린다는 점에 미디어의 진가가 있다. 특히 '뉴스 저널리즘'을 요란스럽게 장식하는 각종 기사를 보면, 인간의 정서적인 반응에 호소하는 뉴스에 많은 수요가 있다는 것을 알 수 있다.

흥미로운 지적이다. 나의 견해가 조금 다르다는 점은 차츰 이야기할 수 있겠지만 당신이 방금 말한 내용의 본뜻은 무엇인가?

인간은 피에 굶주린 동물이다. 헐리우드는 이를 이용하는 재간이 날카롭다. 또한, 뉴스 미디어에서도 이를 이용하려는 경향이 엿보인다. 심슨 부인과 론 골드만의 사체가 나동그라진 선혈이 낭자한 장면, 콜럼바인 고교의 총기 난사 사건에 대한 과열된 취재 경쟁은 빙산의 일각에 지나지 않는다. 사건 취재 자체가 나쁘다는 이야기가 아니라, 말초 신경을 자극하는 보도 자세가 개탄스럽다는 것이다. 인간은 야수적인 육식 동물이기 때문에 피에 대해 본능적인 반응을 보이는 것은 본질적인 특징이다.

동물적 본성이 강한 독자들이 뉴스를 얻으려고 웹으로 향한다면, 그들이 주로 잔혹한 이야기를 선택할 거라고 생각하는가?

그들은 이미 그렇게 하고 있다. 인류를 현재 웹을 사용하는 인구와 웹을 사용하지 않는 인구로 양분한다면, 오늘 텔레비전을 시청하는 인구는 20년 안에 웹을 사용하게 될 것이라고 단언할 수 있다. 그러나 현재 웹을 사용하는 인구는 교육과 재산 수준이 더 높다. 그들은 대개 충분한 사회 훈련을 받았기 때문에 사회적으로 허용되지 않는 피의 탐욕과 그 밖의 유사 행동을 적절히 억제할 수 있다. 이와 반대로, 웹에는 선정적인 음란물의 인기가 여전하고 폭력적인 정보가 홍수를 이루는 것 또한 사실이다.

언제나 두 종류의 독자들이 있고, 독자의 수는 계속 늘어날 것이라고 생각한다. 이 두 종류의 인간을 위한 선택 범위가 언제나 존재한다고 보는가?

그렇다. 사회는 적응하고 학습하면서 사회 가치에 따라 객관적 대상을 걸러내고 재단한다. 사회가 인간의 본능적 행위에 기반하지 않는다는 점에서 인간의 본능과 사회적 가치를 구분할 필요가 있다. 그것은 인간이 학습 가능한 내용과 그 지식을 다음 세대에 이전하는 능력에 기초한다. 우리가 로마 제국의 흥망과 같은 재앙을 겪을 때, 암흑 시대를 겪어야만 상실된 모든 문물을 복원할 수 있는 것도 바로 이런 연유에서다.

다시 이야기 주제로 돌아오면, 인간은 상상력과 상호 작용이라는 면에서 전체적 능력을 갖고 있고, 그 도상에 있다는 것을 본능적으로 안다. 지난 30년간, 두 가지 사건이 나에게 조용한 흥분을 일으켰다. 버클리 대학의 대화형 기술 교수인 마리온 다이아몬드 박사는 두뇌 과학자로서 30년 이상 실험실 쥐로 주요 연구를 진행해 왔다. 그녀는 설득력 있는 많은 연구를 통해 포유 동물의 지능 수준이 놀이 상호 작용과 사회적 상호 작용을 통해 개선될 수 있다고 주장했다. 물론, 인간을 실험 동물 삼아 머리를 자르고 연구할 수 없다. 그녀는 쥐의 뇌를 잘라서 연구했다. 그녀는 대뇌 피질이 두꺼워짐을 알았고 신경 연결, 시냅스 등의 수에 상당한 증가가 있음을 고도의 과학적 정밀도를 가지고 입증했다. 한편, 지난 5년 전쯤엔 한 살이 채 안 된 영아를 대상으로 실시한 15년간의 한 종단 연구에서 아이에게 상호 작용의 정도를 상당히 증가시키면 지능 지수를 30% 내지 40% 증가시킬 수 있다는 결론을 내린 논문을 본 적이 있다.

따라서 상호 작용은 인간의 본질 자체와 직결된다. 물론, 우리가 실행하는 것을 우리가 언제나 알 수는 없다. 그 한 예로, 사람의 위장이 상이한 음식물을 소화시키기 위해 상이한 효소를 사용한다는 사실을 들 수 있다. 우리가 단백질과 설탕을 결합시키면, 효소는 하나는 알칼리성, 다른 하나는 강 산성으로 위장 안에 전적으로 다른 환경을 요구한다. 그래서 음식물은 서로를 온전히 중화시킨다.

상호 작용에도 동일한 과정이 생겼다고 나는 생각한다. 우리는 근본적으로 상호 작용을 하는 동물이지만 컴퓨터라는 매체를 개발하기 전에 텔레비전이라는 매체를 개발했다. 텔레비전은 근본적으로 수동적이다. 많은 연구 결과에 따르면, 텔레비전이 고도로 수동적이기 때문에 문제가 생긴다. 그것은 정적인 태도를 강요한다. 텔레비전 시청 후 기분이 더 나빠졌다고 느끼는 사람이 많다. 텔레비전 시청에 많은 시간을 낭비했다고 죄의식을 느낀다. 텔레비전이 지배적인 매체이던 시대에서 네트워크 컴퓨터가 지배적인 매체로 전환되는 혁명적 상황의 한 가운데에 우리는 처해 있고, 이 혁명은 우리의 생애 동안 계속될 것이다. 슈퍼볼이나 투개표 실황 등의 생방송을 보려고 할 때 대중이 사용하기 원하는 기술로서 텔레비전의 위상이 날로 약화될 것이다.

일부 회의론자에 의하면, 인터넷의 발전에 따라 텔레비전이 웹으로 옮아가고 대중은 자신들이 좋아하는 동종의 엔터테인먼트, 즉 수동적인 엔터테인먼트를 요구할 거라고 한다.

대중은 여전히 수동적 엔터테인먼트를 누릴 것이다. 나는 20~30년 안에 텔레비전이 디지털 환경에 자연스럽게 통합되어 디지털 시스템의 한 부분이 될 것으로 믿는다. 대중은 디지털 시스템을 보유하고 아이들은 속속 디지털 세계에서 성장할 것이다. 놀이와 상호 작용이 인간의 본성이라는 점을 각종 연구는 보여 준다. 지금 아이들은 이전 세대와 다르다. 그들은 인간의 사회적, 창조적 본성에 보다 적합한 일을 하면서 상상력을 더욱 심원하고 자연적인 방법으로 성장시킬 기회를 누린다. 텔레비전 이외에는 대안이 없이 자라난 세대처럼 텔레비전에만 신경을 곤두세우지는 않는 것이다.

내가 대화형 저널리즘으로 기수를 돌린 이유 가운데 하나는 뉴스 기사를 써내려 갈 때 '음, 여기 모니카 르윈스키가 있다. 그녀와 대화를 나눈 여성이 누구였지? 맞아, 린다 트립이야. 그런데 트립이 다른 이해 집단과 연루되지는 않았나?' 라는 물음이 자연스레 떠오르기 때문이다. 독자는 뉴스 기사를 읽어가면서 이러한 질문을 던지고, 노련한 기자라면 당연히 그런 질문을 예상한다. 하지만 반응 전부를 예상할 수는 없다. 따라서 독자가 링크를 따라가면서 왼쪽 혹은 오른쪽으로 돌릴 수 있도록 대화형 이야기를 만드는 것이 최선의 방법이다.

정말이다. 다른 외부인이 경험을 통제하는 방식이 아니라 경험 주체가 경험을 통제하는 방식이 되어야 한다. 분명히 내가 이야기를 쓴다면, 전업 작가가 쓴 소설보다 더 나을 수 없다. 우수한 작가들은 마음속의 정서를 끄집어 내고, 마음속의 경이감을 표출하는 압도적인 능력을 가지고 있기 때문에 그들을 위한 시장은 언제나 존재할 것이다. 그들은 직업적으로 그렇게 할 수 있는 자격을 갖췄다. 그러나 동시에 대중이 경험한 여러 가지의 탐색과 상상력은 주체적으로 부딪쳐 얻은 대상이다.

따라서 당신이 지적하듯이 독자는 신문을 읽을 수 있지만 그 경험을 통제하기를 원한다. 또한, 독자는 특정한 이야기와 관련된 질문과 더불어 자신의 상상력이 어디로 가려고 하는지 알고 있는 유일한 사람이다. 그리고 각양 각색의 독자가 어느 방향으로 가려고 하는지를 기자가 완전히 예측할 수 있는 방법이 없다는 지적은 맞는 말이다.

텔레비전에 대해 어느 정도 언급했다. 대중이 주도적으로 미래를 이끌 것이라는 이론이 텔레비전에도 그대로 적용되는가?

만사를 제쳐두고 휴식이 필요할 때가 있다. 그러나 미래를 내다보면, 대화형 매체 환경에서 성장한 사람에게는 양방향 활동이 일로 생각되지 않는다. 수동적 매체 환경에서 성장한 40대, 혹은 50대에게 컴퓨터 같은 대화형 도구의 사용법을 익히라고 강요하면 그것은 일로 여겨질 것이다. 어릴 적부터 비디오 게임에 익숙해 온 아이는 양방향 활동을 일로 생각하지 않는다.

사실상, 신세대는 그것을 당연시한다.

맞다. 나에게는 약간 테크놀러지를 불신하는 성향이 있다. 나는 간편한 정보 단말 장치인 팜 파일럿을 사용하거나 이동 전화를 휴대하지 않는다. 전화는 귀찮은 존재이다. 그 정도로 연락 받고 싶지 않다. 이와 반대로 젊은이들에게 이동 전화는 불가결한 필수품이 되고 있다. 그들은 정말 전화 받고, 전화할 수 있기를 원한다. 나는 그 정도는 원하지 않는다. 여기에는 내가 성장한 환경, 그리고 다른 사람들과의 네트워크를 통한 연결을 피하려는 성향이 작용하고 있다.

결국, 어떻게 하면 더 편안한가의 문제로 압축된다. 이는 문자 해독의 한 형태이고, 역시 연구가 진척된 과제이다. 서로 다른 각도에서 잡은 카메라 장면이 포함된, 두 사람이 대화를 나누는 영화를 찍는다고 하자. 이 영화를 뉴기니아 오지의 원주민에게 보여 준다면, 원주민은 카메라 이동의 맥락을 이해할 수 없기 때문에 무엇이 진행되는지 감을 잡을 수 없을 것이다. 텔레비전 프로그램 제작 또한 동일한 발전 과정을 거쳤다. 그것은 라디오처럼 뉴스 진행자에게 카메라 초점을 맞추는 방식으로 테이프를 끊었다. 케이블 음악 방송 MTV가 인기를 끌자 흐름이 바뀌었다. MTV의 디자인 양식은 스포츠 프로그램, 텔레비전 광고, 웹 디자인에 영향을 주기 시작했다. 그래서 오늘날의 영상 환경은 혼란스럽지만, 그런 분위기에서 성장한 사람들은 아무 무리 없이 이해할 수 있다.

그들에게는 협박이 통하지 않고, 대화형의 활동도 어렵지 않게 할 수 있으며, 그것에서 휴식과 편안함을 느낀다. 그들은 항시 쏟아지는 동시다발적인 자극을 처리하고, 정보의 흐름 중에서 자기에게 의미 있는 부분을 선택한다. 이것은 확실히 사용자의 환경 설계와 다수의 다른 요소, 심지어 영화가 프리젠테이션되는 방법에까지 영향을 준다. 따라서 양방향성이 그 곳으로부터 가지를 뻗쳐 나간다. 왜냐 하면, 소극적으로 주저앉아 정보 세례를 받는 대신에 내가 그 안으로 들어가 원하는 것을 하도록 허용하기 때문이다.

**당신이 3DO 사를 창업하고 3DO 플랫폼의 장점을 설파하고 다니던 시절, 대화형 엔터테인먼트의 장래가 어떤 모습을 띨 것인지 정력적으로 토로하던 광경이 내 기억에 생생하다. 쇼를 보다가 스웨터가 마음에 들면 시**

청자를 형상화한 작은 비디오 이미지에 스웨터를 입혀 보아 멋있어 보이는지 알 수 있다고 말했다. 이제는 마음에 맞는 색깔을 주문하는 시대가 아닌가?

나는 아마존의 등장을 포함한 많은 미래 전망을 이야기했다. 대중이 네트워크로 책을 살 수 있다면 좋은 일이라고 이미 7~8년 전에 이야기했다. 인터넷이 그토록 풍요한 미래 전망을 매우 신속히 현실화시켰음을 볼 때 감개무량할 따름이다.

새로운 현실이 놀랍지 않은가? 속도가 다소 느리다는 생각은 하지 않는가?

누구나 다 조금씩은 놀랐을 것이다. 그 이유는 6~7년 전에 인터넷이 이미 존재했지만 공룡 같은 통제 불능의 존재로 여겨져 투자 포인트를 잡을 수 없었다는 데 기인한다. 처리 성능면에서 개인용 컴퓨터보다 우수한 비약적인 기술, 대역폭이 개선된 네트워크, 대화형 텔레비전, 그 밖의 시대적 유행어들이 풍미한 시절이었다. 그러나 그 만한 도약을 이루려면 무시무시한 자본이 소요된다는 인식이 널리 퍼졌다. "살다 보면 길이 있다."는 말처럼 그 같은 막무가내식 투자보다는 인터넷을 기존 인프라로 사용해 점진적으로 개선을 가하자는 시각이 점차 세력을 얻었다.

인터넷이 이미 거기에 존재한 상태였기 때문에 웹은 꽤나 독창적인 발명이었다. 웹페이지와 HTML이라는 단순한 기술 아이디어는 의심할 여지없이 천재적 창조력의 소산이다. 단순한 것이 우아하다. 그것은 강력하면서 단순한 영토였고, 지금 우리가 하고 있는 일체의 과정을 점화시켰다.

7~8년 전의 과거와 관련된 위대한 아이디어 가운데 일부가 아직 실

현되지 못했다는 점에서 실망을 느끼기도 한다. 동시에 인터넷은 찬란한 미래를 꽃피울 수 있는 위대한 토양이라는 사실이 판명됐다. 따라서 이 모든 점을 종합하면 내가 예상한 만큼 빠른 속도로 발전되고 있다.

지금 전개되고 있는 현상에 초점을 맞춘다면, 전반적인 인터넷 혁명은 역사적인 중요성에 있어 19세기의 여러 가지 진보와 비견된다고 생각한다. 당시에는 미국의 개척이 완료되고 철도, 자동차(도로와 함께 발명돼야 했다.), 전신, 그리고 전화를 포함한 정보 하부구조가 만들어진 시대이다. 지금 개인 자산이 수십억 달러라고 자랑하는 인터넷 졸부들은 19세기의 벼락부자와 닮은꼴이라고 역사책에 기록될 것이다.

이 현상이 계속 되리라고 보는가? 지난 수십 년과 같이 거대 기업이 고객들을 지배, 통제하는 시대가 아니라 고객들의 선택 범위, 나아가 교섭력이 가일층 개선되는 시대를 나는 그려본다. 기업이 경쟁하려면 가격, 서비스, 양방향성면에서 우위를 발휘해야 한다.

옳은 말이다. 고객들 또한 하루 24시간 생활하고, 과거 어느 때보다 더 바쁘다고 해도 사정은 마찬가지이다. 그리고 그들이 다소 게으른 점이 있기 때문에, 일단 문제 해결 방법이 존재한다는 점을 이해하면 그 문제를 해결하는 다른 방법을 찾으려고 열심히 연구하지 않을 것이다. 그래서 브랜드 가치의 위력이 드러나고 그것을 통해 가시적 연결이 활성화된다. 물론, 네트워크의 본질은 연결이다.

검색 엔진으로 들어가 다소 상식적인 주제를 찾는다면 다음에 어떤 일이 벌어질지 예측하기 어렵고, 그 틈새로 교묘한 상술이 파고든다. 내가 검색 엔진으로 들어가 '책(book)' 이라는 단어를 입력하면 아마존닷컴이 검색될 것인가? 아니면 더 많은 돈을 지불한 다른 회사가 아마존닷컴을 대신해 링크될 것인가? 내가 그들의 검색 서비스를 사용한다고 돈을 받는 것은 아니다.

분명히 유통 경로와 유통 병목 현상이 같이 존재했던 이전의 패러다임에서의 발생했던 문제들과 비슷한 것들이 나타날 것이다. 기업은 브랜드를 고객들에게 각인시키기 어렵다고 느낄 수 있다. 또한, 고객들을 사이트로 유치하는 과정에 현실 공간과 마찬가지로 장애가 많다고 느낄 수 있다.

그러나 확실한 것은 이것들 모두가 중요한 패러다임 전환의 특징이라는 것이다. 예전의 패러다임에 익숙한 사람은 변화를 정확하게 인식할 수 없다. 또한, 과거의 방식를 통해 성공했기 때문에 구태를 계속 답습할 우려가 있다.

투자자들은 당연히 보다 혁신적이고 기민한 신진 기업이 성공할 수 있다고 믿는다. 그러나 토이즈 러스(Toys' R' Us)만한 가치가 있는 아주 새로운 장난감 사이트가 5개나 더 생겨날 수 없기 때문에 이러한 말들은 허풍처럼 들린다. 국내 총생산이 1조 달러에 이르므로, 웹 기업들이 10조 달러의 가치를 갖는다고 무턱대고 속단할 수 없기 때문이다. 한마디로 현실성이 없는 계산이다. 경제 성장이 전반적으로 확산된다고 해도 이전 패러다임과 최신 패러다임 사이의 시장 점유율 경쟁은 더욱 뜨거워질 것이다. 투자자 행동에는 엄청난 비합리성이 내재하며, 거기에는 수급 관계가 작용하고 있다. 호스로 물을 넣을 때 물구멍을 좁히면 물은 통 밖으로 더 높이 빠져나가겠지만, 공중으로 올라간 뒤에는 다시 땅으로 떨어지기 마련이다.

지금의 기업 공개 방식이 이와 같다. 작금의 주식 상장 방식은 유통 경로를 수축시켜 투자 은행의 이윤을 보장하고, 은행이 계속해서 거래를 하고 싶어하는 기관의 고객 이윤을 보장하도록 되어 있다. 이후, 기관이 빠져나가고 로켓이 궤도의 정점에 도달한 후, 초단타 주식 거래자와 정보가 부족한 일반 투자자들은 "어제 20달러에서 70달러로 올랐으니 내일은 150달러가 될 것이다."라고 예상하여 주문을 낸다.

어쨌든 비극적인 사태이다. 앞으로 몇 년간 이런 사태가 지속되면 많은 사람이 손해를 볼 것이다.

당신의 말에 대해서는 누구보다 당신 스스로가 잘 이해할 것 같다. 참으로 3DO의 장세는 급류를 탔다. 기업 공개 열기가 대단했다. 많은 투자자가 짧은 시간에 큰 성과를 기대했지만 당신은 온건한 입장에서 기대치를 더 낮추라고 주문했다. 급등세를 탔지만 실망의 물결이 이어졌고, 그 여파로 회사가 전열을 재정비해 본궤도에 오르기까지 상당한 기간이 소요됐다.

맞다. 넓은 시각에서 보면, 유행은 바이오테크 분야에서 먼저 시작됐다. 그들은 한 푼의 이익도 못 내는 기업을 앞세워 대중의 투자를 유치하는 모델을 개발했다. 3DO는 그런 공략 대상이 된 최초의 하이테크 기업이고, 당시에 바이오테크 거래와 비슷하다는 비교 평가가 많았다. 3DO 상장을 가장 강력히 비난한 사람은 짐 클라크였다는 점이 역설적이다. 그는 한 기고문에서 3DO 상장이 대중의 신뢰를 배반한 것이며, 그 결과로 수익을 낸 역사가 없는 하이테크 기업이 상장하게 되었다고 공격했다. 물론, 그 이후로 클라크는 웹 기업 공개의 파발꾼 역할을 해왔기 때문에 그의 소신 또한 성공에 따라 달라졌다.

얼마 전 바이오테크 산업이 자금 모집에 어려움이 크다는 기사를 읽었다. 현실적인 곤란은 더 많을 거라고 생각한다. 3DO의 경우, 37명을 베이스에 두고 홈런을 치려고 시도했다. 우리 업무 추진 방식의 근본적인 불안정성이 노출된 시기였다. 제대로 추진하려면 자본금이 10억 달러 가량 필요하지만 그 근처에도 가지 못했다. 더구나 하드웨어, 소프트웨어, 마케팅 등 모든 비즈니스 요소에 대한 통제력을 갖춰야 했다. 그러나 우리는 기술을 빼면 실제로 아무 것도 통제하지 못했다. 비디오 게임 산업에서 성공한 기업인은 모든 요소에 대한 통제력을 갖추고 있었다.

우리가 잘못된 구조를 갖고 있다고 실감할 즈음, 투자자들은 로켓이 달에 착륙할 수 없음을 알았다. 결국, 막다른 골목으로 내몰렸다. 나로서는 하드웨어 사업을 팔아서 작고 멋진 소프트웨어 사업을 시작할 수 있을 정도의 현금을 챙겼다는 게 그나마 행운이었다. 3DO의 1998년 매출은 400% 증가한 5000만 달러였다. 최근 들어 사업은 분기 수익을 내기 시작했고, 자체 운영 자본을 통해 성장할 수 있게 되었다.

요약하면, 초창기 아이디어가 꽃을 피울 수 없다는 점을 재빨리 간파했기 때문에 용케 살아남을 수 있었다.

당신 회사의 경험을 웹 기업에 어떻게 적용할 수 있는가?

일부는 큰 성공을 거두고 거대 기업으로 성장할 것이지만, 다른 일부는 투자자들의 투기 대상으로 머무를 것이다. 웹 기업 다수, 그리고 지금은 투자자와 기업가마저 본의 아니게 분별력을 잃고 있다.

내 경험에 비추어 보면, 웹 신진 기업은 아이디어가 기발하고, 멋지며, 세상을 휘어잡을 거라는 세간의 평을 듣게 된다. 그리고 그 평가 중의 일부는 사실이라고 생각한다. 결국, 투자 자금 모집이 너무 쉬워지면 사업 운영으로 벌어들인 수익에 비해 지출이 많아지기 때문에 전략적 오류가 빈발하고, 자금이 비정상적으로 빨리 소진된다.

아울러, 기업이 주식이라는 현금을 활용해서 나중에 현실의 화폐로 지불해야 할 유망 기업을 사들이고 있는데.

그 또한 현실이고 일리가 없는 것은 아니다. 그러나 주식이라는 현금을 보유하고 그 사실을 알 만큼 현명하다면, 환상에서 깨어나야 한다.

지속 가능한 사업을 추진중이라면, 운영 수입을 통한 운전 자본으로 성장을 계획하는 편이 현명하다. 그렇지 않고 많은 자본을 끌어들이는 방법을 쓰면, 쉽게 돈을 구할 수 있다는 사실로 인해 많은 돈을 지출하는 경향이 생긴다. 게다가 아마존 같은 몇몇 기업들을 보면, 경쟁사보다 한사코 더 많이 지출한다는 기이한 정책을 공언하고 있다. 그렇게 함으로써 진입 장벽을 쌓으려는 속셈이다. 대개의 경우, 그 같은 접근 방식은 유효하지 않다고 본다. 야후와 아메리카 온라인의 경우는 진정한 선두 주자이기 때문에 사정이 다르다. 그들처럼 빛나는 존재는 많지 않다. 다른 기업들도 같은 전략을 사용하려고 시도하지만 예비 자본이 모자라고, 근본적인 열세를 극복할 수 있는 기회를 찾기가 어렵다.

근본적으로 비즈니스 모델이 불건전하지만 투자 자금을 얻는 기업이 많다. 다시, 3DO의 경험을 상기해야 할 것이다. 우리는 생존 가능한 비즈니스 모델을 가졌다고 생각했고 자금을 얻을 수 있었지만, 생각만큼 성장이 쉽지 않다는 점을 경험으로 알았다.

**잘 나가는 기업의 하나인 아마존을 보면 흥미로운 점이 있다. 즉, 많은 기업의 모델 케이스가 되고 있다는 것이다. 아마존은 많은 돈을 투자했고, 웹상에서 많은 부동산을 개발한 격이다. 그럼에도 가격전에는 매우 취약한 것처럼 보인다.**

그렇다, 정확한 지적이다. 그리고 다른 제반 상품군에서도 똑같은 일이 벌어진다. 델 사의 경우, 개인용 컴퓨터가 싸구려 상품이 될 거라고 예상하고 우편 주문과 수신자 부담의 800번 전화 유통 모델로 전환해 간접비를 줄였고, 소매 채널에 계속 의존했다면 손해를 봤을지도 모르는 일부 마진을 회수했다.

개인용 컴퓨터 산업에서는 초창기의 생산 활동이 대체로 인건비와 간접비 부담이 높은 국내에서 이뤄졌고, 대중 상품화에 따라 생산 효율이 많이 강조됐다는 점을 또한 간과할 수 없다. 개인용 컴퓨터 생산업체의 총마진은 초창기의 50%에 비해 지금은 12%가 고작이다. 그러나 효율화를 추진한 기업은 이 정도의 마진으로도 수익을 내고 있다. 그러므로 저마진에 책을 팔면서 여전히 돈을 버는 기업이 있을 수 있다.

여기에 진짜 문제가 있다. 당신이 내 의견에 동의할지 모르지만, 다소 단순화하자면, 웹에는 지배적인 비즈니스 모델이 두 가지가 있다고 생각한다. 첫째는 제품이나 정보를 팔려고 하는 포털들이다. 그들이 정보를 팔려고 한다면 단순히 가입자 수수료를 받거나, 혹은 광고료로 사이트를 유지해서 정보는 거저 준다는 인상을 심어 줄 것이다. 직접성이 다소 떨어지는 두 번째 모델에서는 검색 엔진이 수수료를 챙긴다. 내가 야후로 가서 다시 아마존으로 간 다음에 책을 사면 아마존은 야후에게 약간의 수수료를 준다.

이 두 모델 모두 심각한 결함이 있다. 물품 판매 사이트라면 진입 장벽이 낮아 동종 제품을 판매하는 경쟁사와의 가격전이 불가피하다. 정보 판매 사이트라면 고객들이 정보의 이용에 대한 비용 지불에 저항한다는 근본 결함이 있다. 그리고 광고 모델은 대개의 경우 실효성이 없다고 본다. 업계 전문지를 읽는 사람은 광고를 마치 기사처럼 본다. 그러나 비디오 게임을 하는 사람은 돈을 지불할 의사가 없기 때문에 무료 사이트로 가고, 운영자가 광고를 읽게 하려고 안간힘을 써도 그가 비디오 게임을 할 때는 어떤 광고라도 실제로는 읽지 않을 것이다.

그러므로 내 생각은 이렇다. 웹에서의 더 나은 모델은 아래 방식에 따라 정보와 제품을 결합하는 것이다. 즉 당신 회사를 특정 분야의 전문기업으로 확립시키고, 그 실체를 납득시킬 수 있는 정보 베이스를 구축한다. 그리고 사이트를 방문하는 사람들은 누구나 주제와 관련된 모든 정보를 얻지만, 그들이 해당 주제를 중심으로 제품 소비에 돈을 쓸 만한 주제를 웹 운영자가 선택해야 한다. 그들은 당신 회사 사이트에 속하고, 모든 무료 정보를 얻으며, 당신 회사가 지혜의 샘이기 때문에 당신 회사를 좋아하고 신뢰한다. 최종적으로 당신 회사가 그들에게 그토록 훌륭한 도움을 준 결과, 그들은 이제 당신 회사를 기꺼이 신뢰하고 추천 제품을 사려고 한다.

정보와 제품 판촉을 연결하는 문제에 대해서는 두 가지 사고 흐름이 있다. 그 하나는 지금 날로 확산되고 있다. 마켓워치와 경쟁하는 많은 금융 사이트를 방문해 보면, 뉴스 기사를 읽는 도중 일순간에 광고로 연결시키는 등 광고와 기사가 혼합된 형태를 많이 볼 수 있다. 다른 접근 방법은 신문처럼 뉴스란과 광고란을 명확히 구분시켜 각각 다른 곳에 배치하는 모델이다. 현 시점에서 대중은 이 모델에 익숙하기 때문에 상품 전단이 판매된다고 느끼게 되면 분통을 터뜨릴 것이다. 대중은 이 문제를 잘 알고 있다고 생각한다.

선택 안목이 필요하다. 통용되는 품목이 있고, 그렇지 않은 품목이 있다. 나의 경우를 예로 들어 보자. 나는 야구 선수 관련 정보를 좋아한다고 했다. 내가 원하는 모든 정보를 하등의 광고를 읽지 않고 무료로 얻을 수 있다. 따라서 나에게 정보를 팔거나 제품을 팔려고 하는 모든 사이트를 피하게 된다.

당신은 양질의 대화형 엔터테인먼트를 대거 쏟아 냈다. 비디오 게임을 넘어서면 무엇이 기다리는가? 엔터테인먼트에 관한 한, 이 추세는 어디로 흐를 것인가? 지난 10년간 헐리우드는 이 문제에 대단한 관심을 보여 왔다.

헐리우드와 비디오 게임 사이에는 그다지 큰 시너지 효과가 없다는 점을 우리는 알았다. 사실, 제작 방향부터가 상당히 다르다. 제품 자체와 최종 경험 또한 상당히 다르다. 책, 음악 앨범, 테이프, 영화, 텔레비전 쇼 사이에 더 큰 시너지 효과가 있다. 비디오 게임은 거의 자체 동력으로 이룩했다. 그것들이 갖는 공통점은 모두 다 엔터테인먼트 형태라는 점에 있다.

우리가 궁극적으로 추구하는 목적은 정서적 반응과 정서적 의미이다. 먹고, 자고, 입는 절박한 생존 문제를 일단 넘어서면 인간이 소비할 수 있는 분량에는 한계가 있다는 점을 누구나 자각하게 된다. 그러나 내면적 삶이 정서적으로 얼마나 풍요해질 수 있느냐에 대해서는 한계가 없다. 그리고 바로 그것이 인간이 추구하는 지향점이다. 최근작 '별들의 전쟁' 을 예로 들면, 별들의 전쟁이라는 환상의 세계에 사는 사람에게는 엄청난 정서적 의미가 있고, 그래서 그 영화에 흥미를 더 느낀다.

내가 '별들의 전쟁' 제1편을 관람할 때, 내가 어디에 있었고 무엇을 했는지를 지금 기억한다. 오래 전의 일이지만 나의 개인사를 되살리는 것이다. 이제 나의 아이들에게 별들의 전쟁을 소개하며, 장래에 우리가 함께 그 영화를 어떻게 처음 보았는지 그들에게 이야기할 수 있다는 사실이 나를 흥분하게 한다. 궁극적으로 인생의 즐거움들은 바로 이러한 정서적 맥락에서 비롯된다고 생각한다. 결국, 컴퓨터 네트워킹으로 획득되는 많은 가치가 이로부터 연유할 것이다.

이 현상이 웹에서 어떻게 구현될 것으로 보는가? 나는 오늘 많은 웹사이트로 가서 이렇게 중얼거린다. "쳇, 싱거운 웹사이트로군."

물론이다. 오늘 비디오 게임을 보면서 내가 절실히 느낀 점은 게임으로 대변되는 환상을 개발하는 것이 이제 게임 플레이보다 더 중요하다는 점이다. 화려한 게임 플레이가 필요하기는 하다. 그러나 화려한 게임 플레이 그 자체만으로는 따분하다.

그래서 그 이면에 문화적 배경을 가져야 한다는 말인가?

그렇다. 추상적 소품으로 하는 추상적 게임인 장기를 하거나, 루크 스카이워커와 다쓰 베이더(역자 주 : 별들의 전쟁에서 악마로 변형된 부친 다쓰 베이더를 아들인 루크 스카이워커가 모진 고초 끝에 구제한다.)로 대변되는 인물로 게임을 하는 것으로 비유할 수 있다. 이 게임이 흥미를 주는 것은 부자 관계에서 누구나 느끼는 기묘한 감정을 건드리기 때문이다. 이를테면, 고도로 내밀한 요소가 작용한다. 이야기를 들을 수 있고, 게임을 하게 된다면 그것으로 좋다. 그래서 집 밖으로 나가려고 하지 않는다. 그러나 의미라는 점에서는 그 관계로의 몰입이 자신과 가족 관계를 어떻게 느끼도록 만드느냐에 본질적인 중요성이 있다. 조지 루카스 감독이 유독 애착심을 갖는 급소는 가족 간의 연계 관계이다. 별들의 전쟁은 결국 구원, 선과 악, 그리고 빗나간 아버지의 구원에 관한 이야기이다. 그리고 그것은 진정 사람을 움직이는 촉매이다. 그것이 대중에게 정서적 영향을 미친다.

이와 비슷하게 텔레비전의 진화를 조망할 수 있다. MTV는 느낌을 전한다. 정보 컨텐츠와는 큰 관계가 없다. 스포츠 방송이나 텔레비전 뉴스 보도 또한 엔터테인먼트 표현 양식이 강해졌다. ABC 뉴스의 여성 앵커 바바라 월터스는 뉴스를 좇지 않는다. 뉴스를 좇는 것처럼 가장하지만, 실제로는 느낌을 좇는다. 이 모든 추세를 감안하고 그것을 웹에 응용한다면, 다수의 동일한 방법이 유출되는 경향을 확인할 수 있다.

비디오 게임의 세계에서는 성인이든 아동이든 무척 다채로운 프로그램을 구사할 수 있다. 한 게임을 좋아한다면 최소한 한동안 그 제작사를 좋아한다. 그러나 다른 제작사가 좋은 게임을 다시 출시하면 변덕을 부리며 바꿔 버린다. 나로서는 웹에서 애착심이 그대로 통용될지가 궁금하다. 어떤 제작사에게 좋은 제품을 기대하지만 다른 사이트에 인기 있는 게임이 떴다는 소문에 금방 바꾸지는 않을까?

그렇다, 맞는 말이다. 다른 미디어 형태와 마찬가지로, 무언가 의미를 전달했다고 인정받는 사이트로 애착심이 이동할 것이다. 스팅(역자 주 : 1999년 골든 글로브 상을 수상한 인기 가수 그룹)이 나에게 어필한다면, 그가 '더 폴리스'를 떠나 독자적인 그룹을 시작한다고 해도 나는 여전히 스팅에 빠져 있을 것이다. 또한 A&M이 '더 폴리스' 음악 앨범을 제작했다는 사실마저 잊을 것이다.

인터넷의 도서 유통 경로를 보면, 출판사가 책을 직접 팔아도 되지 않느냐고 묻는 사람이 나온다. 나 또한 이에 대해 약간의 의문이 있다. 대부분의 비디오 게임은 직접 판매되지 않는다.

대중이 고도로 흥미를 갖는 모든 대상으로 웹사이트는 진출한다. 내가 '별들의 전쟁'만을 취급하는 웹사이트를 개설한다면 대중은 '별들의 전쟁'에 관심이 있기 때문에 내 사이트로 올 것이다. 그러나 내가 공상 과학 소설만 취급하는 사이트를 개설하고 그 안에 별들의 전쟁을 포함시킬 수 있지만 깊이나 수준은 같지 않을 것이다. 나는 또한 이사악 아시모프(역자 주 : 러시아 출생의 생화학자 겸 선구적인 공상 과학 소설가. 500여 편의 작품이 있다.)의 작품만 다루는 사이트를 만들 수 있다. 나라면, 이사악 아시모프 웹사이트와 별들의 전쟁 사이트를 더 열심히 찾아 갈 것이다. 이것들은 내가 관심을 갖는 공상 과학 소설 분야의 두 가지 구체적인 범주이기 때문이다. 그리고 나는 모든 공상 과학 소설을 읽을 시간이 없다. 이들 소설들의 일부라도 읽기 시작하게 되면, 그 이야기에 흥미를 느끼게 될 것이고, 따라서 다른 이야기들에는 관심이 없어질지도 모른다.

예를 하나 더 들어 보자. 당신은 뒷뜰에 지붕을 얹기 위해 도움을 얻을 사이트를 찾으면서 이렇게 말한다. "여기 내 뒤뜰이 있고, 규격이 있고, 사용하기 바라는 목재 등급이 있다." 그러면 해당 사이트가 당신에게 달려와 필요한 모든 자재를 포함하는 주문 양식을 보내온다.

시디롬으로 비슷한 사업을 하는 업체로 북스댓웍스(Books That Works)사가 있었다.

관련 품목과 전문 기술을 직접 문 앞에 배달해 주는 후속 조치를 취한다면 더욱 강력해진다. 주제의 초점이 고도로 명확한 많은 사이트를 볼 수 있다. 결국에 고객들이 어떤 문제를 풀려고 노력하고, 어떤 주제가 그들에게 정서적 흥미를 주느냐에 초점이 모아진다. 주제는 여러 방식으로 나뉠 수 있다. 최신 사건을 알려고 하는 기본 욕구로 인해 공상 과학 소설에 일반적으로 흥미를 가지고 소설 사이트로 향하는 사람들이 많다.

결국, 웹에서 사업을 하는 사람이라면 누구든지 고객들이 뇌관이기 때문에 그들에게 주의를 기울여야 한다는 말로 요약할 수 있겠다.

그렇다. 고객들의 요구 사항은 지붕을 얹는 등의 매우 실용적인 문제에 대한 해답이거나, 세탁기를 수리하거나, 애완견을 사겠다는 것이다. 그 무엇이든지 간에 문제 해결이 초점이다. 고객들에게 최선의 해결책을 제공하고 그들을 편안하게 해 주는 사이트가 최고 인기 사이트가 될 것이다.

한편 비디오 게임, 책 등으로 고객의 정서를 채워 주는 각종 사이트가 있다. 이 범주에서는 정서적으로 의미 있는 것이 과연 무엇이냐가 중요하다. 정서적 영역은 다양한 방법으로 세분화 될 수 있다. 이렇게 해서 크고 작은 영토가 생긴다. 각자가 나름의 방법을 채택해서 목표에 접근할 수 있다.

# 야후! 창업자

1967년 대만에서 출생한 치 위안 '제리' 양은 2살 때 미국에 도착했다. 인터넷에 대한 그의 관심은 자신의 중국어 웹페이지를 올린 1994년부터 시작됐다. 그는 이 웹페이지를 자신의 최근 골프 성적과 애호 인터넷 사이트 등 자기 중심적 내용으로 채웠다.

1년 후, 제리 양은 친구 데이비드 필로와 함께 급속히 확산되고 있는 웹사이트들을 위한 디렉토리인 야후!를 공동 창업했다.

현재, 양과 필로는 야후의 고문으로 CEO 팀 쿠글(Tim Koogle)의 전문 경영 지식을 창조적으로 보완해 주고 있다. 그들 모두가 야후를 세계에서 가장 인기 있는 포털 사이트로 만든 원조들이다.

겸손하고, 사근사근하며, 쾌활한 양을 만나면 그가 수십억 달러 규모의 세계 최고 갑부 가운데 한 명이라는 사실을 잊기 쉽다. 기업 전략부터 기술 전망까지 모든 분야에 대한 그의 진솔한 토로는 아무리 인터넷 최대 기업이라도 부딪힐 수밖에 없는 잡다한 불확실성을 그대로 반영한다. 결국엔 웹이 세계에 어떻게 영향을 줄지 결정하는 주체가 개인이라는 점에서 더욱 그렇다.

당신은 웹 사용을 잘 하는 사람이다. 당신이 웹을 어떤 용도로 쓰는지 많은 독자들이 궁금해한다.

나는 무궁 무진한 용도로 웹을 사용한다. 시간이 흐르면서 점차 전통적으로 변하고, 주류 쪽으로 흐르는 듯하다. 대부분의 시간을 전자 메일에 할애하고, 클라이언트 기반의 전자 메일보다 웹 기반의 전자 메일을 사용하는 편이다. 웹을 이용할 때는 언제나 마이 야후! 인스턴트 메신저를 작동시키며 그 서비스를 이용하지 않을 때에도 종종 그렇게 한다. 웹을 사용해 뉴스, 주식 시세, 금융, 그리고 포트폴리오를 추적한다. 내가 추적하는 '마이 야후!' 기업 명단은 200여 개나 되므로 그것을 거의 종교적인 믿음을 가지고 애호한다. 이제 상당 분량의 쇼핑을 웹에서 한다. 지금은 인터넷으로 자동차를 사는 절차를 밟고 있다. 따라서 자질구레한 물품에서 고액 물품의 구매로 나아가고 있다.

그 외에 우리가 탐문하는 기업이나 신기술을 열심히 연구한다. 나는 온 정성을 다해 이러한 사이트들을 찾는다. 내가 좋아하는 스포츠 팀을 찾아 약간의 오락을 즐기기도 한다. 나는 야구, 미식 축구를 좋아한다. 대학 스포츠 팬이기도 하다. 이러한 소식들을 꼭 챙긴다. 여행을 자주 하는 편이라 집에서 할 수 없는 때가 많다. 실제가 이렇다.

용도가 무한해 보인다. 대략 한 주에 몇 시간 정도나 인터넷을 쓰는가?

여행을 하지 않는다면 한 주에 50~60시간은 될 것이다.

인터넷에 관한 전망을 통해 야후를 창업했을 것이다. 그러나 현재의 양상이 당신이 당시 기대한 바와는 많이 다르리라고 생각한다. 차이점이 있는가?

최대 차이점은 아무도 예상할 수 없는 속도로 인터넷이 빠르게 전개됐다는 것이다. 나중에 야후로 탈바꿈한 디렉토리 작업을 처음 시작하면서 이렇게 말한 기억이 새삼스럽다. "웹사이트를 함께 묶는 작업이 그런 대로 재미는 있지만, 우수한 컨텐츠 품질을 집약시키는 과업은 불가능할 것 같다." 모든 사태는 믿을 수 없이 빠른 속도로 진행됐다. 그 당시 주식을 상장, 유통시키는 등의 시장 바람을 탈 줄은 생각을 못했다. 이를테면, 마켓워치나 야후가 얼마나 자본을 모집할 수 있을지, 돈벌이에 정신이 팔린 무수한 기관들이 얼마나 많은 컨텐츠를 만들어 놓을지 아무도 예측할 수 없었다. 새로 만들어진 컨텐츠 분량은 믿을 수 없는 수준이다.

이처럼 빨리 '상업화'로 줄달음칠 줄은 꿈에도 생각하지 못했다. 단순한 호기심과 학문적, 비상업적 영역에 지나지 않던 인터넷이 1994년부터 1999년까지 5년 사이에 수천억 달러의 시장 가치를 창출했다. 믿어지지 않는 일이다.

그 바로 전에 정보고속도로의 움직임이 있었지만 결실을 맺지 못했다.

그렇다, 소득이 없었다. 정책 당국이 주도한 탓이다. 앨 고어 부통령이 주창한 정보고속도로가 있었고, 전화 회사들은 고립적인 양방향 텔레비전이나 유선 방송국 등을 만들려고 했다. 그 몸부림의 밑바탕 위에 하부구조 건설이 강화되고, 사용자 기반이 구축되면서 인터넷 현상이 세력을 얻었다. 이어서, 1994년 넷스케이프 사가 탄생하고 1995년에 상장되었다. 붐이 일었다! 세계가 이를 따랐다. AOL이 이륙한 시점이기도

하다.

또 다른 차이점은 인터넷이 국제 현상이라고 믿는 우리들의 기본 발상에 있다. 다른 국가들이 미국을 따라 잡으려면 얼마나 많은 시간이 걸릴지 두려운 생각마저 든다. 유럽과 아시아 지역은 인터넷을 비즈니스 도구나 소비자 도구로 채택한다는 면에서 상당히 뒤져 있다. 미국이 기업가 정신과 시장 주도의 비즈니스 이외에 특별한 우위가 있었던 것은 아니다.

유럽과 일본의 전화 요금만 보아도 금방 알 수 있다.

바로 그렇다. 잠시 과거로 돌아가 규제 완화가 시작되었다는 장기적 시각에서 보면, 인터넷은 진정으로 궁극적인 혜택의 하나였다. 사용 시간에 비례해서 전화 요금을 내지 않아도 된다는 사실이 인터넷에는 대단한 축복이었다.

해변가 나의 집에서는 ISP를 통해 유료 통화를 해야 한다. 그래서 인터넷 사용에 시간당 5달러를 지불한다는 것이 무슨 뜻인지 감이 잡힌다.

정말이다. 일정 한계를 지나면 요금을 감당할 수 없다. 특히 학교, 공공 분야, 그리고 빈자의 경우 가격에 매우 민감하다. 통신 서비스 요금 체계는 장기적으로 전기, 가스를 모범으로 해야 한다.

인터넷의 사회적 차원과 그것이 또 다른 빈부 양극화를 초래하는지 여부를 논의해 보자. 인터넷에 대한 공공 지원의 측면이 강화돼야 할지, 아니면 그것의 저렴성 측면이 강조되어야 할지 의견이 분분하다.

공공성과 저렴성은 성격이 다른 문제라고 생각한다. 인터넷을 싸게 공급하라고 공공 정책 과정에 주문할 수 있다. 혹은, 상업화를 통해 인터넷을 저렴하게 할 수 있다고 주장할 수도 있다. 공공 분야, 민간 분야, 그리고 고객 등 3개 당사자가 파트너십을 맺고 지속적으로 해결해야 할 문제라고 생각한다. 업계가 정부와 협력하면 만사 형통이라고 오랫동안 여겨져 왔다. 그러나 고객의 발언권이 강화된 양방향 세계에서는 정보의 빈부 격차거나, 프라이버시와 검열 같은 정책 쟁점이거나 간에 대화에 고객을 포함시키지 않는다면 아무리 좋은 정책을 만든다 해도 고객은 다른 웹사이트를 클릭하고 말 것이다.

우리는 그런 분위기 속에서 성장해 왔다. 우리가 소비자 보호를 떠들지만 만일 그들을 속이거나 그들이 불편하다고 느끼는 일을 한다면, 그들은 다른 곳으로 가 버리고 만다. 인터넷 세상은 경쟁이 격심하기 때문에 아무리 많은 정책을 짜낸다 해도 모든 쟁점에 대응할 수 없다.

**이 곳 캘리포니아에는 무수히 많은 부자들이 살지만 놀랍게도 학생 한 명당 교육 투자비는 50개 주 가운데 47위라고 한다.**

빈부 격차를 논할 때에는 학교 건설에 공공의 노력이 집중돼야 한다고 생각한다. 학생에게 단순히 컴퓨터와 데이터 회선을 공급한다고 해서 양질의 교육이 보장되지 않는다. 교과 과정면에서, 그리고 교사가 기술에 편안함을 느껴야 한다는 면에서 심대한 변화가 있어야 한다.

나의 아내는 학교에 인터넷을 보급하는 사업에 관여하면서 종종 "그 컴퓨터를 보유한 지 얼마나 됐어요?"라고 묻는다. 그러면 아이들은 6개월쯤이라고 대답한다. 그러나 도입 초반부터 교사들이 불편함을 느꼈기 때문에 아이들이 교사들을 중심으로 소모임을 운영하기 시작했다. 결국에는 컴퓨터를 꺼 버리고 더 이상 사용하지 않는다고 한다. 이 산업 분야에는 나 같은 소프트웨어 전문가거나 하드웨어 제작업체거나 학교에 하드웨어를 보급하려고 하는 사람들이 많다. 연후에는 컨텐츠 문제가 불거져 나온다.

좋은 지적이다. 그 다음에는 이렇게 물어야 한다. 인터넷을 통한 원격 교육은 실효성이 있는가? 아니면 단지 정보 검색이 주된 목적인가?

당연한 질문이다. 이 문제는 정부가 어느 정도 주도권을 행사해야 한다. 이는 학교에 어떤 변화가 절실한가의 문제와 직결돼 있다. 학교 운영 방안을 빼면, 질 좋은 소프트웨어와 기술 변화를 학교에 도입하는 과제는 여전히 지방, 주, 연방이 나서야 할 문제로 여겨진다.

나는 그와 관련된 행정 서비스 수요를 꽤나 낙관하는 편이다. 내가 인터넷에 매료된 기본 특색의 하나가 그것이다. 사실, 나에게 직업을 바꿀 기회가 생긴다면 공공 분야로 뛰어들어 학교와 일하고 싶은 생각이 굴뚝 같다.

나의 아내 키코가 학교에서 많은 시간을 보내는 이유가 그와 똑같다. 그것은 대의 명분이 있는 고상한 사업이다. 관료주의에 사로잡힐 가능성은 있지만 뜨거운 가슴으로 추진한다면 많은 변화를 가져올 수 있다.

아동들의 교육의 질이라는 측면에서 대대적인 변화는 가능한가?

나로서는 유감이지만, 인터넷과 그 컨텐츠는 총체적 교육 가운데 하나의 구성 요소에 불과하다. 공공의 기준을 따르거나 시장 주도에 따르거나, 혹은 학교가 아이들 또는 그 무엇을 놓고 서로 다투든지 학교는 경쟁력이 더욱 강화돼야 한다고 믿는다. 중고교 이하의 학생을 위한 캘리포니아의 공교육은 크게 뒤져 있어 나로서는 그다지 신뢰하지 않고 있다. 한마디로 기술 전문가가 해결하기에는 너무 벅찬 과제이다. 그러나 교육의 질 향상에 기여하는 보다 구체적인 과제는 해결할 수 있다. 변화가 있다면 그런 식으로 진행될 것이다.

좀더 설명해 달라.

예컨대, 학교를 상대로 "우리가 인터넷을 어떻게 효과적으로 만들 수 있는가?"라고 물으려면, 교사들이 보수 교육을 받기 시작하는 모든 학교에 걸쳐 인터넷 보급 노력이 확산돼야 한다. 그 조치가 모든 테스트 성적을 끌어올릴 수 있을지 알 수 없다. 그러나 그런 종류의 일을 우리는 할 수 있다.

정치 문제를 따져 보자. 과학성에 한계가 있고 범위가 너무 제한적이라는 지적과 관계없이, 인터넷의 여론 조사에 대해 제각각의 전망이 나오고 있다. 또한, 언젠가는 모두가 인터넷 혹은 그와 비슷한 네트워크로 투표를 하고 더 많은 대중을 투표 과정에 끌어들이는 다양한 활동이 가능하다며 낙관하는 사람이 많다. 당신의 견해는 무엇인가?

인터넷이 특정 입법안, 혹은 입후보자의 정견 등 그 무엇이든지 간에 다양한 대화를 촉진시켜 구체적 쟁점에 대한 대중의 자각을 높여 주는 개선된 광장이라는 점을 전적으로 믿는다. 따라서 본질적으로 마케팅 과장이나 빈부 차이에 관계없이 공통 의견을 나누는 사람에게 도달할 수 있는 편리한 수단이다. 대중이 흥미를 느끼게 만들면 높은 투표율을 이끌어 낼 수 있다. 그것이 온라인에서 전국적으로 실시되는 투표로 전환될 가능성이 있는가? 지금 그렇게 해야 할 동인이 적기 때문에 시간은 좀 걸리겠지만 언젠가는 이루어질 수 있다. 투표율이 높아진다고 선거위원회가 기뻐하지는 않는다. 그들은 많은 일을 할 수 있는 준비된 기관이 아니다.

조만간 일부 선거, 특히 박빙의 선거에서는 인터넷으로 유권자에게 어떻게 접근하느냐에 따라 당락이 결정될지 모른다. 그런 일이, 올해 혹은 내년에 일어날 수 있다.

캘리포니아에서는 인터넷이 큰 차이를 만들 수 있다. 샌프란시스코만 지역의 카운티 중 하나를 놓고 이야기한다면, 유권자에게 도달하기 위해 인터넷을 사용하지 않는 입후보자가 있다면 제정신은 아닐 것이다. 인터넷은 표적이 분명해서 텔레비전 수준으로 높은 광고료를 지불하지 않아도 된다. 원한다면 클럽, 커뮤니티, 채팅 룸 등 그 무엇이나 만들 수 있다. 텔레비전에서 하는 것처럼, 공청회를 열 수도 있다.

게다가, 공청회 이외에 입후보자의 정견을 조사하는 너무나 멋진 개별적인 양방향 경험을 할 수 있다.

그리고 나를 포함한 많은 사람들은 진정한 쟁점이 무엇인지 알고 싶어한다. 나는 투표 결과를 보지만 뭐가 뭔지 이해가 안 된다. 세부적인 학교 채권 발행 문제에 이르면 이해할 방도가 없다. 업무 당사자가 아니면 도대체 이해할 수 없다. 그러나 많은 사람은 그런 일을 이해하려고 무던히 애를 쓴다. 이 의제들을 촉진시키려고 애쓰는 입후보자나 조직이 대화의 광장을 마련할 수 있을 것이다.

고객과 관련된 문제로 되돌아가 보자. 이 책의 중심 주제의 하나는 고객이 한 사이트에서 다른 사이트로 쉽게 이동한다는 사실에 근거한다. 그 같은 활동이 브랜도 인지도에 어떻게 영향을 주는가?

그 때문에 브랜드와 브랜드 선택이 훨씬 더 중요해질 것이다. 고객의 선택이 야후 등 신진 기업으로 하여금 동등한 자격으로 경쟁을 할 수 있게 했다. 다른 매체에서는 그 정도의 선택 범위를 누리기 어렵다. 웹사이트 제작은 매우 쉬워졌고, 지금도 계속 쉬워지고 있다. 좋은 웹사이트라면 훌륭한 브랜드를 만들 수 있다. 3개월 전에는 들어 보지 못한 시시한 웹사이트가 생겨나 지금은 하루 100만 명의 방문객을 맞이하며, 벤처 자본가들이 그들을 뒷받침한다. 그 점에서 인터넷은 독특하며, 고객을 확보된 시청자로 당연시하지 않는다는 점에서 강력하다.

우리는 두 측면을 다 겪어 봤다. 우리는 무에서 창조했다. 대중은 우리를 좋아했고, 우리를 선택했다. 그러나 이제 더 나은 서비스를 가지고 누군가가 툭 튀어나올 수 있다는 동일한 위험을 안고 있다. 잘 알려진 브랜드를 만드는 그 이상으로 노력이 필요하다고 본다. 우리는 브랜드 인지도를 창출하기보다 브랜드 관계를 구축하고 거기에 신뢰가 생성되기를 희망한다. 대중이 우리와 함께 일하기를 원하는 관계로 치환되는 브랜드 속성을 가져야만 한다.

당신의 의견에 동의한다. 이 문제를 최상으로 처리하는 기업은 이미 고전이 된 아마존 등 많은 기업이 있다.

그렇다. 반복 고객이 60% 내지 70%에 이르는 것은 그 때문이다. 고객들의 변덕이 죽 끓듯 하는 환경에서 성공하려면 브랜드 가치가 한층 중요하다. 시간의 시련, 그리고 고객이 언제나 다른 곳으로 금방 가 버리는 시장의 시련을 버텨 내는 브랜드가 독점 환경 속에서 구태를 버리지 못하는 브랜드보다 더 값지다고 생각한다. 독점 시장의 브랜드는 브랜드가 아니라 강요된 선택에 불과하다.

쇼핑 몰 내의 대형 점포가 좋은 예이다.
맞다.

당신은 이를테면 쇼핑 몰 경영자의 일원으로서 소매업체들이 어떤 경험을 하는지 알기 때문에 여러 가지 흥미로운 생각을 할 수 있다. 이윤 마진에 어떤 추세가 엿보이는가? 범용 소비재의 이윤이 거의 소멸하는 세계로 접어들었는가?

어려운 문제이다. 시계추가 어느 방향으로 움직일지 알 수 없다. 소매용 대중 상품을 취급하는 대부분의 사람들은 "가격전의 압박을 버티려면 어떻게 브랜드를 구축해야 하는가?"라고 자문하며 브랜드 정책을 생각한다. 동시에 시장 점유율을 높이려는 나머지 너무 많은 공짜 고객을 양산해서는 안 된다는 인식이 필요하다. 아마존은 어쩌면 뒷전에서 이렇게 생각할 것이다. "가격을 유지할 필요가 있다면, 고객이 우리 사이트로 와서 서비스를 누리기 때문에 우리는 그렇게 할 수 있다. 하지만 다소 가격에 민감한 고객에게 공짜로 주어야 하는가?" 그래서 시계추 이동을 열심히 지켜보면서 그것을 움직이면 더 많은 고객을 얻을 수 있다고 타산한다.

그것은 중간 어디선가 낙착될 것이다. 그것은 규모의 게임이 될 것이다. 그래서 2, 3, 5년을 더 버틴 기업은 낮은 마진일지라도 자금 여력을 갖기 때문에 가격에 더 신축적일 수 있다. 그러나 책 한 권에 5, 10, 50센트를 더 할인해 주는 사이트가 있어도 보상 프로그램, 고객 우대 프로그램, 예비 등록 서비스, 혹은 단순한 반품 정책으로 고객이 오래 머물게 만드는 유인책을 펼 수 있다면 고객 이동은 적을 것이다. 야후! 쇼핑에 가보면 가격 외에 다른 요소를 포함한다는 사실을 금방 알 수 있다. 무료로 쇼핑하는가? 경품권을 주는가? 다른 고객이 좋은 구매처라고 추천하는가? 지금 당장 살 수 있는가? 실제로는 타인의 말만 믿고 추천 사이트로 가서 재고가 없는 품목을 사려고 호들갑을 떠는 고객이 많다.

상품 가격면에 국한하면 이 모든 요인들이 더 중요해지고 있다. 고객은 이렇게 이야기한다. "하루 만에 배달을 완료하지 않는 곳에서는 사지 않겠다." 혹은 "보상 프로그램이 없는 사이트는 앞으로 고려하지 않겠다."라고. 항공 여행과 비슷하다. 보상 프로그램이 없는 항공사를 이용하겠는가? 나처럼 여행을 자주 하는 사람은, 대개 보상 점수를 주는 항공사를 이용한다. 고객은 가격을 낮춰 주는 기타 서비스를 어떻게 획득할 수 있느냐에 더 관심을 갖는다. 문제는 어떻게 그것을 집행하고, 누구보다 앞서 어떻게 규모의 경제를 달성하느냐에 달려 있다.

봇을 쇼핑 대용으로 이용해 고객이 직접 쇼핑 몰을 뒤지지 않아도 되는, 따라서 최선의 가격을 얻었는지 고민하지 않도록 해 주는 도구가 거론되고 있다.

비슷한 시도가 여러 건이 있었다. 아마존은 바로 그 자체가 쇼핑 봇인 정글리(Junglee)를 인수했다. 그래서 우리는 하나의 쇼핑 봇을 갖게 됐다. 그러나 모든 고객은 소매업체를 뒤져서 그들의 심부름꾼이 되어 주려고 애쓰는 표준적인 검색 기술 목록을 갖고 있다. 관심사는 그 대행 도구가 필터로서, 경고 메커니즘으로서, 어느 정도나 고객의 역할을 대신하게 하느냐에 있다.

내가 특정 상표의 와인을 찾는다고 하자. 그 상품이 경매에 나와 있을 수 있다. 야후의 400여 판매상 중의 한 곳에 나와 있거나 야후 이외에 e베이 등 다른 경매업체에 나와 있을 수도 있다. 나아가 일정한 사건이 생길 때 나에게 경보로 알려 주는 경고 프로그램을 작성할 수 있다. 이러한 기능은 매우 효과적이지만 그것들을 뒷받침할 비즈니스 모델은 어디에 있는가? 서비스를 제공함으로써 판매상에게 수수료를 부과하는가? 고객에게 부과하는가? 당신 회사가 중간상 역할을 하지만 판매상들은 값싼 범용화를 염려하고, 중간상을 혐오한다. 판매상들은 고객에게 호소할 기회나 선택권을 갖지 않는다. 그들은 얼굴 없는 판매자로 전락한다. 판매상이라면 얼굴이 없어지는 처지를 바라지 않는다. 그들은 모두 카운터를 지키면서 고객과 악수하며 "오늘 어떤 서비스를 해 드릴까요?"라고 물으려고 한다.

고객과의 관계를 어떻게 구축하느냐에 달린 문제라고 본다. 봇은 상품을 구매하도록 돕는 대표적인 도구지만 판매상은 고객을 결코 알 수 없다. 봇이 대신해서 판매상을 찾아주고, 고객을 만나도록 만들어 주는 곳을 중심으로 언제나 모델이 존재한다. 그러나 위에 언급한 긴장 관계로 인해 봇의 진정한 성공 잠재력이 제약돼 왔다. 기술 차원에서는 봇이 바른 방향이고 완벽한 여과 장치라고 생각한다.

당신은 당연히 상업적 시야에서 그 문제를 관찰한다. 만일, 고객의 시각에서 본다면 참으로 기분 좋은 날이 될 거라고 말할 것이다. 내가 봇을 밖으로 내보내서 나 대신 쇼핑하게 한다면 그 때문에 권리가 한층 강화됐음을 느낄 것이다.

물론, 고객의 관점에서는 그 점에 대해 이론이 있을 수 없다. 그런 편익이 이러한 도구들이 존재하는 이유이기 때문이다. 문제의 본질은 당신 회사가 단순히 소규모 중간 봇 운영자이고, 판매상으로 하여금 열린 자세로 당신 회사와 협력하게 할 수 없다면, 언제나 소비자 진영으로부터 "당신 회사 서비스가 가장 광범위한가?"라는 힐책을 각오해야 한다는 것이다. 당신 회사는 인터넷이라는 넓은 공간으로 나가 이 와인이 발견될 수 있는 모든 곳을 검색하는가, 아니면 당신 회사의 데이터베이스로는 한계가 있는가? 당신 회사 데이터베이스가 제약적이라면 복수의 봇을 보유하게 되고, 데이터베이스를 다루기가 까다로워진다. 아마존에 의해 인수된 정글리를 괴롭히는 난제의 하나는 "나는 판매상이다. 그런데도 아마존에 의해 소유되는 정글리 로봇이 나의 웹사이트에 들어오도록 왜 허용해야 하는가?"라는 의문이다.

이 문제를 계속 논의해 보자. 봇의 진입을 허용하는 이유는 판매상이 물건을 팔아야 하기 때문이 아닌가?

판매상이라면 응당 그렇게 해야 한다. 그러나 봇은 이렇게 전달할 수 있다. "톰, 당신 회사는 이 책을 8달러에 판매한다. 그래서 내가 다시 돌아가기 전에 아마존의 가격을 7.50달러로 자동으로 인하시킬 예정이다." 내가 보기에, 판매상이라면 확실히 그렇게 조치할 수 있다. 기술 자체는 지금 이용 가능하다.

하지만 그 행동은 자해적이지 않은가?

그러나 판매상은 "톰의 서점을 오늘 말살시켜 버리겠다."라고 공언할 수 있다. 경쟁사들이 어떻게 하는지 끊임없이 파악해서 요령껏 그렇게 할 수 있다.

웹에서의 로봇 전쟁과 비슷하다.

정곡을 찌른 표현이다! 진정으로 고객의 선택을 반영하는지 혹은 다른 판매상을 매장할 목적으로 봇을 사용하는지가 압축된 문제이다.

그럼에도 불구하고, 특정한 봇을 금지시킨다면 고객들이 고분고분 납득하기 어려울 것이다. 아니면 고객이 무심코 찾은 사이트에서 상품을 발견했기 때문에 그 곳에서 무언가를 살 수도 있다.

그럴 수 있다. 맞는 말이다. 그러나 봇 진입을 금지하지 못할 정도로 엄청나게 많은 물량을 가진 사이트는 존재하지 않는다. 닭이 먼저냐 달걀이 먼저냐의 문제와 비슷하다. 이것이 사실인지 단정지을 수 없지만, 예컨대 더 갭(The Gap) 사는 리바이스 사와 비교되는 것을 바라지 않기 때문에 어떤 봇도 바라지 않는다고 선언할 수 있다. "당신이 진을 산다면 당신은 갭을 구매하는 셈이기 때문에 봇은 우리 전략의 일부로 될 수 없다." 봇이 도입되면 갭이라는 범주가 없어지고 진이라는 범주가 생긴다. 그래서 이렇게 경고한다. "나를 찾지 말라. 나는 상관없다. 나를 찾으려 한다면 고소하겠다." 이것이 한 예가 될 수 있다. 고객들이 갭에서 구매하는 이유는 아마도 그들이 갭을 진으로 생각하지 않기 때문이다. 그러므로 브랜드와 상인들이 관계를 구축하는 장소가 존재할 수 있다고 생각해 본다. 기술 전문가의 예상과 달리, 상품의 싸구려 범용화가 그렇게 쉽게 진행되지 않을 수 있다.

우리는 이 두 세계를 모두 겪었다. 우리는 최대 브랜드와 함께 일하며 봇과 함께 일한다. 우리는 이 둘의 장점과 단점을 통찰하고 있다.

광대역으로의 이행이 추진되면서 모든 공중파 텔레비전은 텔레비전 수준의 대화형 영상을 제공하기 위해 컨텐츠를 보강하고 있다. 이 조치의 현실성에 대해 나로서는 의문이 간다. 이 상황에서 야후가 어떤 행보를 보일지 궁금하다.

야후는 기존 골격의 일부로 광대역을 모색하고 있다. 우리가 광대역 기술에 기여했다고 자랑할 바는 아니지만, 우리가 구축한 부분을 통해서 고객이 전에는 할 수 없었던 일을 하도록 허용한다. 고객들은 인터넷 세계에 분산된 일군의 서버와 관계를 창설할 수 있다. 내가 인터넷에 연결된 단말기에 접속할 수 있는 한, 나의 일정, 주소록, 전자 메일 등 개인 정보에 접속할 수 있다. 쇼핑 목록이나 여행 일정에 활용이 가능하다. 과거에 휴대해야만 했던 모든 자료가 대상이 될 수 있다. 당신은 개인화되고, 바로 자신이 되며, 진정 우량한 서버와 관계를 개시할 수 있다.

그 뜻은 무엇인가? 사용자가 그것을 개인용 컴퓨터와 비슷한 기기에서만 보도록 제약하는 것은 말도 안 된다는 뜻이다. 인터넷으로 연결만 된다면 시계, 텔레비전, 냉장고, 전자 레인지, 이동 전화, 휴대용 정보 단말기 등 어떤 기기로나 볼 수 있어야 한다. 꿈 같은 소리로 들리지만 이는 실천 가능하고 많은 비용이 들지 않는다.

우리가 온라인 에니웨어(Online Anywhere) 사를 인수한 이유의 하나는 "야후의 컨텐츠는 다양한 대역폭과 다양한 장치들을 통해 볼 수 있다."는 메시지를 온 천하에 알리기 위함이다. 온라인 에니웨어의 기술은 기존의 야후 서비스를 수용하고, 이동 전화 등의 장비로 야후를 사용할 수 있다. 따라서 화면 크기가 매우 작은 저대역폭 기기가 이용되는데, 내가 사용하는 노키아 7320에서 잘 작동된다. 그런 환경에서 야후를 검색하는 것은 대형 화면을 통해 야후를 검색하는 것과 큰 차이가 있다. 그래서 온라인 에니웨어는 야후가 그런 서비스를 제공하는 데 있어 중대한 역할을 한다. 보통 고객들은 모든 브랜드나 웹 포털에 하나의 장치를 통해서 접속하지만, 분명히 접속 가능한 모든 웹 컨텐츠를 어디에서든, 어떤 방법을 이용해서든 접속할 수 있기를 원한다.

바로 이것이 대역폭 및 기기와 관련된 나의 소견이다. 아직 해결할 일은 많지만, 이미 작업은 시작되었다.

그러한 노력이 야후의 최종 목표와 그다지 다르다고는 생각되지 않는다. 그러나 텔레비전을 통한 야후의 사용이라는 발상은 언뜻 이해할 수 없다. 야후가 완전한 동영상을 제공할 수 있는가? 또한, 대형 화면에서도 제대로 적응할 수 있는가?

이렇게 생각해 보자. 우리가 서비스로 웹 TV를 채택하고, 웹 TV를 통해 야후를 사용할 수 있게 된다면, 야후는 미국의 텔레비전 표준 방식(NTSC)과 호환되는 방식을 취할 것이다. 그러나 그것이 기본적으로 저대역폭 기기이기 때문에 여전히 문자 서비스가 주가 될 것이다.

이제 텔레비전이나 NTSC를 염두에 두고, 거기에 고대역폭이 가미된다고 가정하자. 케이블, 위성, 또는 그 무엇이라도 좋다. 그러면 텔레비전이 좀더 멀티미디어 장비와 유사해질까? 그렇지는 않다. 야후는 텔레비전이 아니다. 내게는 야후를 텔레비전처럼 개조할 아무런 이유가 없다. 나는 사용자가 야후에 보관된 개인 파일을 이용해서 자신이 원하는 것을 볼 수 있도록 하고 싶다.

한 가지 예를 들자면, 야후가 사용자들의 가족용 장비가 되도록 하여 가족 앨범, 전자 메일, 아이들의 관심 영역 등 가족에 필요한 각종 활동을 서비스하는 것이다. 즉, 야후가 하나의 인터페이스가 되는 것이다. 그래픽이나 스트리밍 비디오를 포함시키느냐 마느냐 하는 것은 부차적인 문제이다. 중요한 점은 사용자가 정의할 수 있는 환경을 조성하는 것이고, 야후는 그러한 인터페이스를 지원해야 한다.

당신이 업무를 보든, 휴대형 정보 단말기를 이용하든 그것은 개인의 정보 공간으로 이용된다. 나는 그것이 필요한 이유를 사용자들이 깨닫고, 그것을 이용하며, 그것을 활용하는 것이 가장 중요하다고 생각한다. 그 다음에 우리는 대역폭을 활용할 수 있을 것이다. 밤 11시에 귀가해서 미처 보지 못한 텔레비전 프로그램을 보고 싶다면, 야후가 "여기 당신의 유선 방송국에서 보낸 인기 스포츠 클립 5개가 있다."고 알려 준다. 야후는 케이블 모뎀을 통해 광속으로 정보를 전송할 수 있다. 고객들은 자신의 이동 전화를 이용해 경기 스코어를 확인할 수 있다. 그러나 내게는 고객에게 어떤 정보를 서비스해야 하느냐가 중요한 문제이고, 그 다음에 전송 매체 유형을 선정하려고 한다.

그럴 듯하지 않은가? 이것이 야후의 진면목이다.

충분히 이해한다. 대역폭에 여유가 있다고 해서 야후를 텔레비전 네트워크로 억지로 탈바꿈시킬 필요는 없다. 지금의 야후를 좋아하는 많은 고객들이 있다. 그러나 야후나 아메리카 온라인 혹은 다른 기업들의 경우, 텔레비전 네트워크로 전환해야 한다는 유혹에 빠지기 쉽다. 이에 반해, 텔레비전 네트워크는 웹 기업으로 변신하려고 애쓴다. 그러나 둘 중 어느 쪽이든지 상대 분야에 대해서는 한계를 가진다고 생각한다.

그 점은 확실하다. 내가 무엇을 잘 하고, 무엇을 잘못 하는지 나는 알고 있다.

당국의 규제와 경쟁으로 화제를 바꿔 보자. 1999년 야후는 AOL과 동시 메시징(instant messaging) 문제로 인해 갈등을 빚었고, AOL은 AT&T 및 앳홈에 대항해 샌프란시스코에서 팩벨 사와 별도의 협력 관계를 맺었다.

이에 따라 야후가 팩벨, AT&T, AOL과 협력해야 한다는 문제가 쟁점이 되었지만, 많은 기업이 지루한 법적 분쟁에 휩싸였다. 만일, 각 기업들이 어떤 문제에 협력하는 데 심한 제약이 있다면, 앞으로 무시 못할 장애가 될 거라고 생각한다.

좋은 지적이다. 당국이 지나치게 인터넷을 규제하게 되면, 문제가 생길 가능성이 많다. 법이 제정되거나 입법이 예고되면, 결과적으로 시장이 냉각되어 버린다. 다방면으로 심각한 타격이 생기는 것이다.

당국의 규제와 거기에 따르는 문제들을 제외하면 제휴 관계가 형성될 가능성이 많지만, 인터넷이 성장할 수 있는 근본적인 동력은 아직까지 누구나 자유롭게 참여할 수 있는 개방형 플랫폼과 기술에 연원한다. 누구나 웹 서버를 구축할 수 있다. 누구나 전자상거래 엔진을 만들 수 있다. 자바, 브라우저, HTML, 동시 메시징 등 개별 기술을 둘러싼 각축전이 치열하지만, 나는 개방형 표준이 실재하고 시장 메커니즘이 존재하는 한, 사용자들이 서로 대화할 수 있는 동기는 충분하다고 본다.

그러므로 나의 견해를 요약하면 규제 당국보다 시장 메커니즘을 더욱 신뢰해야 하며, 고객의 권리를 지키고, 고객 권리를 무시하는 방식의 제휴 관계가 형성될 수 없게 하는 열린 시장을 신뢰해야 한다는 것이다. 고객들은 장애물을 피할 방법을 찾느라 고심한다. 만일 법으로 통제된다면 대안이 없다.

**앞으로 5년 동안 발생할 중요한 사태의 진전에 대해 듣고 싶다.**

솔직히 말해서 잘 모르겠다. 당신이 5년 전에 인터넷을 어떻게 예상하느냐고 물었다면 아마도 틀린 대답을 많이 했을 테고, 그래서 지금은 내가 바보처럼 느껴질 것이다. 앞으로의 5~10년에 대해서도 비슷한 기분을 느낀다. 내가 들어 보지도 못한 각종 휴대형 기기, 우리 삶을 풍요롭게 하는 여러 가지 장치들, 그리고 사용자가 자신이 사용하는 기기와 상관없이 행동하는 능력은 믿어지지 않을 정도다.

미국 밖으로 시선을 넓혀 보면 무선 시장 분야에서 미국을 추월하는 다른 국가들이 있다. 유럽의 사용자들은 지역 표준인 GSM 이동 전화를 통해 하루 수백만 건의 텍스트 메시지(SMS)를 간편하게 주고받는다. 이해가 어려운 부분이 있지만 그 본질은 동시 메시징 기능이다. 그것은 삐삐를 이용한 메시지 전달과 다를 바 없다. 인터넷이 그 일부가 되든, 혹은 야후가 그 일부가 되든 미국인들은 그 정도의 무선 통신 능력을 5년 안에 누리게 될 것이다.

인터넷이 조금 더 쉬워져야 한다고 생각한다. 컴퓨터만 보면 기겁을 하는 나의 부친 같은 사람이 매우 많다. 그런 사람들은 컴퓨터를 이해하지 못하고, 사용법조차 모른다. 또한 사용 방법도 별로 알고 싶어하지 않는다. 키보드가 무엇인지 이해하지 못하는 사람도 많다. 비영어권 국가의 경우, 이러한 문제들을 쉽게 해결하지 못했기 때문에 실질적인 인터넷의 성장이 더뎠던 것 같다. 이 현상을 어떻게 해결해야 할지 나는 모른다. 기술, 또는 편리한 인터페이스가 도움을 줄 수 있을지 확신이 안 선다.

음성 번역기 사정은 어떤가?

그렇다, 음성 번역기는 중요하다. 놀라운 일은 아니지만 아시아의 음성 기술 연구는 꽤나 진척된 상태이다. 그 이유는 쉽게 입력할 수 있는 방법이 없고, 손으로 입력하는 것이 어렵기 때문이다. 따라서 사용 편리성면에서 진보가 있을 것으로 생각한다. 인터넷 장비들은 아마도 고도로 세분화될 것 같다. 1980년대의 일반 컴퓨터 대신에 초저가 전자 메일 기기가 등장할 것이다.

오라클 사의 래리 엘리슨(Larry Ellison) 회장과 선 마이크로시스템즈 사의 스콧 맥닐리(Scot McNealy) 회장이 제창한 네트워크 컴퓨터와 유사한 맥락으로 생각된다.

물론, 그렇다. 그러나 동시 메시지만 서비스될 가능성이 있다. 삐삐는 동시 메시지 기기로 사용될 수 있다. 삐삐에 친구 명단을 미리 기억시키고, 무언가를 이야기하면 그것이 변환되어 작동하는 것이다. 그러나 더 많은 기능들이 서버로 이동하는 추세이기 때문에 이러한 서비스의 범위는 비교적 협소할 것이다. 결국, 고도로 특화된 기능을 통해 인터넷을 사용할 수 있는 기기가 출현하고, 이것이 일반 대중을 다시 유인하는 순환 양상을 보일 것이다. 그리고 인터넷이라는 궁극적인 서비스 소프트웨어 개체가 하드웨어를 구동시킬 것이다. 매우 흥미로운 전망이 아닐 수 없다.

전자상거래가 갈수록 성장하고 있다. 앞으로 5년 뒤에는 인터넷이 생활에 아주 중요한 부분이 될 것이다. 인터넷은 대부분의 가전 제품들에 적용될 것이다. 평판 패널이 부착된 냉장고가 무엇을 사야 하는지 알려주고, "칼슘을 더 섭취해야겠어요."라고 충고할 것이다. 이런 기능을 누구나 이용할 수 있다.

당신은 선택 범위와 가격, 그리고 소비자 권리라는 면에서 세상이 갈수록 좋아진다고 믿는 것처럼 보인다.

나는 매사를 낙관적으로 본다. 매일 여기 앉아 있다 보면 부정적인 이야기가 가실 날이 없다. 그러나 나쁜 일이 일어나지 않게 최선을 다해야 한다. 전반적으로 우리는 긍정적인 방향으로 진행하고 있다. 부정적 효과를 걱정하기보다는 그것이 더 많은 이익을 준다고 생각할 필요가 있다.

만일, 인터넷 환경에 범죄인을 경계하고 처벌할 수 있는 메커니즘이 존재하지 않는다면 아동 포르노, 마약, 인종 분리 집단 등이 활개를 치게 될 것이다. 합법적인 경우에는 그들에게도 권리가 있다. 만일, 불법이라면 그들을 색출해서 철저하게 벌을 주어야 하고, 인터넷이 좋은 토양이 될 수 있도록 모든 노력을 다해야 한다.

# Ecastinc.com 시장(New Markets) 담당 상무

레베카 아이젠버그는 CEO가 아니고, 기업 이사회에도 참가하지 않으며, 인터넷 졸부와도 거리가 멀다. 하지만 그녀는 내가 만난 사람 가운데 웹의 세계에서 가장 성공한 인물의 하나이다.

스탠퍼드 대학교에서 심리학과 의사 결정 과학을 전공하고 (제리 양이 1학년 때 기숙사 동료였다.) 최우등으로 졸업한 후, 1993년 하버드 대학원 법과를 우등으로 졸업했다. 아이젠버그는 이후에 신참 변호사로 저작권, 특허권, 경영, 그리고 개인 자유와 관련된 법률 구조 활동에 2년 반 동안 전념했다.

인터넷 신기술에 매료된 그녀는 연방 및 캘리포니아 변호사 회원 자격은 그대로 유지하면서 변호사 활동을 중단했다. 현재는 Ecastinc.com 사의 시장 담당 상무이며 CBS.마켓워치 등 간행물에 인터넷 관련 기고로 왕성한 활동을 하고 있다. 아이젠버그는 샌프란시스코의 유명 단체인 위민 온 더 웹(Women on the Web)에 의해 웹에서의 정상급 여성 25명 가운데 한 명으로 꼽혔다.

아이젠버그는 변화하는 법적 표준과 신기술을 정확히 판단하고, 현실에 안주하지 않는 강한 도전 정신을 갖추고 있다.

인터넷은 개인적으로 어떤 용도에 사용하는가?

거의 모든 일에 사용하고 있다. 친구, 사업 관계, 가족과의 통신 수단으로 사용한다. 기본적으로 인터넷을 통해 거의 모든 사람과 의사 소통을 하고 있다. 또한, 모든 일을 시작할 때 주요 탐색 수단으로 활용하고 있다. 기업의 정보와 뉴스를 찾아내는 데, 매우 다양한 소스를 이용하고 있다. 그러나 어떤 특정한 뉴스 소스를 전적으로 신뢰하는 것은 아니다. 따라서 마켓워치, 《월 스트리트 저널》, 기업 보도 자료, 각 분야의 전문가 견해를 종합적으로 비교한다. 결국, 연구 조사와 의사 소통이 인터넷을 이용하는 나의 두 가지 목적이다.

하루나 한 주 중 몇 시간을 온라인에서 보내는가?

나는 언제나 온라인 상태를 유지한다. 항시 연결되는 회선을 보유하면서 지속적으로 전자 메일을 내려 받는다.

컴퓨터 앞에서 앉아 있는 시간을 알고 싶다.

나의 노동 시간이 90시간쯤 되는지 모르겠다. 하루에 8시간을 빼면, 거의 컴퓨터 앞에 있게 되므로 한 주에 100시간 가량 될 것 같다.

하버드 대학을 졸업한 법조인이 왜 이러한 일을 하는가?

개업 2년간 법정에서 고객 권익을 대변하는 일을 했었다. 재미있는 일이었고, 새로운 문제들을 다루었다. 지적 재산권, 특허권, 상표권 등이 집중적으로 다루어졌다. 그런데 개업하고 3년이 되었을 때, 항소심에 계류된 사건을 진행하다가 내가 법조인으로서의 생활에 염증을 내고 있다는 것을 발견했다. 그래서 창조력과 취미가 발산될 수 있는 인터넷 공간에서 일하기로 마음먹었다. 나는 몇 년 안 있어 인터넷 붐이 일 것으로 확신했다.

웹사이트에 관련된 기고 활동은 자연스러운 일이었는가?

법과 대학원에서는 의무적으로 소송 서류를 작성해야 했었는데, 그 전에 나는 수학과 과학에 흠뻑 빠져 있었다. 나는 실험과 관련된 심리학 레포트를 만들었지만 그것은 거의 통계 자료에 가까웠다. 가끔 문장이 훌륭하다는 말을 들었지만 그것은 오히려 부담스러운 일이었다. 그러나 웹사이트를 만들고 나니까 진로가 분명해졌다. 사실, 나는 휴스턴으로 이사하면서 웹사이트를 만들었다. 내게는 웹사이트를 보유한다는 사실이 인터넷 공동체의 일원이 되었다는 느낌을 주었다. 인터넷이 지금처럼 상업화되기 이전의 시기였다. 웹에 기여하는 면도 있고, 또 더러는 도움을 받기도 한다. 그런 식으로 네트워크의 일부가 되는 것이다. 그리고 내가 아는 한, 그것은 내가 생각하는 것을 다른 사람들에게 알려 주는 최선의 통로이다. 내가 변호사를 그만둔다고 했을 때, 모두 어이가 없다는 표정을 지었다.

변호사 생활을 청산한 후, 내가 최초로 한 일이 글쓰기는 아니었다. 나는 휴스턴의 작은 회사에서 시스템 관리자와 정보 서비스 관리자로 일했다. 결국, 인터넷 웹사이트를 만들려고 휴스턴에 이사온 셈이었다.

글쓰기를 시작한 것은 웹사이트에 여러 가지 게시물을 작성한 후였다. 내가 작가가 되는 것이 아닌가 하는 생각이 들었지만, 무척 어색했다. 한편, 글쓰기는 여성인 나를 마케팅하는 가장 손쉬운 방법이었다. 여성인 내가 "법과 경영을 전공했고, 기술 컨설팅을 할 수 있다."고 내세우면 그다지 좋게 생각하지 않는다. 여성이라면 오히려 작가가 되기는 게 더 쉽다.

실제로 대학 동기들 중에는 인터넷 관련 일을 하는 사람이 많다. 대학 1학년 때, 기숙사 생활을 하면서 알게 된 친구 몇 명이 음악, 게임, 서비스를 식당이나 바 같은 공공 장소에 배급하는 Ecastinc 사에서 일했다. 그들은 내게 사업 계획서 작성하는 것을 도와 달라고 했다. 그들은 내가 한 작업에 좋은 인상을 받았고, 나 또한 내 일에 자족하게 됐다. 그들이 내게 상무 자리를 마련해 주었다. 나는 이 회사에서 제품과 서비스를 판매할 수 있도록 새로운 시장을 개척하고 있다.

언론에서 큰 이슈가 되고 있는 것은 아니지만 기업 입장에서의 개인 프라이버시에 관해 이야기해 보자. 기업이 개인의 신상 자료를 수집하고, 정보를 배포하거나 판매할 권리를 갖는 것일까? 기업이 그렇게 할 수 있는 고유한 권리를 갖는가?

고객들이 동의한다면 대답은 긍정적인 것이 될 것이다. 내가 아는 한, 이러한 권리는 계약적인 것이다. '자유 시장' 옹호론으로 들리겠지만 기업은 시장에서 상품, 가격, 서비스 등 모든 측면을 놓고 경쟁을 한다. 이러한 서비스를 할 때, 기업이 어떤 형태로 개인의 프라이버시를 보호하느냐가 문제가 된다. 고객은 시장에서 계약, 동의, 보증, 그리고 사이트 상의 권리 포기 같은 방식을 통해 최대한의 프라이버시 보호 장치를 갖춘 기업을 선택할 수 있다.

그렇기는 하지만 웹사이트로 들어갈 때 브라우저를 조정해 쿠키를 차단시키지 않으면 정보가 빠져 나가는 것조차 모른다. 인터넷을 처음 시작할 때부터 자료가 수집되고 있는 상황이다.

쿠키(cookie)는 정보의 집합체가 아니다. 쿠키를 오해하는 사람이 의외로 많다. 쿠키는 사용자로부터 정보를 뽑아 오는 방법이 아니라 사용자의 컴퓨터 정보를 저장하는 방법이다. 쿠키의 작동 양상을 제대로 이해한다면 불편한 마음이 많이 사라질 것이다. 쿠키는 편의적인 도구일 뿐이고 사용자는 쿠키에 동의해야 할 필요가 없다. 그때 그때, 개인이 선호하는 것을 설정하면 된다.

그러나 쿠키는 회사로 정보를 되돌려 주는 우회로가 아닌가?

그렇기는 하다. 사용자가 더욱 편리한 경험을 원하기 때문에 사용자가 동의한 개인의 정보를 회사에게 주는 것이다.

좋다. 기업의 권리를 이야기해 봤다. 그렇다면 개인의 권리는 어떤가? 웹에 들어오는 개인은 프라이버시 측면에서 어떤 권리를 갖는가? 극좌파나 극우파, 혹은 포르노 중독자들처럼 사회적 금기에 반하는 취향을 가져도 괜찮은가?

웹사이트를 방문하는 모든 사용자가 각 사이트의 프라이버시 정책을 적극 따져 봐야 한다. 대부분의 웹사이트는 프라이버시 정책을 공개하고, 사용자는 그러한 부분을 확인할 수 있다.

웹사이트에 가 보지 않고 어떻게 그렇게 할 수 있는가?

웹 시스템 관리자와 인터넷 기업은 기본적으로 사용자가 어떤 도메인을 통해 로그인했는지 알게 된다. 그러나 그것은 사용자의 ISP거나 소속 기업일 것이다. 인터넷에 무료로 접속할 수 있는 사용자는 운이 좋은 편이다. 그것에 대한 보상으로 사용자가 어디서 오는지를 안다. 마치 공개 회의나 피위 허먼(PeeWee Herman) 같은 포르노 쇼에 참석하는 것과 같다. 그들은 사용자가 어디에 있는지 알 수 있다.

그것들 사이의 차이는 피위 허먼이 일반 무대에서 상연된다는 점이다. 컴퓨터 사용자는 개인적인 장소에 있다.

그것은 인터넷 사용자에 대한 오해에서 비롯된다. 웹은 공공 장소이다. 집에서 접속한다고 해서 웹이 집 안에 존재하는 것은 아니다. 즉, 개인적인 장소에서 공공 장소로 이동한 것이다. 웹은 대중적인 공간이다. 웹에 접속할 때, 사용자는 집과 이별한다. 그것이 사용자가 우려하는 점이라면, 자신이 어떤 종류의 흔적을 남기는지 파악할 필요가 있다. 인터넷은 수치를 기반으로 하는 도메인 시스템이 없으면 작동할 수 없다. 모든 인터넷 주소는 고유의 숫자인 IP 번호를 가지며, 이것이 없다면 데이터 정보를 목적지로 보낼 수 없다. 즉, 가고 싶은 사이트로 결코 갈 수 없게 되는 것이다.

아들과 컴퓨터를 함께 쓰는 메리 스미스가 여자 동성애자 사이트로 가고 싶다면 어떻게 되는가?

이런 우려 사항은 자유 시장에서 매우 효율적으로 처리된다. 당신이 어떤 이유로 어디서 왔는지 웹사이트가 알 수 없도록 하려면 익명의 프록시 사이트로부터 로그인하면 된다. 즉, 별도의 조치를 마련해 관련 회사를 찾아가야 하는 것이다. GLAD처럼 동성애자 차별에 반대하는 집단이 운영하는 웹사이트는 실질적인 위험이 있음을 인지하고 그런 자원을 제공한다. 따라서 동성애 사이트에 들렀다고 해서 해고되는 경우에서와 같이, 정보를 보호받을 필요가 있다면 무료로 공급되는 이런 자원을 이용하면 된다. 웹의 가장 큰 장점 중의 하나는 비슷한 사람끼리 만날 수 있다는 점에 있기 때문에 이것은 괜찮은 일이다. 결국, 학교에서 차별 대우를 받는 10대 동성애자들을 돕고 그들이 같은 처지의 벗들을 만나서 공통 관심사를 토론하게 하는 웹이라는 장치가, 그들 스스로에게 보호 장치를 마련하라고 강요하는 어려운 문제가 수반된다.

프라이버시 문제에서 덧붙일 말이 하나 더 있다. 오프라인에서 사람들이 프라이버시를 침해당하는 경우가 적지 않다. 온라인에서의 프라이버시는 오프라인에서의 프라이버시에 비하면 훨씬 양호한 상태이다. 잡지 구독을 하면 잡지사는 언제나 독자 주소를 팔아먹는다. 온라인보다 오히려 오프라인에서 더 많은 사용자 정보를 뽑아 내는 경우가 많은 것이다. 컴퓨터 주소와 지역 우편 주소를 비교해 보라. 정신 질환이 있는 스토커가 어떤 정보에 더 눈독을 들이겠는가?

더구나 정보 시장의 전 지구적 성격으로 인해 기업의 프라이버시 정책 또한 공개되는 방향으로 개선되고 있다. 유럽은 프라이버시에 관해 매우 다른 사회적 기준을 갖고 있다. 유럽 지역의 정부들은 과거의 프라이버시 침해 역사를 반성한다는 취지에서 개인 정보 보호에 각별한 노력을 기울인다. 예를 들면, 제2차 세계대전 전의 독일에서는 노동 운동에 참가하거나 유태인 혈통이거나 집 안에 정신 지체자가 있다는 사실이 알려지면 죽임을 당해야 했다.

그래서 유럽은 매우 다른 기준을 적용하며, 미국 기업이 프라이버시에 관해 자신들과 비슷한 태도를 보이지 않으면 거래를 하지 않으려고 한다. 이는 아주 중대한 쟁점이고 대단한 문제이다.

책임에 대해 거론해 보자. 경매 사이트가 총기를 판매한다면 총기가 어떻게 사용되느냐에 대해 책임을 지는가? 책임 범위는 전통적 점포와 유사한가?

이와 관련된 사건은 현재 재판에 계류중이며, 대법원의 최종 판결이 있기까지는 뭐라 말할 수 없다. 경매 사이트의 적정 주의 의무 한계에 대한 논쟁이 끊이지 않는다. 경매 사이트는 면책 조항을 이용해 위기를 피하려고 한다. 예를 들면, "당사는 손해 발생에 따른 책임을 지지 않는다. 면책 조항에 동의해야 서비스를 이용할 수 있다."라고 규정하는 것이다. 물론, 면책 조항에 구속되지 않는 사용자는 우발적으로 총을 소지한 아이의 총에 맞은 이웃 사람처럼 그 계약을 전혀 알지 못했을 것이고, 따라서 자신의 권리를 결코 포기하지 않을 것이다.

결국 법정에서 가려질 문제라는 뜻인가?

그래야 한다고 생각한다. 또한 현실의 점포, 특히 신문 분류 광고와 비슷한 분석 방법이 타당하다고 본다.

개인적 접촉이 없기 때문에 우편 주문 상황과 비슷하지 않은가? 신문 분류 광고에서는 독자가 외출을 해서 판매상을 만나고 총기를 살 수 있다.

내가 들은 바로는 총기류와 불법 상품은 웹사이트 자체의 광고보다는 그 뒤를 잇는 전자 메일 대화에서 거래되는 경우가 비일비재하다고 한다. 화분을 판다고 광고하지만 실제로는 헤로인이나 그 밖의 금제품을 암시하는 경우가 있다.

여기서 프라이버시 정책의 의미가 부각되는 이유 중 하나는 기업들이 이 같은 사태에 대비해 스스로를 보호할 목적으로 사용자 정보를 획득한다는 점에 있다. 총기나 금제품을 판매하는 상인에 대한 정보를 갖고 있다면 해당 사실을 추적해서 범법자를 체포할 수 있다.

기업이 그렇게 나서야 할 책임과 의무가 있는가?

기업이 범법자를 색출할 의무가 있느냐 그렇지 않느냐의 문제이다. 기업은 그런 의무를 부인하려고 한다. 어느 경우에나 그 주장의 적법성 여하는 법정에서 가려질 것이다.

당신은 ISP 명예 훼손 사건을 언급했다.

맞다. AOL은 이 문제로 골머리를 앓고 있다. 매트 드러지가 연루된 사건이 하나 있다. 아직 확정 판결이 나오지 않은 상태지만, 사용자가 사이트에 올리는 발언에 대해 ISP가 책임을 지느냐가 쟁점이다. 해답은 사정에 따라 다르다.

마켓워치가 내 칼럼 기사에 관해 그렇게 하는 것처럼, ISP가 편집자처럼 기능했다면 일정한 의무가 수반된다. AOL 사례는 다른 방향에서 해결돼야 했다. AOL의 책임이 없는 것으로 밝혀졌기 때문이다. AOL은 일정한 한계를 넘은 비방을 허용하지 않는다. 그들은 자사 사이트의 게시물에 대한 편집 권한을 가지고 있다. 단점이라면 편집을 하면 할수록 거부감이 많아진다는 것이다. 어떤 사람은 이를 검열이라고 비판한다. 약간의 설명이 필요하지만 사용자가 민사 사건의 당사자가 될 때에 그것은 결코 검열이 아니다. 편집자 입장에서 규칙을 만들고, 더 많은 규칙을 만들수록 책임을 져야 할 가능성은 더 많아지고, 또 그래야만 한다.

고객이 기업 주식을 소유하는 경우, 당장에는 주주 책임 소송 같은 것이 일어날 수 있다. 기업이 무책임하고 불성실한 프라이버시 규칙을 적용한다면 신탁 책임을 위반하는 것이다. 또한, 파산 후 주주 소송이 잇따르는 기업의 예와 같이, 기업이 마케팅이나 판촉 광고용으로 사용자 정보를 적절히 사용하지 않는 한, 기업이 주주에 대한 의무를 위반한 것으로 볼 수 있다. 나는 이 문제를 기업 관점에서 보라고 고객에게 충고한다. 기업은 수익을 내야 하지만, 그것에 대한 책임도 역시 져야 한다.

증권 회사의 경우는 어떤가? 예를 들어, 증권 회사의 컴퓨터가 장애를 일으켜 고객이 원하는 시점에 주식을 팔지 못 했다고 하자. 대부분의 사이트는 전화로 백업 기능을 보강하지만 그런 방식의 응급 조치로 막대한 트래픽 분량을 감당할 수 있을지 의문이다. 증권거래위원회가 이 문제를 조사중인 것으로 안다.

증권거래위원회(SEC)는 정부 기관으로서는 가장 보수적인 집단이다. 그들은 심각한 소아병적 집착 증세를 보이고 있다. 그들은 범용 정보에 따른 투자자 피해를 방지하기 위해 안달이다. 나는 그런 작태가 지겹다.

온라인 증권 회사들은 9.95달러 정도의 거래를 할 경우, 고객에게 9.95달러의 서비스를 한다고 주장한다. 그러나 경고문을 읽은 고객은 전산 처리 지체로 손해를 본다고 해도 불평을 할 수 없다. 지불한 만큼 얻는다는 것의 한 단면에 불과하다.

서비스 계약에 동의한다면, 서면 계약서를 꼼꼼히 읽어야 한다는 뜻인가?

대체로 그래야 한다. 9.95달러의 서비스 가치도 제공할 수 없는 회사는 고객들의 외면을 받고 말 것이다.

이 또한 고객의 권리가 강화된 것의 한 예이다. 증권 회사가 고객의 니즈를 충족시키지 못한다면, 다른 증권 회사로 찾아가면 그만이다.

그렇다. 세상 어느 곳에서보다 인터넷의 사용자는 힘이 있다. 그래서 나의 칼럼에서는 언제나 "당신의 돈으로 투표하라."고 권한다. 힘들여 모은 돈을 예치할 때는, 선입견보다는 신중하게 어떤 은행이 좋고 나쁜지를 결정한 후 일을 진행해야 한다.

미국 기업들이 변덕이 심한 고객들에게 익숙해졌다고 생각하는가? 도시에 사는 미국인라면 시내의 큰 점포로 향하곤 했다. 빵집이 세 곳이라면 그 만큼 선택 범위가 넓어지지만 사정이 달라졌다. 웹에서는 선택 범위가 더 넓다. 버튼만 몇 번 누르면 훨씬 더 많은 빵집이 나타난다.

웹으로 진입하는 데 있어서는 장벽이 없다고 한다. 웹으로 진입하는 데 있어서의 장벽은 단지 보다 우수한 고객 정보를 누가 보유하느냐의 문제일 뿐이다. 최고의 고객 자료를 가진다면 당연히 최고의 서비스를 제공할 수 있다.

웹에서의 고객은 다른 곳과는 차별되는 권리를 지닌다. 다만, 미국 사회의 부정적 측면 중 하나인 익명성으로의 회귀가 조장된다는 역설이 마음에 걸릴 뿐이다. 월마트로 가면 아무도 자신을 알아보지 못한다. 그러나 동네 가게로 가면 자신의 이름을 알고, 무엇을 원하는지 알며, 지난번 언제 아이 기저귀와 타이드 세제를 샀는가를 안다. 그래서 기분이 좋아진다. 인터넷 기업의 목표 중의 하나가 그것이어야 한다고 생각한다. 즉 상점이 이스라엘, 호주, 혹은 바하마 어디에 있든지 고객들이 마치 동네 가게에 들리는 것 같은 느낌이 들도록 해야 한다.

컨텐츠 측면에서, 저작권 문제는 소프트웨어 업계의 장기적 과제이다. 책으로 인쇄하는 경우에는 저작권의 실효성이 한층 강해진다. 소프트웨어 프로그램 코드는 은밀히 절취되고, 다른 프로그램에 있는 수백만 줄의 코드 가운데 은닉되기 때문에 제대로 보호받기 어렵다. 인터넷에서는 이 둘 사이의 십자로에 있는 듯한 느낌이 든다. 어느 곳에서든 컨텐츠를 획득해서 표절하고, 다른 어느 곳에나 집어넣을 수 있다.

소프트웨어 프로그램은 통상 특허권으로 보호되므로 먼저 프로그램의 코드 라인을 떼어 내 생각해 보자. 특허권이 실제로는 그것을 보호하지 않고, 저작권 또한 마찬가지라 특허 법원에서 현재 대단한 논란이 빚어지고 있다.

그 점을 제외하고, 여기에는 두 가지 서로 다른 측면이 있다고 생각한다. 첫째로, HTML이 있다. 이것은 코딩 언어가 아니라 단순히 마크업 언어이기 때문에 실제 소프트웨어 코드와 달리 대중이 접근할 수 있다. 이와 함께, HTML은 도둑질이 쉬워 저작권 침해가 다반사로 발생한다. 반면에 도둑을 더 쉽게 잡을 수 있다. 사용자가 독자적으로 검색을 한다는 점, 그 결과로 사용자의 힘이 막강해진다는 점이 웹의 위대한 특징 중 하나이다. 소규모 사업을 운영하거나 생계를 위해 지적 재산권과 관련된 각종 업무에 관여하는 사람은 이에 대응해야 한다. 자신의 컨텐츠가 어떻게 도용되는지 적극적으로 탐색해야 한다.

내가 권리를 양도하지 않았는데 내가 쓴 기고문이 도용되는지를 알아보기 위해 법률 자료 색인 사이트인 렉시스-넥시스(Lexis-Nexis)를 점검한다. 나는 웹에서 종종 내 이름을 검색해서 나의 글이 허락 없이 다시 프린트되지 않게 방지한다. 이런 추적 활동을 벌여야 하는지는 스스로 결정해야 한다. 단호하면서도 친절한 전자 메일이 침해 방지에 효과적인 경우가 많다. 때로는 변호사의 조력을 받아야 한다. 이와 같이 HTML의 쟁점은 도둑질이 쉽지만 발견 또한 쉽다는 점에 있다.

글쓰기를 생업으로 하는 사람에게는 현실의 글쓰기 작업이 지상의 사명이다. 하지만 지적 성과물은 도둑질 당하기가 쉽다.

그러므로 법률적 구제 장치가 요망된다. 당신의 책이 다른 언어로 무단 번역된다면 어떤 조치를 취할 수 있는가? 당신이라면 어떻게 대응하는가? 다른 나라로 달려가 소송을 해야 하는가?

이 문제는 오프라인에서도 발생한다. 다시 한 번, 오프라인 세계에서는 도둑 잡기가 더 어렵다. 물론, 구제 수단을 경유해야 하지만 웹을 통한 범법자 색출이 훨씬 쉽다. 그리고, 나는 재차 독자들에게 지식 자산의 보호 조치를 강구하라고 권한다. 나의 HTML 문서와 저작 컨텐츠는 종종 봉이나 되는 양, 도둑질을 당해 왔다. 하지만 편지를 통해 "내가 당신을 보고 있다."고 타이르면 알아서 물러선다.

당신의 견해는 웹을 통해 개인의 힘이 강화됐다는 뜻으로 들린다. 작가의 경우에도 개인적으로 저작권 침해를 확인하기가 한층 쉬워졌다. 기업은 모종의 방식으로 언제나 이 힘을 누려 왔다. 그러나 이제 개인 프리랜서라도 이를 추적하고, 조치를 취할 수 있을 만큼 법적 지위가 강화됐다.

그렇다. 개인은 무료 웹사이트를 통해 자원을 얻을 수 있다. 텍사스에 있는 한 법률 관련 전문 출판사가 법률 위반 혐의로 기소됐다. 그 출판사는 훌륭한 자료들을 제공했다. 웹에서 무수히 많은 법률 자원을 이용할 수 있으므로 개인의 힘이 강화되고 집단으로서 힘이 강해진다. 개인은 비슷한 문제를 가지고 있는 사람을 만날 수 있다. 업무에 있어 직원보다는 계약자인 경우에 푸대접을 받기 쉬우므로 차라리 직원의 신분을 바란다. 이렇게 비슷한 처지의 사람을 만날 수 있다. 노동조합에 가입하거나 노동조합을 상대로 투쟁할 수도 있다.

개인 소비자의 단결력에 호소하는 PopularDemand.com 등의 웹사이트마저 나타났다. 참 훌륭한 아이디어이다.

웹은 또한 대중의 이동성을 높인다. 봉급은 줄어들지만 개인에게 가장 알맞은 직업을 웹이 골라 줄 수 있다. Monster.com은 프로그램 개발, 저술, 컨설팅 등 개인의 각종 서비스를 경매에 붙이는 사이트를 운영한다. 이는 가장 역량 있는 직원을 뽑는 방법이 될 수 있다. 물론, 개인 간에 분쟁이 발생하고, 임금을 인하되는 등의 결과가 발생할 수 있다. 이런 일은 지양되어야 한다.

그래서 웹은 무시무시한 전율을 준다. e베이와 몬스터닷컴이 포진한 세상에서 기회는 너무 많고, 나는 언제나 이 점을 명심하고 있다. 웹으로 인해 너무 많은 선택의 여지가 발생했다. 웹이 아니었다면 내가 변호사를 그만 두고 결코 작가나 기술 전문가로 경영 일선에 뛰어들 수 없었을 것이다. 나는 웹에서 모든 것을 배웠다. 나는 웹에서 HTML을 배웠다. 자원은 웹 위에 있다.

# 인텔 공동 창업자, 회장

인텔 사의 앤디 그로브 회장만큼 장기간에 걸쳐 컴퓨터 기술에 심대한 영향을 미친 인물은 찾기 어렵다.

헝가리 출생으로 1963년 UC 버클리에서 박사 학위를 받은 앤디 그로브는 페어차일드 반도체사에 합류했다. 1968년 인텔 사를 공동 창업했고 얼마 후, 8년간 사장으로 봉직했다. 1987년 인텔은 그로브를 CEO로 지목했고 그로부터 10년 뒤에 회장이 됐으며, 1998년 크레이그 베렛(Craig Barrett)에게 CEO 자리를 인계했다.

그는 6년간 버클리 대학에서 강의했고, 지금은 스탠퍼드 대학에서 한 강좌를 맡고 있다. 기술 논문 40편을 썼으며, 특허권을 여러 개 보유하고, 최근에 베스트셀러가 된 『편집광만 살아남는다』 등 4권의 책을 저술했다. 또한 《월 스트리트 저널》, 《뉴욕 타임즈》, 《포천》, 《워킹 위민》 등 유명 간행물에 기고하고 있다.

그는 미국전자산업협회가 수여한 공로상을 비롯해, 《CEO》 잡지의 올해의 CEO,《인더스트리 위크》가 지명한 기술 리더,《타임》의 올해의 인물로 꼽혔다.

그로브는 기술계의 정상이라는 각별한 평판에도 불구하고, 서민풍의 겸손함이 배어 있다. 그는 기술이 세계에 미치는 충격을 깊이 인식하고, 모든 문제를 진지하게 논의할 태세와 의지를 갖고 있다.

고급 기술 인력인 당신이 개인적으로 어떻게 웹을 사용하는지 알고 싶다.

내가 고급 기술 인력이라고 생각하지 않는다. 나는 게으른 사람이어서 오히려 일반적인 사용 패턴에 더 가깝다. 나는 특별히 이상한 일을 하지 않는다. 쇼핑을 하고, 많은 뉴스를 얻으며, 간혹 검색을 하면서 이곳 저곳을 살핀다. 나는 전립선암 연구에 관심이 높다. 그 분야의 진보를 알아 보기 위해 웹을 둘러본다. 나는 서신을 교환하기 위해 인터넷을 사용하고, 거의 전적으로 전자 메일에 의존한다. 때로는 인터뷰에 응하기도 한다.

현재 화상 회의는 활용하고 있는가?

지금은 그렇지 않다. 웹이 나타나기 전에는 한동안 화상 회의의 잠재력에 들떠 있던 적이 있었다. 시간이 지나면서 내가 사용하고 싶어하는 방식으로 발전하지 않았다. 또, 내가 도입하고 싶었던 커뮤니티가 성장하지 못했다. 그러다가 우스운 일이 생겼다. 전자 메일의 등장으로 화상 회의의 용도가 거의 없어진 것이다. 정말 기이한 발전이었다. 전자 메일은 몇 개를 작성한 후 한꺼번에 보낼 수 있고, 또 첨부 파일을 전송할 수 있지만, 그것은 인텔의 화상 회의 솔루션이 이미 제공했던 것이었다. 당시, 화상 회의를 하면서 파일을 전송할 수 있어 화상 회의와 동시에 자료를 볼 수 있었다. 1992~1993년 무렵인데, 그 때는 아직 웹이 발전하기 이전이었고 대중적인 전자 메일을 통해 첨부 파일이 발송되지도 않았다.

당신이 화상 회의를 시연해 보여 준 것을 기억한다. 흥미로운 기술이었다. 다만 너무 앞선 감이 없지 않았다.

당신이 잘 알듯이, 특히 나를 포함한 인텔 경영진이 화상 회의에 투입한 노력은 유별났다. 화상 회의가 정착되지 못한 이유를 알 수 없다. 그러나 그것이 커뮤니케이션의 발전 추세에 반할지도 모르기 때문에 장래를 낙관할 수는 없다.

의사 소통은 갈수록 알파뉴메릭 추세를 띠고 있다. 온라인 메시징과 동시 메시징의 발전을 눈여겨보라. 그것은 키보드로 입력할 수 있고, 동시에 발생하며, 실시간이다. 세계로 전달되는 수십억 개의 메시지는 비실시간, 비동기 방식이다. 그러나 이 둘은 키보드를 통해 입력된다. 내가 화상 회의에 푹 빠지기 전인 10년 전쯤에, 나는 영상 메시지를 첨부한 전자 메일이 급부상할 거라고 예상했다. 음성 사서함용으로 적합한 소형 영상 파일을 첨부할 수 있기 때문이다. 그런데 아무도 그것을 사용하지 않았고, 그 기능은 현재 다른 방식으로 대치되고 있다. 또한, 사용자 층이 소수라 존재 가치가 사라졌다.

대부분의 사용자가 협대역에 의존하고, 그런 파일을 내려 받거나 심지어 화상 회의를 설정하는 데 시간이 걸리기 때문이 아닌가?

실제로 그렇다면, 고장과 드라이버 장애, 플러그인 문제가 생기지 않는 광대역과 안정적인 인프라가 일반화될 무렵에는 대중의 통신 방식이 화상 통신과는 무척 달라질 거라고 생각한다.

아마도 당신 말이 옳은 것 같다. 다른 문제를 물어 보자. 주지하듯이 지금은 놀라운 역사적 시기이다. 특정한 기술의 리더십이 이동하거나 신기술이 개발되어, 우리가 지켜본 현상들의 구조를 바꿀 만큼 중대 전환기로 보여진다. 이것이 진실이라고 믿는가?

물론이다. 약간의 전제를 붙인다면 진실이라고 생각한다. 그 관점의 옹호자가 생각하는 그대로의 진실은 아닐 수 있다. 약간의 유보가 필요하다. 리더십의 일부는 변하지만 리더십의 전부가 변하지는 않는다. 미국 기업들이 끔찍한 80년대를 겪은 후 1990년대의 호황기가 왔고, 기업 중의 상당수가 파산 지경에 이르렀던 80년대의 경영진을 그대로 유임시키고 있다는 점에서 더욱 그렇다. 그들은 홍수에 떠밀려 가려고 하지 않는다.

따라서 기존 리더로서 스스로를 재위치시키는 많은 사람들이 또한 리더십 자리를 차지할 것이다.

아마존이 새로운 역동적인 환경에서 전광석화처럼 떠올라 전자상거래의 강자로 급부상한 것이 대표적인 예이다. 이에 대응해 반스앤노블 사는 신기술에 적응하면서 전환점을 마련하려고 뒤뚱거리지만, 현실 공간에의 투자 때문에 발목이 잡힌 듯이 보인다. 우리가 지켜보는 전환기의 모습이 이와 같지 않을까?

그렇다. 보다 성공적인 예는 온라인 증권 회사 슈왑이다. 알다시피 슈왑은 온라인 인프라를 현실 공간의 인프라와 효율적으로 접목시켰다. 내가 스탠퍼드 대학에서 슈왑을 경영 사례로 강의하기 때문에 그 회사의 내부 사정에 익숙한 편이다.

처크 슈왑(Chuck Schwab)은 훌륭한 기술 전문가이다. 그는 대단한 신념가이다.

내가 강조하는 요점이 그것이다. 그들은 이전에도 기술을 먹고 살아왔다. 웹 기반은 아니라도 전화를 이용하는 기술이다. 그들은 원격지 고객, 연결된 고객을 이해했다. 그들은 운영 방식을 수정했다. 또, 가격 정책을 수정했다. 초기에는 약간의 문제가 있었지만, 곧 성공할 수 있었다. 비슷한 사례가 많이 나올 것이다.

유망 기업이다. 자주 거론되지는 않지만, 인터넷 신진 기업과의 주도권을 다투는 경쟁에서 승리한 전통 기업의 대표적인 예라고 할 수 있다.

물론이다. 다만, 구조조정의 필요성은 여전하다. 재편이 가능하려면 현직 종사자들이 밤낮없이 수고해야 한다. 일부 기업은 변화에 실패하지만, 끊임없이 노력한 끝에 성공하는 기업이 많다.

넓은 의미의 기술 진보, 구체적으로는 인터넷의 기술 진보를 통해 얻어진 생산성 향상을 논의해 보자. 인텔에서 일하는 당신의 노고에 힘입어 지난 수십 년간 기술 발전은 놀라웠지만 예측이 가능한 성장세를 보였다. 하지만, 최근 수년 간의 인터넷 성장세는 참으로 많은 사람을 놀라게 했다. 이 둘의 차이점은 무엇인가? 왜 하나는 예측됐고, 또 하나는 제대로 예측되지 못 했나?

나의 전공이 화공학이라 그런지 촉매 반응이 먼저 연상된다. 두 개 화합물을 반응 용기에 넣고 흔들면 서로 거리가 가까워지고, 열을 가해도 아무 반응이 생기지 않는다. 그러다가 제3의 인자인 촉매를 투입하면 갑자기 맹렬한 화학 반응이 일어난다.

이 반응에서 촉매는 무엇이라고 생각하는가?

인터넷 프로토콜이다. 예측 가능했던 과거의 경우, 비록 폭발적인 수요는 없었지만 장기적이며 예측 가능한 방식으로 개인용 컴퓨터로 대변되는 디지털 컴퓨팅과 기업 네트워킹의 보급이라는 두 가지 새로운 상황이 전개되었다. 인터넷 프로토콜을 통해 지금처럼 인터넷이 보편화되지 않았더라면, 각각의 컴퓨터들은 서로 다른 전용 프로토콜을 통해 통신했을 것이다. 대신에 생산성 향상이라는 만국 공통어가 무대 전면에 폭발하며, 과거 15년간 집행돼 온 모든 투자 활동이 상호 연결되게 했다. 이것이 촉매라고 생각한다.

이 추세가 수년 간 더 계속되리라 보는가?

그렇다. 흥미롭게도 미국 내 인터넷 연결이 착착 진행되면서 몇 년 안에 S자형 커브를 그릴 것으로 예상한다. 기업계에서 네트워크로 연결되지 않는 부분은 점차 감소할 것이다. 그리고 네트워크 하부구조 또한 대대적으로 새롭게 교체, 업그레이드되어 더욱 강력해질 것이다. 그러나 미국은 세계 환경의 일부일 뿐이다. 지난 5~6년간 미국이 지켜본 발전은 미국 밖에서 이제야 겨우 움트기 시작하고 있다. 따라서 오늘 미국이 중단한다고 해도 미국 밖에서는 활기찬 개발의 고동을 10년 정도는 울려야 한다. 그것은 당위이다. 만일 그렇지 않으면, 세계의 나머지 부분은 1% 수준에 이르는 국내 생산성 하락에 따른 박탈감을 참을 수 없을 것이다.

미국 이외의 국가의 성장률을 1% 정도 하향시킨다는 말인가?

그렇다. 연방준비제도이사회 앨런 그린스펀 의장은 이를 1% 효과라고 불렀다. 다른 요인이 개입하지 않는 한, 그것은 굉장한 수치이다. 통화 정책, 교육 훈련, 기타 요인이 모두 같다고 할 때, 적절한 네트워크 기반과 이 1%의 가속 장치를 갖는 미국 경제는 다른 국가에 비해 엄청난 국가 우위를 누린다. 매년 1%의 성장이 계속된다면 결국에 대단한 격차를 가져온다. 기술은 이용 가능하기 때문에 세계 각처에서 이 방식으로 미국을 따라 잡으려고 투자가 증가할 것이다.

몇 년 전, 중국이 유선 전화 단계를 생략하고 바로 무선 전화로 직행할 거라는 이야기를 들은 적 있다. 그리고 이제는 세계 다른 지역에서 IP 전화를 사용해야 한다는 주장이 들린다. 실현 가능한 일로 보이는가?

별다른 증거를 찾지 못했다. 지금 무선 지역 전화가 활발하지만, 무선 통신만 하더라도 개별 가구에 서비스하기 위해서는 교환기 하부구조의 구축과 요금 체계 등과 같은 기반이 마련되어야 한다.

아무튼 하부구조를 구축해야 한다는 주장으로 들린다. 그러면 IP를 겨냥한 인프라는 왜 구축되지 않는가?

이론상, 그런 주장이 가능하다. 그러나 실천적인 면에서 대대적인 IP 전화 사업의 발전 가능성은 아무도 입증하지 못했다. 중국은 미국의 지역 벨 사와 비슷한 체계를 구축중이며 앞으로 몇 년 더 그 작업을 계속할 듯하다.

놀라운 일이다.

맞다. 중국은 대국이다. 중국은 내가 말했던 것처럼 이미 S자 현상에 탑승했다. 그래서 그들이 무슨 일을 하든지 간에 매년 2000만~3000만 명의 인구가 늘고 있다.

당신은 최근의 한 연설에서 5년 안에 모든 기업이 인터넷 기업이 될 것이며, 그렇지 않으면 살아남을 수 없다고 말했다. 그 발언이 다소 과장된 것은 아닌가 생각된다. 모든 기업이 인터넷에 진입하게 된다는 말인지, 아니면 인터넷 기업으로 변한다는 말인지 설명해 달라.

당신이 앞서 물은 질문과 같은 맥락이다. 슈왑 사와 E*Trade 사를 구분하는 것은 작위적인 탁상 공론에 불과하다. 향후 5~10년을 내다보는 기업은 슈왑과 같은 전환을 이뤄야 하며, 그렇지 않고는 퇴보를 면할 수 없다.

그 기간 동안에 기업이 문을 닫지는 않겠지만, 조정을 단행한 기업에 비해 시장 지위와 지배력, 수익성을 잃을 것이다. 전통적 기업이 조정을 마친다면, '태생부터 웹'인 신진 기업과의 구분은 점차 희미해질 것이다. 물리적 인프라를 도입해 기업과 기업 간(B2B) 및 기업과 소비자 간(B2C) 상거래에 나서거나, 거래를 위한 하부구조를 구축한 다음에 거래 완결을 위해 도입한 물리적 설비를 다시 메울 수 있다.

장기적으로 네트워크가 아무리 고도화된다고 해도 세계 거래의 압도적인 비중은 유형 재화가 차지한다. 아마존이나 Webvan이 십억 달러를 들여 물류망을 구축하고, 월마트와 세이프웨이가 수십억 달러를 들여 물류 능력을 보강하는 까닭은 바로 이 때문이다. 그들은 점점 더 비슷해지고 있다.

당신이 제기한 흥미로운 개념으로 인터넷 '클라우드(cloud)'가 있다. 나는 이 은유를 좋아한다. 텔레비전이 제대로 운영되려면 매우 복잡한 과정이 필요하다. 그러나 시청자는 텔레비전 앞으로 다가가 켜기만 하면 작동된다. 인터넷 또한 매우 복잡한 시스템이다. 그러나 당신 같은 전문가라면 그것을 이해하지만 대부분은 사람은 실제로 이해하지 못한다. 복잡한 인터넷 환경에서 인텔은 어떤 역할을 하며 다른 기업과 어떻게 협력할 것인가?

이 모든 환경에 3대 유형의 활동이 가능하리라고 본다. 개인용 컴퓨터를 위주로 하는 수억 개의 서로 다른 접속점이 존재할 것이다. 개인용 컴퓨터는 거의 전적으로 인터넷 접속을 위해 효율적으로 엮어진다. 그 다음에 엄청난 규모의 통신 제어 기능이 있어서 클라우드를 통과하면서 한 클라이언트에서 다른 클라이언트로 디지털 신호의 변환, 저장이 발생한다. 끝으로, 데이터 마이닝, 고객 레코드, 단순한 웹페이지 서비스 등 모든 거래의 중간에는 그 거래를 전체적으로 처리하는 서버가 위치한다. 사실상 접속 트래픽의 팽창으로 서버의 처리 부담은 더욱 과중해졌다. 거래의 복잡성 또한 증가하고 있다.

인텔 칩은 이 모든 영역에서 사용중이며, 앞으로도 사용되도록 설계될 것이다. 인터넷 이용이 필수화되면서 직장, 가정, 그리고 그 중간의 모든 공간에 왜 컴퓨터를 두어야 하며, 킬러 애플리케이션이 무엇이냐에 대한 질문은 더 이상 필요 없게 됐다. 오늘날 서버 기종 다수는 인텔 칩을 사용하며 인텔은 서버 시장을 위해 만반의 노력을 하고 있다. 인텔은 내부 개발과 함께 10여 개 가까운 기업을 인수해 네트워크 프로세서 개발에 필요한 전문 기술을 확보, 연마하고 있다. 통신 기능을 염두에 둔 마이크로프로세서의 새 버전이라고 할 수 있다.

인터넷으로 들어가려면 마이크로프로세서가 있어야 한다. 다른 어떤 명칭으로 불릴지라도 여전히 비슷한 기능을 하는 마이크로프로세서이다. 몇 년 전에 비하면, 인텔의 개발 방향은 인터넷 컴퓨팅의 니즈에 가일층 대응하는 선상에서 이루어진다.

**나는 과도한 단순화의 위험을 경계하는 편이다. 클라우드 안에 위치한 프로세서 가운데 일부는 프로세싱 센터로 사용될 인텔 서버 집단(farm)에 집중 배치될 것인가?**

절대적으로 그렇다. 그렇게 보는 편이 적절하다. 그것을 어떤 이름으로 불러야 할지 고민하고 있지만 인텔 서비스의 브랜드 중 하나가 될 것이다. 모든 기업이 인터넷 기업이 될 것이라는 인텔의 믿음은 중소기업체를 또한 포함한다. 많은 중소기업이 자체의 정보기술 조직을 운영할 여력이 없어 외부 기업에 데이터 처리를 위탁하듯이, 인터넷 애플리케이션에서도 같은 현상이 벌어질 것이다. 그런 선택을 하는 기업에게 인텔은 서비스 형태로 기술을 판매할 수 있다. 외주 활동의 몇 퍼센트 정도가 서비스 형태로 구매될지 아무도 알 수 없지만, 인텔은 발전 방향에 있어서의 여러 가지 가능성에 중도적인 자세를 취하려고 한다.

**몇 년 전 당신의 발언에 의하면, 비록 네트워크 컴퓨터 수요가 있다고 해도 개인의 데이터를 보존하는 등의 용도 때문에 개인용 컴퓨터의 수요는 여전할 거라고 했다. 아직 그 견해를 지지하는지, 아니면 네트워크 컴**

퓨팅 아키텍처로의 이행 추세가 더욱 강화됐다고 생각하는지 말해 달라.

네트워크 컴퓨팅이 더욱 활발해졌고, 그것은 우리가 지향해야 할 방향이다. 그러나 개인 데이터가 네트워크에 보관되면서 남용될 소지 역시 비약적으로 증가하기 때문에 다소간 조정 시기가 필요할 것으로 예상된다.

나의 신상 정보 대부분이 컴퓨터 네트워크와 연결된 채로 저장되지만, 그 자료 파일 일체가 기업에 의해 운영되는 단일 데이터베이스에 위치한다면 상당히 거북스러울 것 같다.

나 또한 같은 생각이다. 당신이 언급하고 우리가 함께 느끼는 부정적 시각에 대해 말하자면, 신문 1면을 장식하는 황당한 이야기들을 예로 들 필요조차 없다. 하지만 그런 기사들은 개인 자료 보호 장치가 신속하게 구축되어야 한다는 의미를 갖는다. 개인 자료 남용으로 손해를 보았다는 기사가 사라지기까지 얼마나 많은 논란이 야기될지 까마득하다.

컴퓨팅 기술과 효율성이라는 점에서 이 문제를 보면, 네트워크와 집중화된 자료의 적절한 사용은 네트워크의 신뢰성과 광대역 능력이 그 목표에 도달하는 대로 가능한 빨리 확보돼야 한다. 그러나 거기에는 많은 쟁점이 도사리고 있고, 결국에 분쟁이 불가피하다. 그리고 개인에게 소중한 자료는 자신의 하드디스크에 계속 보관될 것이다. 그러나 개인용 컴퓨터의 하드디스크도 안전하지 않기 때문에 복사 방지 소프트웨어를 설치해야 할 것이다. 결국, 그것이 자연스럽게 정착될 것이라고 생각할 수는 없다. 여러 가지의 장점이 있기 때문에 장기적으로는 그 방향을 지향하지만 많은 장애가 따를 것이다.

미국 정부는 독자적인 정보 저장 계획을 통해 이러한 작업을 수행하려고 시도했다. 이 프로젝트에는 각 정부 기관들이 정부 자체의 네트워크를 보호한다는 명분 아래 가세하고 있다. 민권 운동가들은 이 같은 '빅 브라더' 컴퓨터 시스템 구상에 대대적으로 반발하고 있다. 내가 판단할 때는, 아마도 장기적인 저항을 불러일으킬 것 같다.

이것 또한 좋은 예이다. 당신이 부분적으로 이미 언급했지만 그것에 포함된 사회적 함의의 긍정적인 부분과 부정적인 부분에 대해 묻고 싶다. 고객들의 선택 범위가 넓어지고, 가격이 낮아지는 가운데 막강한 권리를 얻게 된다는 것이 긍정적 측면이다. 가격과 서비스 면에서의 경쟁이 격심해졌다. 고객들은 웹으로 가서 15개 내지 20개 점포 가운데 고를 수 있고, 동네 가게에서보다 한층 개선된 서비스를 얻게 됐다. 이것들이 모두 틀림없는 지향점으로 여겨지는가?

그렇다. 확실하다. 신세계에서는 고객이 왕이 될 거라고 생각한다. 1980년대 일본 제조업의 경쟁력이 하늘을 찌른 당시와 비교하고 싶다. 고객의 권리가 향상되면 그 이상의 파괴력을 가질 것이다. 공급업체로서의 기업에게는 시련의 시대를, 그리고 구매자로서의 기업이나 소비자에게는 더욱 편해진 시대를 예고하고 있다.

인텔은 마이크로프로세서 분야에 우수하고 독특한 제품을 생산한다. 게다가 전문 기술을 필요로 하고, 생산이 상당히 까다로운 제품을 만들고 있다. 그러나 웹에서 책이나 그 밖의 범용 상품을 판매한다면 대부분의 이윤 마진이 제로에 가까워질 것으로 예상된다. 장기적으로 가격 마진이 어떻게 될 것이라고 생각하는가? 일반적인 제품을 생산하는 기업은 과연 존립 기반 자체를 잃게 될까?

간략히 말해 그렇다. 나로서는 가격을 기본 무기로 고객을 모으는 e베이, 프라이스라인 및 각종 신진 기업들이 어떻게 돈을 벌 수 있을지 의심스럽다. 그들은 시간이 흐르면서 고객들에게 서비스하고, 매출 흐름을 만들어 냄으로써 수지를 맞출 수 있다고 기대한다. 그러나 다른 경쟁사가 똑같은 사업을 시작하는 데에는 별다른 어려움이 없다. 상식적인 기술이기 때문이다. 비즈니스 모델에 특허 신청을 하는 형편이지만 그것이 다른 기업의 진입을 막는 진정한 장벽이 될 수 있을지는 의문이다. 어쨌든 신진 기업이나 기존 기업 모두 이런 문제에 있어 특별한 대안이 없는 상태이다. 나는 신경제와 관련된 사업에 대해서는 별로 낙관적이지 않다. 누구나 광고로 수지를 맞춘다고 대답한다. 그러나 나는 광고가 매출과 이윤의 근원으로 차별화되기는 어렵다고 생각한다.

그렇지만 권리와 개인의 선택, 소비자 주권이라는 면에서 소비자의 황금 시대라는 점은 부인할 수 없지 않을까?

맞는 말이다. 내가 회의적이라고 말한 것은 공급업체를 염두에 둔 것이다. 소비자의 관점에서는 아주 경이로운 발전으로 여겨질 수도 있다. 그리고 그것은 전체 경제를 위해서 유익하다. 공급업체와 중간 상인들에게 경쟁력을 강화하도록 압박을 가하기 때문이다. 이러한 상황은 부가 가치가 없는 활동을 폐기하기 때문에 미래의 경제를 위해 좋은 일이다.

# 블룸버그 LP 창업자 겸 회장, 존스 홉킨스 대학교 이사장

역할 모델을 찾는 인터넷 기업가라면 마이크 블룸버그 같은 적임자를 찾기 어려울 것이다. 그는 금융 뉴스와 데이터 공급 회사인 블룸버그 LP의 창업자이자 회장이며, 존스 홉킨스 대학교의 이사장이다.

존스 홉킨스 대학교에서 공학을 배운 뒤, 1966년 하버드 경영 대학원을 나온 블룸버그는 우수 제품과 서비스에 프리미엄 가격을 지불하는 최고의 금융 관련 뉴스와 정보를 공급한다는 신념 하나로 수십억 달러 규모로 회사 가치를 성장시켰다.

1990년대에 널리 유포된 기술 철학과는 다른 관점에서 블룸버그는 독자적인 하드웨어를 사용한 전용망을 통해 이른바 '더 블룸버그'로 불리는 고유 서비스를 끈질기게 고집해 왔다. 이후, 블룸버그는 통신 매체로서 인터넷의 가치를 발견했지만 전자상거래에 대한 대중적인 신념을 여전히 회의적인 시각으로 바라본다.

당신은 블룸버그를 사용해 정보를 얻는다고 알고 있다. 인터넷은 사용하는가?

블룸버그가 인터넷에 관여하는 이유는 다른 어떤 기업보다 인터넷을 정보 서비스 매체로 중시하기 때문이다. 세계 각지에서 전화선으로 연결되는 우리의 고객들은 인터넷을 통해 서비스를 이용한다. 블룸버그 전용망을 이용하는 다른 고객들은 인터넷을 백업용으로 이용한다. 블룸버그 전용망이 다운되는 경우, 인터넷을 통해 서비스를 이용할 수 있기 때문이다. 경제적 이득이 없는 곳은 세계 어디라도 블룸버그 전용망을 서비스하지 않는다. 인터넷에 접속할 수 있으면 고객들이 인터넷을 통해 우리 서비스에 접속하는 것이다. 지금부터 1~2년 후에 인터넷의 신뢰성과 기술 능력이 크게 향상되면 블룸버그의 모든 고객이 단지 인터넷만을 이용해서 우리의 서버에 접속하는 시대가 열릴 것이다.

누구나 인터넷을 통해 블룸버그에 접속하게 되면 회사는 1년에 9000만 달러 내지 1억 달러를 절약할 수 있다. 고속 회선을 위해 500개소의 설비를 운영하고 서비스 요원, 예비 전력, 냉방, 보험, 정비, 청소 설비 등 갖가지 항목에 비용을 투입할 필요가 없어지기 때문이다.

인터넷은 개인적으로 어떤 용도에 사용하는가?

나의 단말기는 인터넷을 통해 회사의 대형 컴퓨터에 접속한다. 따라서 당신의 발언 취지가 단지 통신 수단으로서의 인터넷을 가리킨다면 나는 언제나 인터넷을 사용한다. 그러나 당신이 말하는 의미는 다른 거라고 생각한다.

블룸버그 이외에는 어떤 용도로 인터넷을 사용하는가?

물리적 통신 기기나 논리적 통신 기기로 인터넷을 사용한다는 의미가 아니라 당신이 말하는 뜻으로 이야기의 초점을 맞춰 보자. 즉, 내가 웹을 사용해 세계 각처의 사이트를 방문하느냐의 의미이다. 이것은 인터넷을 경유하지만 별개 문제이다.

내가 인터넷을 엔터테인먼트 소스의 하나로 사용하는가? 아니다. 무슨 뜻으로 '서핑'이라고 부르는지 모르겠지만 나는 서핑에 시간을 보내지 않는다. 그럴 필요가 없다. 일반적으로 서핑은 흥미가 있지만 삶이 풍성해지지는 않는다. 저녁 3시간을 그렇게 보낸다면 차라리 잠이나 자는 편이 더 낫다.

내가 웹으로 전자상거래를 하는가? 아니다. 책이 필요할 때면 여전히 길가 한 구석의 서점을 찾는다. 한 블록 건너 보더스 서점이 있다. 나는 《뉴욕 타임즈》 서평을 읽고 구입할 책을 선택하고, 그것은 바로 근처에 있다. 나에게는 아마존의 방대한 도서 목록이 필요 없으며, 나는 즉시 책을 구입하고 싶기 때문에 아마존에 대해 별다른 관심이 없다. 인터넷을 통한 도서 주문은 훌륭한 방법일지 모르지만, 나는 도서가 배송된다는 것에 별로 익숙하지 않다.

장기적으로는 동네 서점도 생존 가능성을 가진다고 생각한다. 개인 소유보다는 대형 체인 형태가 더 유리할 것이다. 현실 공간의 서점이 가능성을 가지는 데 반해, 다양한 전자상거래 사업 분야에도 불구하고 온라인 서점은 배송에 어려움을 겪을 것이다.

식품 배달이든 도서 배송이든 간에 기존 업체들은 인터넷 사이트에 비해 훨씬 규모가 큰 물류 창고를 보유한다. 사실, 시중 서점이나 동네 슈퍼마켓이 도서나 식품을 주문 받기 위해 웹사이트를 개설하는 편이 웹사이트 보유자가 식품 저장 창고를 만들고, 배달을 하며, 식품을 상하지 않게 다루는 방법을 배우는 편에 비해 싸게 먹힌다.

나는 오락을 목적으로 웹을 서핑하지 않는다. 또, 나는 웹에서 상거래를 하지 않는다. 나는 정보를 찾기 위해 웹을 사용한다. 내가 이 곳에서 저 곳으로 가기를 원하면, 예컨대, MapQuest로 직행한다. 블룸버그의 임무는 고객을 웹에 접속시키고, 블룸버그의 단말기를 통해 맵퀘스트의 웹사이트를 불러 내고, 뉴욕이나 프린스턴에 배치된 우리 컴퓨터를 웹에 연결하며, 블룸버그 전용망을 이용해 자료를 고객의 책상 위에 가져다 주는 일이다. 그러므로 블룸버그로 들어오면 'MAP'이 떠오르는 방식은, 직원에게 브라우저를 주면서 어디든지 가보라고 하는 방법과 큰 차이가 있다. 우리는 색인 작업을 하고, 사이트들을 미리 검색한다. 해당 직원이 인터넷을 하면서 한가롭게 시간을 보내고, 주식 거래나 도서 구입에 시간을 허비하거나 섹스 사이트로 가는 광경(상업계에서 포르노는 큰 골칫거리이다.)을 블룸버그 고객은 달가워하지 않는다. 한편으로 자유롭게 인터넷을 검색할 수 있어야 한다고 생각하는 사람도 있지만, 그런 의미 없는 검색 작업을 고용주는 피하려고 한다. 책상에 앉아 신문을 읽거나, MSNBC 또는 CNN을 시청하거나, PC를 통해 웹을 이용하거나 인터넷을 검색하는 행위를 좋아하는 고용주는 별로 없다.

정보 공급사의 입장에서 인터넷의 위대한 점은 더 많은 광고를 대중에게 선보일 수 있다는 점이다. 반면, 대중의 입장에서는 더 적은 광고만 지켜봐도 된다. "당사는 모든 정보를 모든 사람에게 무료로 공급하기 바란다."는 홍보 전단에서 이런 분위기가 넘쳐난다. 물론, 이러한 서비스는 환영할 만하다. 그리고 "우리는 마찰 없는 자본주의를 바란다."는 구호가 만연한다. 중간 상인이라면 이를 환영할 수 없다. 결국, 언론은 한쪽 면만 기술한다. 그러나 매사에는 언제나 양면이 있다.

흥미로운 지적이다. 나는 전자상거래 사이트의 가격 마진을 탐구하고 있다. 마진은 3%, 2%, 1%로 급속히 떨어지고 있다. 일부 사이트는 원가로 판매하며 광고로 이윤을 보려고 한다.

그렇다. 『캐치 21』이라는 소설에서 달걀을 가지고 우스꽝스런 소동을 벌이는 기업가 밀로 민더빈더(Milo Minderbinder)가 대표적인 예라고 할 만하다. 조셉 헬러(역자 주 : 2차 대전 당시 이태리 전선에 출정한 미군 전투기 조종사들의 역설적 처지를 그린 반전 풍자 소설 『캐치 21』의 작가)는 선견지명을 가진 인물이었다!

물론이다. 이러한 기업이 성공할 수 있는가?

사람들은 언제나 세 가지를 혼동한다고 생각한다. 하나는 기술이다. "기술은 위대하다. 인간은 점점 더 많이 그것에 의존하게 될 것이다. 그리고 기술은 계속 진보할 것이다."라고 말한다.

둘째는 돈을 벌기 위해 기술을 이용하는 기업이고, 이에 대해서는 곧 이야기할 것이다. 이는 훨씬 어려운 과제이다.

셋째는 주식이다. 그리고 이러한 세 가지 사이에는 별다른 연계가 없고, 둘째와 셋째 요인 사이의 관계는 거의 제로에 가깝다.

인터넷 기업의 비즈니스 모델은 대체로 효과가 없다. 효과가 없는 이유는 그것만의 개성이 없기 때문이다. 비즈니스 모델의 거의 대부분이 유사하고, 독창성이 떨어지는 경향이 많다. 공급은 많고 수요는 적기 때문에 스코틀랜드의 경제학자 아담 스미스가 말한 것처럼 가격이 내려간다.

돈을 받고 데이터를 팔기가 어려운 시점인데 블룸버그와 로이터는 어떤 방식으로 요금을 부과하는가? 참고로 말하면 블룸버그는 매달 1225달러를 부과하며, 매년 30%의 성장세를 보이고 있다. 해답은 블룸버그와 로이터가 그 누구도 따라올 수 없는 서비스를 한다는 것에 있다. 즉 공급이 달리는 고유의 컨텐츠, 그리고 수요가 왕성한 필수 업무 자료를 제공한다는 점에 있다. 사람들은 하루에 세끼 식사를 하듯 업무에 필수적인 자료를 찾는다. 공급이 부족하고 수요가 왕성하면 가격은 상승한다. 공급이 과잉이고 수요가 부족하면 가격은 하락한다.

인터넷 창업이 촉진되는 이유는 접속이 쉽다는 것에 있는데, 그것은 인터넷의 기본 비즈니스 모델에 장애를 발생시킨다. 문제가 복잡해지는 원인이 바로 이 접속 용이성이다. 내가 뉴욕 중심가인 57번 가와 파크에서 보더스 서점과 경쟁하려면 주변에 행인이 많고, 눈에 잘 띄며, 접근이 쉬운 큼직한 공간을 마련해야 한다. 요충지가 잡히지 않으면 쓸 만한 주변에 서점을 세울 수 없다. 그래서 보더스 서점은 시장을 장악한다. 그것이 마케팅 비용이다. 아마존 같은 인터넷 기업이 폄하하는 현실 공간과 사람이 그들의 강점이다. 배송 능력에서 온라인 업체를 앞서고, 마케팅 비용이 많이 든다고 해도 고정적이다.

아마존 같은 기업들은 고객이 자사 사이트를 이용하도록 하기 위해 많은 비용을 치러야 한다는 단점이 있다.

또한, 경쟁 기업이 모방할 수 없는 장기 비즈니스 모델을 보유해야 한다. 예를 들면, 마켓워치가 블룸버그의 시장에 뛰어들어 짧은 시간 안에 블룸버그만큼 잘 할 수 있는 사업이 있다고 본다. 반면, 우리가 거의 20년에 걸쳐 일궈 놓은 많은 분야는 마켓워치가 범접할 수 없다. 우리는 민첩하게 움직이고 상당한 브랜드 가치를 확립, 유지하고 있는 상태라 마켓워치가 블룸버그 사업에서 경쟁하려면 어느 정도 진입 장벽이 작용한다. 우리 고객 가운데 일부는 그렇게 느끼지 않지만, 최소한 나는 그렇다고 느낀다. 벤처 자본가의 원조격인 워런 버펫(Warren Buffett)은 이를 기업 둘레에 호를 파는 작업이라고 불렀다. 호가 깊게 파여 있을수록 뛰어넘기가 어렵다. 나는 블룸버그를 감싸고 있는 진입 장벽이 무엇인지 알고 있다. 나는 로이터를 감싸고 있는 진입 장벽 또한 이해한다. 로이터와 경쟁하면서 로이터의 아성을 무너뜨리려고 18년이나 노력해

왔기 때문이다. 로이터는 블룸버그에 비해 많은 일을 하고, 기업 규모도 두 배나 된다. 우리는 로이터를 따라잡지 못했다.

반대로, 아마존과 경쟁하지 못할 이유가 없다고 나는 생각한다. "아마존이 선도 기업이고, 지명도가 높다."라고 이야기할지 모른다. 그렇지만, 만일 다른 회사의 배너가 AOL의 첫 페이지에 올라온다면 사정이 달라질 것이다. 아마존을 선도 기업으로 만든 바로 그 접속 용이성이 아마존의 최대 아킬레스건이다.

맞는 지적이다. 그들은 가격으로 경쟁할 수 있고, 그에 대해 조금은 이야기했다. 그러나 당신이 블룸버그를 성공으로 이끈 최대 요인은 고객 서비스로 보인다. 고객 서비스가 지금의 블룸버그를 가능하게 했다. 아무도 블룸버그 서비스를 따라 잡을 수 없다.

그러나 고객 서비스가 인터넷 비즈니스 모델에서 비롯된 것은 아니라는 점을 기억해야 한다. 고객 서비스는 전통적인 기업에서 시작되었다. 광고로 유지되는 웹사이트가 우리와 경쟁할 거라는 말을 들으면 그럴 수 있다고 수긍한다. 그러나 우리는 자료를 수집하는 1200명의 정예 부대가 있다. 1000명의 전화 응답 직원이 기능을 어떻게 사용하는지 설명하고, 신형 장비를 발송해 설치를 돕는다. 사람들이 우리 서비스를 불필요하게 여긴다면 경쟁이 어려울 것이다. 그러나 그들이 우리 서비스를 필요로 하는 한, 경쟁사가 더 낮은 가격으로 같은 서비스를 제공할 수 없을 것이다.

당신이 나보다 유능한 관리자가 될 수 있고, 업무를 효율적으로 처리할 수 있을지 모른다. 그러나 우리가 매달 1200달러를 부과하는 서비스를 당신이 매달 100달러를 받고 공급할 수는 없을 것이다.

사업에 커다란 문제가 생겨 그것을 고민하게 될지는 모르겠지만, 경쟁사 때문에 걱정하는 일은 결코 없을 것이다. 쉬운 일이 아니기 때문이다. 이 일은 우리만이 할 수 있다. 로이터도 이 일은 하지 않는다. 나는 우리가 제공하는 서비스를 시장이 계속 요구할 것인지에 대한 문제와 시장이 다소 불투명하기 때문에 정확하고, 믿을 만하며, 신속히 반응하는 제품을 고객들이 혹시라도 선택하지 않게 되는 경우에 대해서만 두려워한다. 대부분은 기업은 이러한 두려움에서 벗어나지 못한다. 내가 그런 대로 자부할 수 있는 것은 우리가 최선의 제품을 보유하고 있고, 우리 제품이 갈수록 더 나아지고 있으며, 경쟁사가 우리보다 훨씬 더 열악한 환경에 처해 있다는 사실이다. 이 두 가지는 진실이므로 두려움의 대상은 아니다.

나의 두려움은 고도의 정교함, 100개 국가의 뉴스, 세계의 모든 채권과 주식에 대한 자료를 모든 대중이 필요로 하는 것은 아니라는 점이다. 당신이 매일 뉴욕증권거래소의 특정 주식에 대한 시가, 종가, 최고가, 최저가 및 일부 대기업에 대한 한두 가지 뉴스를 알고자 한다면 광고로 뒷받침되는 사이트인 마켓워치닷컴으로 가서 해결할 수 있다. "인터넷이 블룸버그를 시장에서 몰아 내지는 않을까?"라고 어떤 사람은 묻는다. 마켓워치의 고객들에게 블룸버그가 서비스를 판매할 수는 없을 것이다. 그들은 결코 매달 1200달러를 지불하지 않을 것이다.

그 점은 사실이다. 그런 고객층에게 서비스를 했다면 사업이 위기에 처하게 됐을지도 모른다.

『혁신자의 딜레머』를 쓴 클레이튼 크리스티안슨(Clayton Christianson)에 따르면, 그 같은 공포가 기성 거대 기업을 무기력하게 만든다고 강조한다. 『혁신의 딜레마』는 훌륭한 책이고, 클레이튼은 아이디어로 가득 찬 사람이다. 그러나 덩치가 크면서도 혁신할 줄 아는 기업이 많다. 소비자 기업인 소니, 필립 모리스, 그리고 블룸버그 같은 경우에도 언제나 그렇게 한다. 블룸버그닷컴의 경우, 매달 1억 5000만 페이지 내지 1억 6000만 페이지 뷰를 기록하는 인기 웹사이트이다. 하지만 블룸버그 단말기를 꺼내 들며 "나는 블룸버그의 웹사이트로 간다."고 입증해 주는 사람은 아무도 없다.

어제 내 사무실로 젊은 프로그래머를 불렀다. 그는 블룸버그 단말기를 이용해서 몇몇 화면을 출력시킨 뒤 이렇게 말했다. "이 자료들을 블룸버그 웹사이트에 올려야 합니다. 웹사이트가 한층 개선될 겁니다." 유감이지만 나는 그에게 더 이상 보수를 지급하고 싶지 않다. 그는 서비스의 진가를 판별할 만한 능력을 키워야 했다.

블룸버그 단말기와 블룸버그닷컴을 어떻게 평가하는가? 분명히 블룸버그닷컴의 미래 실적에는 한계가 있을 것이다. 그러나 마음만 먹는다면 그것을 웹 최고의 금융 사이트로 만들 수 있지 않는가?

고객들이 인터넷을 통해 우리 사이트에 접속하기 때문에 그렇게 할 수는 있을 것이다. 바로 정보를 공짜로 제공하는 방식인데, 나는 당신과 마찬가지로 그런 일에 큰 관심이 없다.

지난 몇 년간 당신이 강조했던 한두 가지 주제에 대해 묻고 싶다. 하나는 정보가 대중에게 힘을 부여한다는 것이다. 블룸버그의 사업 목표 가운데 하나는 대중에게 정보를 전달하고, 대중이 동일한 정보를 누린다는 것인데 그럼으로써 보다 민주적이고 효율적인 시장에 기여하게 된다. 지금은 비록 소규모지만 어떤 점에서 인터넷이 그 일을 수행하고 있다. 인터넷은 많은 정보를 많은 대중에게 가져다 준다.

1966년 내가 증권업에 참가한 이래, 지금까지 이 분야를 휩쓴 근본적인 변화는 1966년에는 공급측이 모든 정보와 힘을 가졌다는 점이다. 모든 이익 또한 공급측으로 기울어졌다. 수요측은 투자 주문을 받은 모건은행 소속의 몇몇 직원에 불과했다. 그들은 증권 회사를 불러내서 "나에게 100만 달러가 있는 데 어떻게 하면 좋으냐?"라고 묻는 게 고작이었다. 그들이 증권 회사를 전화로 부른 이유는 아마도 사회 관계상 접대를 받을 처지였기 때문이었을 것이다. 모든 정보를 보유한 증권 회사가 치부를 했다. 시간이 지나고 상황이 바뀌었다. 자세히 살펴보면 공급측보다는 벤처 자본가가, 포트폴리오 관리자가, 구매측 애널리스트가, 혹은 구매측 트레이더가 때로는 더 많은 돈을 번다.

보상의 이동은 권력의 이동에서 비롯되며, 그것은 우리 같은 시장 참여자를 포함, 경쟁 환경을 대등하게 만들어 준 자유 시장 시스템의 산물이다. 세계의 50%만 명실상부한 자유 시장 체제라는 점을 기억해야 한다.

오늘날에는 과거 어느 때보다 더 많은 정보를 대중이 이용하고 있다. 이 현실이 권력 관계를 진정으로 변화시킬지의 여부에 대해서 나는 매우 회의적이다. 무엇보다 주식에 직접 투자하는 인구가 그다지 많지 않고 대부분이 뮤추얼 펀드를 경유한다. 사실, 분산 투자와 전문적 관리를 위해 개인은 언제나 뮤추얼 펀드의 도움이 필요하다는 논지가 일면의 설득력은 있다. 그런데 주식 투자를 뮤추얼 펀드를 통해 한다면, 이 모든 정보는 아무런 가치가 없다. 그리고 대중은 아무런 관심이 없다는 증거가 도처에 있다.

최대 경제지로 일컬어지는 《월 스트리트 저널》의 발행 부수는 증권 시장 사상 최고의 호황기임에도 220만 부에서 180만 부로 감소했다. 하지만 《파이낸셜 타임즈》의 미국 판매 부수는 4만 부에서 8만 부로 늘어났다. 내 기억으로 《파이낸셜 타임즈》는 구독료를 2.50달러에서 1.00달러로 낮췄다. 구독료를 2.50달러에서 1달러로 낮춰 구독자 수를 두 배로 늘린다면, 내가 보기에는 상당히 고루한 경영이다. 그것은 100%의 이윤 마진을 가정하므로 상당히 뒤진 것이다. 《인베스터즈 데일리》는 지금 존재한다. 그러나 구독자 25만 명을 유지한 채 그 상태로 머물러 있다. 기존 아성을 지키려고 너무 많은 돈을 허비하고 있다.

솔직히 말해 인터넷이 이 사태를 몰고 왔다고 믿는다. 이는 소매 정보이다. 마켓워치나 Street.com 등 다른 경쟁사를 살펴보면 그들은 확실히 독자를 끌어 모으고 있다. 마켓워치는 매달 380만 명의 개인이 애용한다. 작은 숫자가 아니다.

만일, 그들에게 요금을 부과한다면 몇 명이나 남겠는가?

독자가 특별 서비스를 원하지 않는 한, 요금 부과의 필요성을 느끼지 않는다.

뉴스 수요가 있다는 사실은 부인할 수 없다. 투자자들이 더 나은 수익률을 얻는 데 그것이 도움이 될지 어쩔지 나는 모른다. 투자자들이 자신의 증권 회사와 더욱 잘 경쟁할 수 있는지 어쩔지 나는 모른다. 기관 투자자 입장에서 보면, 분명히 구매측이 공급측과 더욱 대등한 정보로 경쟁하도록 허용한다. 소매 차원에서 그런 효과가 가능할지 매우 의심스럽다.

당신의 교육에 대한 관심은 남다르다. 나의 희망은 교육을 위한 공통 맥락을 인터넷이 제공할 수 있느냐는 점이다. 인터넷이 모든 학교의 모든 수요에 봉사할 수는 없지만 아마도 운영 경비를 줄여 주는 기본 방안을 제시할 수 있다. 그 가능성을 어떻게 보는가?

내가 이사장으로 있는 존 홉킨스 대학교는 많은 실험을 진행중이며, 공교롭게도 기초 교육에 매우 강하다. 교육은 노벨상을 받을 수 있는 가장 우수한 교사를 초빙하는 문제가 아니고, 사실은 일반적으로 그럴 수 없다. 인터넷이 교육 보조역을 할 수 있지만, 실제로는 인터넷이 아이들에게 가장 큰 영향을 미치는 교사라 하더라도 그런 역할을 인터넷에다 맡기지 않는다. 최우수 교사 확보가 문제라면 차라리 비디오 테이프를 교사로 삼아 그것을 이용하면 된다. 이를 처리할 기술을 우리는 보유하며 지역에 따라 문제를 해결할 보조 역할을 맡길 수 있다. 그렇게 하면 매우 효율적이지만 아무도 그렇게 하려고 하지 않는다.

나는 인터넷을 교재의 대안으로 바라보는 입장이다. 어떻게 보는가?

인터넷은 교육뿐 아니라 모든 것과 관련되어 있다. 블룸버그 사는 온라인 정보 전송, 검색 및 탐색 장치가 풍부하다. 그렇다고 간부가 부하 직원의 감독 업무를 게을리 한다든가 직원이 고객과 함께 지내는 시간을 줄여도 좋다는 이야기는 아니다. 그 반대이다. 힘든 노동 일, 기계적인 일을 없애고 더 많은 시간을 관리, 상호 작용 등에 할애해야 한다.

교육, 사회나 정보 유통, 혹은 상거래를 막론하고 많은 비즈니스 모델은 천진하게도 기계적 업무의 자동화를 통해 실제로 발생하는 일을 대체할 수 있다고 생각한다. 대부분의 사람은 인간에게서 구매한다. 대부분의 사람은 사실보다는 맥락을 투시한다. 대부분의 사람은 구매한다기보다 판매를 당한다. 그들은 인간과의 교섭에 편안함을 느낀다. 내가 들은 바로는 모든 상거래가 인터넷으로 옮겨가리라는 증거는 없다.

음식 대용 알약과 비슷하다. 누군가가 사람이 먹을 수 있는 알약을 발명해 식사를 할 필요가 없다고 하자. 하지만 얼마나 많은 사람이 그 방식을 좋아할까. 장기적으로 진정한 사회 변화가 생길 수 있다. 종국엔 이러한 발명 가운데 일부가 채택될 수도 있다. 그러나 하루 아침에 모든 식당이 문을 닫는 일은 없다. 사실은 어떤 식당도 문을 닫지 않는다. 교육 또한 마찬가지라고 본다. 사실의 전달 수단으로 인터넷은 훌륭하다. 문제는 이렇다. 방에 앉아서 기기를 이용할 것인가, 아니면 교실로 가서 큰 화면과 키보드 곁에 앉은 교수를 볼 것인가?

나로서는 그 어느 것도 현실이 아니라면 좋겠다. 학생들은 학교에 가고, 교사는 연구실에 있으며, 아이들을 돕는 대화형 도구로 인터넷을 이용했으면 한다.

그것은 당신의 희망 사항일 뿐이다. 불행히도 이 기술 중 일부는 오용되고 있다. 6살이나 7살 난 아이들에게 인터넷을 통해 2학년 교육 내용을 제공한다는 발상은 훌륭하다. 아이들이 반대쪽에 앉고 전문가는 그들의 학습 방향을 결정해 준다고 한다. 바람직하게는 창조론 대신 진화론을 가르칠 수 있다. 그러나 현실 세계에서 아동은 컴퓨터 앞에 내팽개쳐지고, 교사는 열의가 식게 되며, 기술 비용이 필요하기 때문에 교사 봉급은 삭감된다. 그러면서 기술이 교육을 하므로 양질의 교사는 필요 없다고 주장한다.

앞으로 5년 후, 인터넷이 어디로 갈 거라고 생각하는가? 나와 대화를 나눈 대부분의 사람들은 인터넷의 거의 전적인 보편화를 예측한다. 알 만한 사람들은 냉장고와 커피 포트를 인터넷으로 연결하는 시대가 온다고 말한다. 그 만한 진척이 이루어질지, 아니면 당신이 방금 말한 기술 한계론이

타당한지 설명해 달라.

우리가 물리적 인프라와 그 사용 방법을 혼동한다는 점이 인터넷의 난점이다. 5년 후에는 확실히 모든 전화기가 인터넷 단말기로 될 것이다. 자료와 텍스트를 음향은 물론 그래픽, 나아가 영상 형태로 받는다. 5년 안에 그렇게 현실화된다고 보는 것이 합리적이다.

모든 가전 장비를 연결시킨다는 발상은 어떤가? 물론, 그 방면으로 많은 진척이 이루어질 것이다. 대중이 커피 포트와 냉장고에 신경을 쓸지는 알 수 없다. 자신의 바람을 구체화하는 능력이 미숙한 계층이 문제다. "언제 커피를 드시렵니까?"라고 물으면 당신은 '아침'이라고 대답한다. 그런데 그 시점이 오늘은 6시지만 어제는 7시였다. 게다가 갖가지 리모콘이 넘치다 보니 문제가 생긴다. 오디오-비디오 시스템을 한 번 보라. 대중이 그것을 제대로 다룰 수 없다.

중요한 발명은 대중에게 외부적 단순성을 제공하기 위해 내부적 복잡성을 극대화시킨다. 그래서 부엌 안에서 커피 잔 크기의 기기에 다가가 '날씨. 클리블랜드. 내일'이라고 지령한다. 그러면 기상도가 떠오르고, 뚱뚱한 예보관이 당신에게 화면을 가리키며 안내한다. 그런 식의 서비스를 제공한다. 인터넷으로 지금 당장 들어가 내일 날씨를 알 수 있다. 일을 수행하기가 조금 어려울 뿐이다. 이와 비슷한 사례가 적지 않다.

아이들이 컴퓨터 과학자가 되어야 한다는 주장은 절대 오류이다. 미래에는 컴퓨터를 껍데기로만 흉내내는 활동이 더욱 적어질 것이다. 그러나 오로지 기술로 인해 그들의 세계는 더욱 개방적이고, 평등주의적이며, 경쟁력이 강해진다.

분명, 개방성을 나무라는 사람은 없다. 개방성을 외치는 목소리가 도처에서 들리고, 개방성은 현실로 구현되고 있다. 평등주의로 말하면, 기술이 수용되고 거래 규모가 증가하면서 가격이 인하된다. 정보 부자와 정보 빈자는 미국 사회가 작위적으로 만든 산물이 아니다. 사실, 기계가 똑똑할수록 그 사용을 위한 지식과 스킬의 필요성은 더 적어지고 더 많은 사람에게 보급된다. 따라서 직업이 농부인 사람은 여전히 농부지만 단지 트랙터가 땅을 가는 가운데 컴퓨터가 비료를 얼마나 뿌려야 할지를 결정한다. 농부는 그것을 알 필요가 없다. 참으로 가능화 기술(enabling technology)의 극치이다. 통계 자료에 의하더라도, 이 같은 구현 기술로 많은 미국인이 빈궁 상태에서 벗어났다.

컴퓨터 속도와 대역폭으로 대변되는 모든 기술은 세계를 살벌한 경쟁마당으로 바꾼다는 역설을 내포한다. 앞에서 언급했듯이 이 현상은 인구 중 절반만이 환영한다. 저작의 품질은 앞으로 더 큰 중요성을 갖게 된다. 왜냐 하면 대중이 과거 어느 때보다 특정 저자의 책을 더 많이 구할 수 있지만 일반적으로 획득 가능한 책 또한 더 많아지기 때문이다. 평균보다 나은 저자라면 더 많은 책을 팔고, 더 많은 돈을 벌 수 있다는 게 좋은 소식이다. 평균에 못 미치는 저자라면 고객이 달리 선택할 책이 더 많아져 선택될 기회가 없다는 게 나쁜 소식이다.

나는 아이들에게는 읽고 쓰는 기술, 단순한 더하기가 아니라 더하기 대 빼기를 이해하는 수학 능력, 그리고 자신을 소개하는 기술을 닦으라고 가르쳐 준다. 이러한 구시대 기술이 소용없다고 말하는 사람이 많다. 거짓말이다. 나는 전화로 대화할 때 상대를 꿰뚫어볼 수 있다. 그러므로 옷차림을 어떻게 하고, 자기 소개를 어떻게 하며, 대화할 때 나의 눈을 어떻게 바라보느냐가 더욱더 중요하다.

사무실이 폐쇄되고, 재택 근무가 정착되지는 않을 것이다. 인터넷은 학구적인 사람이 냉각 탱크 주변에 그대로 멈춰서 있는 것과 비슷한 기능을 한다. 사무실은 없어질 수 없다. 여전히 의사 소통을 하는 공간이 필요하다. 사실, 재택 근무 인구가 늘어난다는 증거는 없다. 이 모든 기술을 사용해 집에서 근무하리라고 입버릇처럼 예측하는 사람이나 연구에 대해 보거나 들은 적이 없다. 물론 부분적인 재택 근무는 옛날부터 있어 왔다.

사무실이 폐쇄되고 재택 근무가 일반화된다고 예측하는 사람들을 지난 몇 년간 찾아보지 못했다. 이제는 모든 점포가 문을 닫는다고 쓰는 사람들이 있다. 과거에 모든 사무실이 폐쇄된다고 예측한 바로 그런 부류의 사람들이다.

기술의 위대한 용도는 도구로서의 기능이라고 생각한다. 현학자들이 변화에 대해 장쾌한 이야기를 써야 한다는 게 문제이다. 그렇지 않고는 도대체가 읽지를 않는다. 그러나 그처럼 황당한 미래는 발생하지 않으리라고 본다.

이동 전화의 발전상은 참으로 놀랄 만하다. 그러나 사람들은 여전히 사무실로 향한다. 이동 전화는 대체물이 아니라 필요에 따른 보조물로 사용된다.

인터넷이 앞으로도 계속 사용되겠지만 언론은 주식, 그리고 테크놀러지를 대서 특필한다. 그러나 돈을 벌기 위해 테크놀러지를 어떻게 사용하느냐는 것은 전혀 다른 문제 영역이다. 이 거품은 CB 라디오 거품, 개인용 컴퓨터 생산 거품, 바이오테크 거품과 하등의 다른 점이 없다. 이 모든 현상이 지금까지 있었으며, 그 가운데는 상당히 성공한 주식이 있었고, 그들이 개발한 제품은 차세대로 통합되었으며, 아마도 약간의 기여를 했을 수 있다. 일부 빠져나온 사람도 있고 그대로 남은 사람도 있다. 주식 시장이 사정이 다르다고는 생각하지 않는다.

웹 기술이 세계사적인 패러다임 전환이라는 신천지를 열었는지의 논란에 대해서는 이집트 시대에 글쓰기가 시작된 후, 근대의 전화가 최초로 업무 수행 방식을 변화시켰다는 점을 상기하고 싶다. 전신은 잠시 동안만 그 기능을 수행했다. 그러나 전화는 업무에 도움을 주고 사람들이 어디에 살든지 서로 연락할 수 있게 한다.

전화는 대화형 실시간 매체의 단초를 열었다.

바로 그렇다. 말하고 듣는 대신에, 입력을 하고 읽어 들이는 도구로 인터넷을 간주하면 된다. 주소 지정 방식에 논란의 여지는 있지만 다소 간소해졌다. 다만, 직원 수 5만 명인 제너럴 모터스 사의 특정 직원과 대화하려고 할 때, GM의 웹으로 가서 그들의 전화부를 사용해야 하는지 어쩐지는 잘 모르겠다. 인터넷이 기계적 전달이라는 측면에서 유용하지만, 기업을 운영하고 서로 다른 곳에서 일할 수 있게 한다는 측면에서는 전화가 더 큰 변화를 몰고 왔다고 확신한다.

인터넷의 새로운 점은 동시적인 대중 매체가 될 수 있는 잠재력이라고 생각한다. 그래서 제약적일 수밖에 없는 일대일 상호 작용에 더 이상 구애받지 않는다.

전자 메일을 그렇게 사용할 수 있다. 그러나 우리는 메시지를 그렇게 전송하지 않는다. 메시지는 일대일 상호 작용으로 쏠리는 경향이 있다. 대부분의 전자 메일 대신에 전화를 사용할 수 있지만, 다이얼을 돌리기보다는 단순한 클릭으로 전자 메일 보내기가 더 편리하다고 말한다.

자기 메시지를 대중에게 도달하게 해 주는 능력이 인터넷의 큰 특색이다. 과거에는 그렇게 하지 못 했다. 과거에는 부자와 힘있는 사람만 그것을 통제했다. 인쇄 시설, 서적, 종이, 잉크를 소유하려면 큰돈이 든다. 라디오나 텔레비전 방송 허가를 따려면 많은 돈과 정치적 연줄이 필요하다. 당신이 말한 대로 전화는 일대일 기술이다.

좋은 예인지 모르지만, 아돌프 히틀러는 길가 모퉁이에서 많은 추종자를 끌어 모아 나중에 참혹한 결과를 초래했다. 그러면 인터넷에서는 어떤 일이 벌어질까? 최소한 과거에는 내가 거기를 둘러보고 히틀러가 연설한다는 것쯤은 알았다. 인터넷에는 흔적이 남지 않는다는 난점이 있기 때문에 누가 진정으로 나에게 말하는지 알 수 없다.

인터넷에 게시된 모든 의료 상담의 40%는 자격이 없는 사람에 의해 행해진다는 연구 결과를 본 적이 있다. 보안, 기밀과 사생활의 보호에 대한 논의가 분분하지만, 통제를 더 강화해야 하는지를 나로서는 알 수 없다. 다만, 명예 훼손과 관련된 법률에는 현실적으로 상응한 규정이 필요하다고 본다.

# 전 캘리포니아 주지사,
# 현직 캘리포니아 주 오클랜드 시장

당대의 가장 영향력 있는 인물 가운데 한 명인 제리 브라운은 30년 이상 사회 변화의 첨병으로 투쟁해 왔다. 이러한 맥락에서 지금 캘리포니아 주 오클랜드 시장으로 재직하는 그에게 인터넷이 교육, 정치, 사회에 어떤 의미가 있는지 묻는 것은 아주 시의 적절하다고 생각된다.

브라운은 34세 때인 1974년 미국에서 인구가 가장 많은 캘리포니아의 주지사에 당선됐다. 주지사 재직 시절, 그는 작은 정부가 좋은 정부라는 구호를 시작으로 추후 대대적 반향을 불러일으킨 논쟁적인 프로그램들을 적극 추진했다. 그는 4년 후 주 선거 사상 가장 압도적인 표차로 재선됐다.

그가 중시한 해안 환경 보호, 농민의 권리, 대체 에너지 프로그램, 성적 평등, 공교육 등은 현재 다방면으로 제도화돼 있다. 그는 원자력 발전을 일찍부터 반대했다. 의료 분야에서는 침구사와 일반 중년 부인이 대체 의료 행위를 할 수 있게 문호를 열었다. 그의 재임 기간 동안, 예술에 대한 주의 보조금은 10배 이상 늘었다. 그가 지명한 캘리포니아 주 대법관에는 최초의 라틴계, 최초의 아프리카 흑인계, 그리고 최초의 여성으로 역시 최초의 주 대법원장을 지낸 고 로즈 버드가 포함된다.

그의 공직 생활은 정치적 투쟁으로 점철됐지만 사생활은 아주 모범적이었다. 그는 제수이트 신학교에서 신부 수업을 받았지만 서품을 받기 직전 그만두었다. 1982년 연방 상원 의원 자리를 놓고 전직 주지사 피트 윌슨과 경합 끝에 패배하고, 일본에서 6개월 동안 칩거했으며, 다시 인도로 건너가 테레사 수녀와 함께 일했다.

막대한 선거 자금 기부와 기업 권력에 대한 그의 반감은 거의 전설적이며 그의 1992년 대통령 선거 운동 당시 주요 쟁점이 되었다. 그는 독특한 시각에서 인터넷의 장래에 회의적인 견해를 표명한다. 그러나 나와 인터뷰를 하는 동안 계속 온라인 상태를 유지했고, 때때로 책상 위에 놓인 개인용 컴퓨터로 전자 메일을 점검하기도 했다. 인터뷰 중간에 그는 나를 위해 웹으로 들어가 원격 교육 분야의 대가인 교육학자 세이머 페퍼트(Seymour Papert)에 관한 정보를 검색해 보였다.

나와 인터뷰를 가진 몇 주 후, 브라운은 오클랜드에서 하이테크 지도자 회의를 개최하고 인터넷 등의 신기술이 새 일자리 창출, 공교육 개선, 그리고 악화되는 '디지털 격차(digital divide)'의 해소에 기여하는 방안을 모색했다.

인터넷은 개인적으로 어떤 용도에 쓰는가?

대부분 전자 메일에 이용하고, 틈틈이 법률 판례, 신문 사설, 관심 주제, 주소 등을 찾기 위해 각종 자료를 탐색한다.

매주 혹은 매달 인터넷 사용 시간은 얼마나 되는가?

사정에 따라 몇 시간쯤 된다. 나는 인터넷을 신문, 잡지, 기타 정보원과 구분하지 않는다. 매우 빨리 자료를 얻고 싶고 시간이 없을 때, 인터넷이 편리하다. 인터넷은 정보를 찾아내는 도구의 하나이다.

기업이 비대해지면서 삶의 많은 부분을 통제하고 있다고 당신은 오래 전부터 주장해 왔다. 내 기억으로는 환경 관련 발언이 새삼스럽다. 당신이 'We the People' 프로그램에서 메틸브로마이드 사건을 언급한 연설을 조사해 보았다. 당신은 구매력을 가진 대중의 힘과 그 주변의 힘을 동원하는 문제를 언급했다. 이것들은 나의 책을 검토하면서 다시 생각난 주제들이다. 대중이 한 공급원에게서만 구매해서는 안 된다. 정크 메일 한 통에 의지해서 특정 입후보자에게 투표해서는 안 된다. 대중은 스스로 원한다면 쟁점들을 조사할 수 있다.

대중이 그렇게 할 수 있다. 그러나 교육 방식과 사회 생활의 편제가 판에 박힌 의존성을 만들어 낸다. 자율적으로 실상을 파악하는 습관은 광범위하게 확산되지 않고 더구나 성장 과정에 적극 육성되지 않는 특질이다.

나는 인터넷을 사용하는 미국인 9000만 명 사이에서 그런 현상이 변화하고 있다고 느낀다. 많은 사람이 텔레비전을 끄고 정보를 찾아 나서며, 연구를 한다. 고무적인 조짐이 아닌가?

입후보자의 면모를 조사해서 독립적인 결정을 한다는 주장으로 들린다. 그러나 실제 현실은 지명도 높고 돈 많은 입후보자가 대개 승리한다. 사용자가 주동이 된 정보가 아니고, 입후보자가 입김을 불어넣은 조작이며 미디어 통제이다. 따라서 경제적 기득권, 광고, 그리고 수동적 수용에서 벗어나 소비자가 주체적으로 선택하는 전환기에 들어섰다고 결코 단정할 수 없다. 그 같은 전환이 일어나지 않도록 수억 달러의 돈이 광고비로 뿌려지는 실정이다.

당신은 많은 쟁점의 한 가운데서 오랫동안 풀뿌리 수준의 대중 동원을 독려해 왔다. 인터넷을 그런 시각에서 사용되는 도구로 간주할 수 있다. 혹시 그렇게 이용할 생각은 하지 않는가?

물론이다. 그렇게 이용할 수 있다. 사태 진전을 더 지켜보라. 많은 대중이 인터넷을 이용한다. 랄프 네이더(역자 주 : 법률가, 소비자 운동가로 1996, 2000년 미국의 녹색당 대통령 후보), 그린피스가 있으며, 공익 연구 집단(Public Interest Research Group) 및 다수의 행동파 리더들이 진을 치고 있다. 지금까지 인터넷의 현상은 자폐적인 메모 시스템에 지나지 않았다. 소위 광대역 동원 기술은 아니다. 물리적으로는 수백만 명의 대중에게 광대역 수단을 통해 다가서는 것이 가능하다.

그렇다면 어떤 양상을 띨 것인가?

다양한 쟁점들을 흡수할 것이다. 텔레비전으로부터 떨어져 나오고, 정치 조직화를 상당히 자극할 수 있는 경제 불균형에 적극적으로 저항할 것이다. 그러나 작금의 유권자 활동은 극히 빈약한 수준에 머물러 있다. 소비자 권리는 상당히 발전했다. 그러나 중소기업은 성장하지 못한다. 대기업만 성장한다. 다른 기업을 삼키는 기업이 많아진다. 신진 회사는 언제나 더 많아지지만 개인용 컴퓨터에 관한 한, 마이크로소프트는 확실히 대단한 영향력을 행사한다. 나에게는 중앙 집중 방식으로 통제되는 돈의 위력으로 보인다.

오클랜드와 만 지역을 살펴보면 신용카드, 개인 자금, 혹은 친척 차입금으로 창업하는 회사가 상당수이고, 그 가운데는 좋은 실적을 거두는 회사가 많다. 그리고 6년 전에는 존재조차 없었지만 지금은 반스앤노블보다 시장 가치가 더 큰 아마존과 같이 착실한 출발을 한 회사가 드물지 않다.

맞다. 책을 찾는 데 편리한 공간이다. 나 자신이 어제 책 한 권을 찾으려고 가 보았다. 그리고 e베이에서 갖가지 물건을 살 수 있다. 고를 품목이 너무 다채롭다. 풍요로운 말의 진수성찬이다. 그것은 성장 속도가 빠른 하나의 도구이다.

부연하자면, 대중이 웹에서 흥미를 갖고 조직화를 개시하는 활동을 고무하려면 어떤 유형의 정치 사회적 사건이 필요한지 당신은 역설하곤 했다.

정치에서의 중추적 사실은 대통령을 선출하는 1억 명이 있고, 캘리포니아 주지사를 선출하는 1000만 명이 있다는 점이다. 이야기를 나누기에는 너무 많은 숫자이다. 편지를 보내기에도 너무 많은 숫자이다. 결국에 AP, 대규모 신문 체인, 공중파 텔레비전 등 대중 매체가 분위기를 다 잡는다.

이론상, 웹페이지를 개설하고 특정 인사에 대한 자료를 찾을 수 있다. 그러나 아직 현실은 아니다. 그것은 아직 도구로서 제대로 봉사하지 못했다. 아마도 대통령 입후보자 가운데 한 명은 인터넷으로 2000만 달러를 모금할 수 있다. 그런 사실은 여전히 미디어에 의한 전파가 필요하다.

잠재력은 있지만 아직 시작되지는 않았다. 잠재력 단계에 있는 하나의 잠재력이지만 현실화 단계는 아니다. 그러나 올해나, 5년 안에는 일어날 수 있을지 모른다.

메틸브로마이드 사건 같은 소비자 문제를 짚어 보자. 당신은 그 사건에서 "한동안 딸기 없이 지내거나 아몬드 소비를 더 줄여도 무방하다."고 대중에게 연설했다.

그렇다. 그것이 시장에 영향을 주지 않는다. 사회는 파동을 그리며 움직인다. 특정한 소비자 양식으로 풍향이 바뀌면 편류가 생긴다. 이어서, 이 방향 저 방향으로 조금씩 표류한다. 흐름을 방해하려면 전쟁, 기근, 화산 폭발, 지진, 혹은 모종의 사회 변혁 등 일정한 파국을 거쳐야 한다. 내가 보기에 모든 것은 점증적이다. 음악은 일정 방향으로 움직인다. 패션과 건축 양식도 일정 방향으로 움직인다. 마찬가지로 사회와 상업 조직에는 하나의 질서가 있다. 설령 인터넷으로 불리는 도구로 무장한다고 해도 질서는 영향을 받지 않는다.

인터넷은 거대한 세계 시장이라는 기성 구조 안에 포섭돼 있다. 인터넷으로 불리는 테크놀러지는 그 안에 들어 있다. 세계 시장이 인터넷 안에 들어 있는 것이 아니다.

참신한 지적이다. 그 점에 대해서는 다른 견해가 만만치 않다.

아이디어는 어디 있는가? 우리는 무엇에 관심을 갖는가? 우리는 무슨 용도로 인터넷을 사용하는가? 대중은 게임을 위해, 스포츠를 위해, 주식 시세를 위해, 선정적인 사진을 위해 그것을 사용한다. 그리고 무슨 이유로 사용하는가? 항공권 주문인가? 물품 구매인가?

물품 구매에 인터넷을 쓴다고 치자. 인터넷은 필요를 만족시켜 주기 위해 이미 만들어진 물품을 더 저렴하게 제공할 것이다. 필요한 대부분의 물품은 자의적이고 음식과 주거 등 최소한의 생필품 차원을 넘어선다.

인터넷은 전국 각지에 산재한 주택의 데이터베이스로 쓰이거나 각급 학교의 교육용 자원으로 쓰일 수 있다.

좋은 일이다. 그런데 학교는 왜 인터넷에 없는가? 초등학교 1학년부터 대학 전과정까지 그 일체가 왜 인터넷 위에 없는가? 1학년 일기, 1학년 철자법, 1학년 역사를 접속해 보라. 과연 있는가?

있다고 생각한다.

그럴 수 있다. 당신의 바로 뒤에 책 한 권이 있다. (세이머 페퍼트가 쓴 『아동의 도구 : 컴퓨터 시대의 학교를 다시 생각한다』를 가리킨다.) 그의 견해에 의하면, 현재 조직화된 형태대로의 학교와 기술 사이에는 일관성이 없다. 많은 교육 프로그램을 애니메이션으로 만들 수 있지만 대중은 그것을 인터넷 밖에서 얻을 수 있다. 그렇게 해도 무방하다. 교육구들은 어떤 방식으로 지불되든지 간에 기존 예산으로 같은 일을 할 수 있다. 교사는 감독, 조언자, 상담자가 될 수 있다. 동료 학습 또한 가능하다. 그런 활동이 인터넷에는 아직 없다.

매우 긍정적인 활동으로 판단된다. 당신이 추구하는 활동이 그런 범주인가?

그렇다. 그 가능성을 타진하며 적극 탐색하고 있다. 실제로 지금 당장 세이머 페퍼트로부터 약간의 자료를 첨부한 전자 메일을 기다리고 있다.

관련된 문제지만, 의료 등의 다른 사회적 기능을 위해 사용할 수 있다.

아픈 데가 있다면 자가 진단이 가능할 것이다.

질환이 어떻게 진행되는지 최소한 예비 단서를 얻고 일부 정보에 신속히 접속할 수 있다.

그렇다. 유관 정보를 얻어야 한다. 전문가의 견해에 더해 일반인의 분석을 덧붙일 수 있다. 그래야만 한다.

경제 문제에 관해 질문하겠다. 우리는 시중 서점들을 애용하지만 인터넷 상거래를 통해 압박을 받고 있다. 동시에 인터넷은 현실 공간에 테크놀러지에 관련된 일자리를 대거 창출해서 경제에 이득을 가져다 준다. 이러한 현상에 대해 당신은 어떻게 생각하는가?

어쩔 수 없다. 그것은 세계 시장의 흐름과 비슷하다. 더 큰 힘에 부딪히거나 기존 패턴이 소진되기 전에는 변함 없이 움직인다. 말을 한다고 해결되는 문제가 아니다. 파도타기 명수가 다른 사람더러 물에 들어오지 말라고 하면서 파도를 타는 것과 같다. 파도는 파도타기 명수의 말에 귀를 기울이지 않는다. 시장은 정치인에게 귀를 기울이지 않는다. 투자 수익율이 투자자를 움직인다. 그것이 힘이다. 우리는 이 실험을 관찰하고 있다.

예술과 삶의 보다 창조적인 세계를 이야기해 보자. 인터넷에는 이와 관련된 사이트가 많다. 이 부분은 상업화 바람이 그래도 약한 편이다. 기부금으로 운영되는 많은 조직이 예술 작품을 올려놓고 수백만 명이 접속하도록 허용한다. 도시 문화 환경의 개선을 위해 오클랜드 시에서 인터넷의 장점을 활용할 수 없는가?

교육 분야에서는 가정 교육을 보완하며, 기존의 공교육과 훈련 기회, 그리고 문학, 촌평, 대화, 게시판, 통지, 관람으로의 접근을 개선하는 방편으로 간주한다. 영화, 예술 공연, 식당, 목공예품, 수공예품 등 어느 것이든 찾아주는 발빠른 안내자이다. 동태적이고 양방향적인 게시판에는 도서관 기능이 포함되어 있다. 용도가 그렇다. 대형 도서관처럼 될 수 있지만 어떤 면에서는 대형 도서관보다 질이 떨어질 수 있다. 그러나 다른 점에서는 더 우수하다.

인터넷이 일상 생활에 완전히 통합되려면 앞으로 몇 년은 더 걸릴 것이다. 실제로 항공기 승객은 여전히 컴퓨터 이용자만큼 많다. 캘리포니아의 자동차 보유 대수는 인구 증가율보다 최소 3배나 더 빠르게 늘어난다.

놀라운 통계 자료이다.

물론이다. 인구 증가율은 2% 미만이지만 자동차는 7%씩 성장한다. 미국의 출생률은 1% 수준인데, 캘리포니아 이민은 그 수치를 2% 가까이로 끌어올린다.

재택 근무가 어떤 영향을 끼치는가?

재택 근무는 자동차 보급을 억제시킨다. 그러나 아직 그 단계는 아니다. 복잡한 도로, 오염, 주차장, 그리고 무수히 많은 물리적인 이동이 필요하다. 이론상 인터넷은 정보 비트인 전자를 이동시킨다. 그러나 우리는 아직 거기에 도달하지 못했다. 인간의 영화(etherialization) 추세는 증가할 것으로 생각한다. 파올로 살레리(Paolo Saleri)가 애용하는 영화라는 용어는 개체가 물질적 성격을 점차 탈각하고, 완력보다는 뇌력에 의존하는 추세와 관련된다. 이론상, 우리가 하는 일이 바로 그것이다.

당신은 매우 도덕적인 인물로 평판이 자자하다. 오늘날 우리 공동체가 아쉬워하는 자원 가운 데 하나는 도덕성으로 보인다. 종교적 의미보다는 사람을 연결하고 삶에 있어 공통의 정신을 나누는 보다 넓은 의미의 도덕성을 말한다. 어떤 점에서 인터넷은 인간의 고립화를 조장한다. 또 다른 점에서는 비슷한 마음을 가진 사람끼리 만나게 해 주거나 개인의 사상을 공유하게 함으로써 공동체 창조에 기여한다. 인터넷에서 가장 인기 있는 용어 가운데 하나가 '공동체' 또는 '동아리' 이다.

인터넷을 통한 접촉은 실제의 접촉과 차이가 있다. 메시지를 받지만 남성인지 여성인지, 유럽인지 인도네시아인지 아니면 바로 이웃에서 온 건지 알 수 없다. 메시지를 교환할 때 형체를 탈락시키면 통신은 일어나도 대화라고는 할 수 없다. 컴퓨터로 통신을 할 수 있다. 그러나 인간만이 대화를 할 수 있다. 인간이 하는 방법은 "이것이 입력이고 출력이다."라고 말하지 않는다. 나는 대화가 입출력이라고 믿지 않는다. 그러나 컴퓨터는 입출력이라고 생각한다.

따라서 컴퓨터 보급은 비인간화 추세, 혹은 상이한 종류의 공동체를 수반한다.

인터넷이 편지와 비슷한 색다른 통신 유형이라고 생각한다.

편지와 같지는 않다. 편지는 형체가 있다. 편지는 종이를 포함한다. 잉크나 연필로 쓰는 일정한 양식이 있다. 물리적으로 표현 가능하고, 관찰이 가능하다. 인터넷은 동일한 텍스트, 동일한 서체이다. 전자 메일에는 개인 대화는커녕 편지에 못 미치는 가상의 감각이 있을 뿐이다.

따라서 인간의 교류가 새로운 형태로 이행되고 있다고 여겨진다. 문장이고, 사고 흐름이다. 그러나 실재가 교환되는 것은 아니다. 전자 메일에는 '실재' 가 없다. 아무도 거기 없을 때 전자 메일이 보내진다. 나는 그 전자 메일을 나중에 받으려고 한다. 무언가가 일어나고 있지만 동시성은 없다. 이것이 차이점이다. 상대방이 한 말을 생각하고 싶으면 나는 전자 메일을 종이에 출력시킨다.

마이크로소프트의 빌 게이츠 회장은 3페이지가 넘는 분량은 하드 카피로 읽으려고 한다는 말을 들었다. 종이 없는 사무실이라는 말은 지나치게 과장된 것이다.

당신을 회의주의자로 불러도 무방할 것 같다.

나는 인터넷을 강력한 도구로 본다. 그것은 내 책상 위에 살아 있다. 지금도 보고 있다. 페퍼트 박사가 보낸 통신문이 여기 있다. 인터넷의 정체가 파악된다면 학교에 충격을 줄 수 있다. 따라서 거기에 힘이 있다. 그러나 인간은 가상 공간이 아니라 물리적 공간에 현존한다.

가상 공간은 하나의 매체이다. 글라이더를 하늘로 날려 보낼 수 있다. 수면 위을 비스듬히 거슬러 납작한 돌을 날릴 수 있다. 바퀴를 타고 구를 수 있다. 인터넷은 하나의 수단이고 하나의 매체이다. 그러나 신은 아니다. 예술이 아니다. 또 다른 인간이 아니다. 도시나 촌락이 아니다. 집이 아니다. 전화가 아니다. 선술집이 아니다. 그것은 단지 텍스트나 사진을 접근할 수 있는 하나의 장치이다.

인터넷의 잠재력에 대한 의견을 듣고 싶다. 인터넷이 강력한 매체라고 당신은 인정하는데.

누군가는 인터넷을 통해 조직화를 시도하리라고 믿는다. 그러나 매우 강한 정서적인 명분이 있어야 할 것이다. 아니면 텔레비전에 수천만 달러를 투입하며 등록하라고 독려하면서 계속 운영하려는 사람이 있어야 할 것이다. 인터넷이 현실 공간의 미팅 소식을 전달해 줄 수는 있지만, 인간이 추구하는 바를 만족시키려면 현실적인 인간의 집합체가 있어야 한다고 생각한다. 그러므로 인터넷은 전화와 같다. 벨과 같다. 그러나 속도가 빠르다는 점에서 그 모두를 한 단계 더 뛰어 넘는다.

그것은 축약판이다. 인간 경험을 압축시킨다. 점으로 이루어진 화면이다. 그것은 비트와 입력의 흐름이다.

인터넷은 장비의 일종이다.

장비가 아니다. 소프트웨어이고, 네트워크이다.

각 개인이 그 이면에 있는 기계들의 네트워크이다.

고리에서 탈락하지 않으려고 애쓰는 인간 사이의 네트워크이다.

향후 인터넷의 바람직한 전개 방향은 무엇이라야 하는가?

학습과 다양한 형태의 훈련이 인터넷을 통해 이루어졌으면 한다. 쇼핑이나 영화 상영 스케줄, 메시지 등 온갖 일상 활동이 인터넷에서 활짝 꽃피웠으면 하는 바램이다. 그런 전망은 매우 긍정적이고 이점이 많으며, 그 당위성 때문이라도 성장할 것으로 믿는다.

아마존으로 가서 20% 할인된 가격으로 배송까지 받을 수 있다. 나는 서점에서 환경, 인간, 공동체와 관련된 도서를 브라우저로 검색하면서 다른 사람은 어떻게 생각하는지 알 수 있기 바란다. 4만여 권의 책을 보유하는 서점이라면 자체 특성과 일치하는 유형의 서적을 전시하는 역할을 할 수 있다. 인터넷은 그와 같은 유형의 공간을 만들 수 있다. 종교 서적 페이지로 가거나 건강 식품 페이지로 가거나 좌익 혹은 우익 페이지, 기독교 원리주의자 페이지, 이슬람 페이지로 갈 수 있다. 그러나 인간은 다시 회교 사원, 그리고 교회나 식당으로 가서 직접 몸으로 경험하려고 한다.

인터넷은 구체적 형상에 집착하지 않는 그노시스파와 비슷하다. 인터넷은 중개자, 문헌, 성직자, 또는 성찬을 개입시키지 않고 고매한 지식에 직접 접촉시킨다. 그러나 인터넷은 형체를 탈각시킨다. 그노시스파가 기독교 이단으로 단죄된 이유는 바로 이 때문이다.

지상이 120억 명의 인구로 넘칠 때가 되면, 인류는 물리적 현존의 필요성이 한층 줄어든 종족으로 진화해 대기 속으로 무한정 빨려들지 모른다. 유전자 공학과 맞춤 아이 등 장족의 기술 발전이 예고된 현재, 인터넷이 과연 어디로 방향을 틀지 상상하기 어렵다.

상상력의 결핍을 보충하기 위해 뇌 이식을 해야 할지 누가 알겠는가? 공상 과학 소설 속의 악몽, 미래상, 혹은 이상향 등 어느 것이나 가능할 수 있다. 비록, 앞으로 장기간 인류는 물리적인 접촉을 해야 하겠지만 촌락 공동체적 방식에 대한 향수로 인해 답보 상태에 머물지는 않을 것이다. 우리는 왜 카페를 찾는가?

사람은 함께 있기를 좋아한다. 포유 동물은 접촉을 필요로 한다. 오리가 연못을 헤엄쳐 갈 때 대형을 이루는 이유가 이 때문이다. 인류가 인터넷으로 연결된다고 해도 사정은 같다. 인터넷은 여러 사건 중의 하나이다. 그것은 인간 환경 안에 놓여야 한다.

한 예로, 내가 쇼핑을 위해 인터넷에 접속하면 많은 점포들이 있고, 특정 유형의 상품이나 서비스를 원하는 전국 각지의 사람들을 위해 특화된 점포들이 있다. 그러나 인터넷에서는 모든 고객들을 이 한 점포에 수용할 수 있다. 정치, 학교, 나아가 종교 신념 등에서 다양한 방식으로 비슷한 현상이 발생할 수 있다고 본다.

그렇다. 그런 의미에서는 하나의 도구이다. Webvan.com에 가면 자연 식품을 구할 수 있다. 볼리나스 근방의 농장으로부터 유기 육류를 직접 구할 수 있다. 하지만 시내 점포에서는 그런 제품을 얻지 못한다. 수공품 같은 것도 쉽게 상업화하기 어려운 대상이다. 따라서 인터넷이 그 방향으로 시장을 확장시킨다면 더 많은 장인과 직공이 지원될 수 있다. 좋은 일이다. 여기에 무궁한 잠재력이 있다.

# 저술가, 경제학자, 국제 금융가

경제학자 폴 엘드만은 국제 금융가, 베스트셀러 작가로 알려진 인물이다. 그는 현명하게 사는 방법을 아는 영민하고 창조적인 인물이라고 나는 생각한다.

엘드만은 『셋업』, 『은곰』, 『79년의 추락』, 『제로 쿠폰』, 『궁전』을 포함한 9권의 책을 썼다. 그의 책들은 152주나 《뉴욕 타임즈》 베스트셀러 목록을 장식했다.

그는 언론인으로서 《뉴욕 타임즈》, 《워싱턴 포스트》, 런던의 《파이낸셜 타임즈》, 그리고 일본의 《니혼 게이자이》 신문에 기고한다. 또한, 샌프란시스코 지역의 인기 라디오 토크쇼의 하나인 'Moneytalk'를 진행한다. 엘드만은 CBS.마켓워치에 정기적으로 칼럼을 기고하면서 중국의 환경 황폐화가 국가 경제에 끼치는 영향부터 유럽 중앙은행의 암투에 이르기까지의 모든 주제를 다룬다.

엘드만은 스위스에서 은행을 창업한 적이 있는 국제 금융가이기도 하다. 그는 조지타운 대학교의 자문단으로 봉사한다. 인터뷰에서 잘 드러나겠지만, 그는 테크놀러지를 이해하는 인터넷 매니아로서 모스크바에서 베이징으로 송부된 자신의 전자 메일을 점검하기 위해 온라인을 어떻게 이용해야 하는지를 안다.

당신은 인터넷에 매우 친숙하다. 개인적으로 인터넷에서 무엇을 하는가? 무슨 용도로 사용하는가?

아침에 일어나면 세계 여행을 한다. 《뉴욕 타임즈》와 《워싱턴 포스트》로 시작하지만 《샌프란시스코 크로니클》은 처음에 들르지 않는다. 블룸버그 사이트와 몇몇 비슷한 사이트에도 들린다. 이어서 런던으로 이동해 한두 개 신문을 읽는다. 당신은 내가 "읽는다."고 말하는 의미를 알 것이다. 나는 그 곳들을 신속히 빠져 나온다. 다시, 파리, 함부르크, 프랑크푸르트, 듀셀도르프로 이동한다. 그 다음에 쮜리히로 간다. 다시 니케이로 이동한다. 나는 도쿄에 있는 이 신문에 여러 해 동안 기고를 했다. 나는 니케이 및 다른 일간지들을 읽지만 대개는 니케이로 충분하다. 니케이는 이제 유료로 전환했다. 그 뒤에 홍콩으로 가면 나의 식욕은 거의 채워진다. 마지막으로 재미있는 《샌프란시스코 크로니클》을 읽는다.

나는 이동하면서 머릿속으로 여러 가지 주제를 떠올린다. "아하! 이게 문제구나."라고 탄성을 지른다. 나는 아무 것도 인쇄하지 않는다. 세상의 종말이 다가왔다는 광신도 집단을 포함, 어떤 주제라도 가방 속에 챙긴다. 다른 사이트로 이동을 하다 보면 보완 자료를 통해 상이한 관점을 파악할 수 있다.

그래서 나는 한 시간 안에 갱단을 무색케 하는 속도로 질주한다. 굉장하다. 뜨거운 열기 속에 참신한 주요 사건이 펼쳐진다. 실제로 나는 그런 것들이 현실화되기를 기대하며 산다. 일을 마친 뒤, 나의 기고문에 대한 대중의 반향이 실린 전자 메일을 읽는다. 나는 모든 전자 메일에 짤막한 답신을 하며 지극히 공손하게 감사의 뜻을 표한다. 다음에 CNBC를 켜고 비슷한 분야의 소식을 실시간으로 채집한다. 만일 마켓워치를 위해 일을 한다면, 자리에 앉은 바로 그 시간 그 자리에서 기고문을 만들고 30분 동안 검토한 뒤 마무리해서 내보낸다.

이렇게 나의 하루는 인터넷으로 시작된다.

당신이 인터넷에서 개인적으로 하는 일이 있는가?

나는 95%의 서신을 전자 메일로 보낸다. 쇼핑은 주로 아마존닷컴에서 책을 살 때 이용한다.

온라인 주식 거래는 해 본 적이 없는가?

머지 않아 시작할 예정이다. 어쨌거나 나는 내 일을 직접 하는 편이다. 아직 거기까지는 착수하지 못 했다.

나는 증권 회사 영업 직원과 이야기를 나누지 않는다. 단지 "그것을 해 보라."고 말한다. 1월 말에는 브라질 주식을 사 두라고 말했다. 그랬더니 담당자가 웃었다. 나는 "싱겁게 웃지 말고 당장 사 두기나 해."라고 일러 주었다. 그 때 9.5였는데 지금은 15가 됐다. 일은 그렇게 해야 한다. 자신의 직감에 의거해서 밀어붙여야 한다. 실수를 여러 번 저질렀다고? 그래서 어쨌단 말인가?

시스코 시스템즈 사의 존 챔버스에 의하면, 인터넷을 통한 전자상거래 규모는 2005년까지 3조 달러에 달한다고 한다. 5년 전에 거의 제로였기 때문에 참으로 비약적인 수치라고 생각된다. 그 가운데 미국이 차지하는 비중이 클 텐 데 그 점을 어떻게 생각하는가?

전자상거래의 이용 정도를 살펴야만 한다. 그리고 사회를 살펴보아야 한다. 다음에 신용카드를 사용하는 사람, 여전히 현금을 쓰는 사람을 조사해야 한다. 그 다음에는 우리가 다른 어느 국가보다 몇 광년 앞섰다는 점을 알 수 있다.

하나씩 예를 들어 보자. 예컨대, 소매 거래를 살펴보자. 온라인 쇼핑 몰을 이용하는 사람은 많아지고, 현실 공간의 쇼핑 몰 고객은 점차 줄어든다. 최소한 물건이 어떤지 알아보기 위해 여전히 몰에 들를 수는 있다. 그러나 어떤 책을 사기로 결정하면 집으로 힘들게 들고 오는 대신, "온라인으로 반스앤노블이나 아마존, 그 밖의 다른 곳에서 주문할 수 있어."라며 중얼거린다.

당신이 생각한 방식에 대해 나는 생각해 본 적이 없다. 나는 인터넷을 통해 어떤 책을 사지 않을 것인지부터 결정한다. 처음에는 고객들이 식품류를 사려고 인터넷에 들어가려고 한다는 생각이 있었다. 그러나 그렇게는 생각하지 않는다. 최소한 식품점으로 갈 때에는……

멜론을 한 번 짜보아야 직성이 풀리는가?

그렇다. 고객들은 멜론을 한 번 짜보기를 바란다. 멜론을 인터넷으로 산다는 것은 그다지 수긍할 수 없다. 정확히 같은 이유에서 인터넷으로 술이나 맥주를 산다는 것도 이해할 수 없다. 그러므로 구매 목록에서 전적으로 지워야 할 범주가 있다. 인터넷을 통해 집을 살 생각인가? 그렇게는 생각하지 않는다. 쇼핑은 하지만 구매는 하지 않으리라고 본다. 아마도 인터넷이 매물 부동산을 중개인에게 연결은 해 주겠지만, 거래는 지상에서 이루어질 것이다. 자동차를 사려고 하는가? 그럴 수 있다. 확신은 할 수 없다. 인터넷으로 거래를 하게 되면 그 다음에는 딜러에게 갈 것이고, 자동차는 그 곳에서 튀어나올 것이다.

아니면 딜러가 집으로 가져올 수 있다.
차라리 더 나은 방법이다.

새턴 사의 딜러가 대학 기숙사에 들어가 마치 피자처럼 자동차를 건네주는 텔레비전 광고가 있는데.
충분히 가능하다. 그 중간에 있는 냉장고, 에어컨, 책 등 모든 것이 포함된다는 점을 알아야 한다. 인터넷에서 담당 영업 직원에게 어떤 주식을 살 거냐고 묻는 경우, 똑똑한 직원이라면 아메리칸 익스프레스라고 이야기한다. 여기에는 또한 일면의 진리가 들어 있다.

LA에서 열린 북 엑스포 아메리카를 참관해 보니, 출판사 사이에 몇몇 운송 회사가 끼어 있었다. 책 배달에 그들의 서비스가 필요하기 때문이 아닌가?
인터넷은 하늘 안에 있는 카탈로그로 비유할 수 있다. 카탈로그 영업은 일반적으로 좋은 결과를 얻었다. 누구나 컴퓨터에 익숙해지려면 시간이 다소 걸린다는 문제는 있다. 나는 일반적인 성차별 논의를 못마땅해 하지만 남성은 컴퓨터에 그런 대로 익숙하다. 여성은 일반적으로 능숙하지 못하다. 내 아내에게 컴맹을 극복하라고 애플 사의 아이맥을 사

주고 나서 이 사실을 깨달았다. 아내는 아이맥을 사랑하지만 온라인 쇼핑을 시도할 정도가 되지는 못 했다. 여기에 중요한 요인이 하나 있다. 구매 활동의 대부분은 여성이 담당한다.

그래서 일정 형태의 온라인 소매업체는 곤란한 처지가 될 수 있다. 그런 업체는 언제나 있지만 갈수록 줄어들 것이다. 온라인 상거래 규모가 3조 달러에 이르면, 비록 그 일부만이 소매 상품이라고 해도 그것이 소매 분야에 미치는 영향에서 자유로울 수 없다. 점포 매상의 3%만 줄어도 그것이 부동산 시장에 충격을 줄 수 있다. 이 점에 동의하는가?

전적으로 동의한다. 번화가에 다수의 쇼핑 몰을 보유하고 있는 부동산 투자 신탁을 한 곳으로 결합할 생각이라면 잊는 편이 좋다. 너무 자명하다. 당신의 견해에 전적으로 동의한다.

그렇다면 인터넷이 어떤 충격을 미칠까? 번화가 몰은 1980년대에 집중적인 투자가 이루어졌다.

나는 부동산 투자 신탁 분야에 있는 2개 기업의 이사이다. 따라서 내 경험을 통해 이야기할 수 있다. 알다시피, 요즈음 부동산 경기는 좋지 않다. 실제로 재미를 보는 것은 라스베이거스와 중서부 등의 임대 아파트 같은 사업이다.

당신의 의견을 충분히 납득한다. 장기적인 발전이라는 점에서 보면, 동네 구멍가게에 이어 마시스(역자 주 : 뉴욕 시 중심가인 헤럴드 광장에 본거지를 둔 백화점 체인) 등의 백화점으로, 다시 교외의 몰로 옮아갔다. 그리고 이제는 어떤 점에서 하늘로 도피하려고 한다. 덩굴 위에서 여러 업태가 하나씩 시들어갔다. 교외 몰이 전부 시든다는 이야기는 아니지만 의심의 여지없이 대세는 확실히 바뀌고 있다. 이러한 움직임의 사회적 영향은 다소 이상하다. 당신이나 나 같은 경우, 몰에 가서 어슬렁거리지 않지만 10대들은 다르다.

여러 이유에서 몰은 언제나 존립할 거라고 믿는다. 외출과 쇼핑을 즐기는 부류가 있다. 그들은 외출을 좋아하고 상품을 만지작거린다. 점포는 점차 디스플레이 공간을 닮아간다는 생각이 든다. 상품 견본을 바라보며 한 번 걸쳐 보고, 머리색과 어울리는 컬러를 찾으려고 외출을 한다. 다시 집으로 돌아와 인터넷으로 아마도 같은 점포에서 같은 상품을 주문한다. 어쩌면 Macys.com으로 들어가 거기서 주문을 한 다음에 손수 운반할 필요가 없게 집으로 배달시킬 것이다.

맞는 말이다. 진짜 당사자는 현실 공간의 마시스라는 점에서 곤혹스럽다. 원래는 점포 매상을 위협당하지 않겠다는 구상에서 출발했겠지만, 지금은 스스로 점포 매상을 줄이지 않으면 다른 누군가가 그렇게 할 거라는 결론에 도달했을 것이다.

그 결과 흥미로운 현상이 일어난다. 온라인 기업은 오프라인 기업을 잠식하고, 새로운 온라인 기업이 낡은 온라인 기업을 잠식한다. 분명, 아마존닷컴을 운영하면서 소매 점포를 갖지 않는다면 간접비 부담은 훨씬 적다.

부인할 수 없는 사실이다.

하지만 그 책들을 도매 수준으로 대폭 할인해야 한다. 양호한 서비스를 통해 지원하고, 배달 서비스를 해야 한다. 그러므로 이윤이 붙기는 하지만 원가가 훨씬 낮기 때문에 10% 정도가 고작이다. 가격 인하가 불을 보듯 뻔하지 않은가?

당신의 말에 동의한다. 저스트인타임(JIT) 방식의 일본식 재고 시스템을 도입한다면 특히 그렇다. 궁극적 수익자는 당신의 논점대로 바로 고객이다.

궁금한 점은 Macys.com이 왜 여기에 열성적으로 뛰어들지 않느냐는 것이다. 마시스닷컴이 있지만, 오프라인 점포를 잠식하고 이윤 마진을 줄이는 효과가 있기 때문에 과연 열성을 갖는지 의심스럽다. 현재로서는 큰 고통은 느끼지 않을지 모르지만, 시간이 지나면 별다른 브랜드 명성 없이 더 낮은 가격에 동종 상품을 판매하는 Murphys.com이 등장할 수 있다. 가격 경쟁이 그들에게 손해를 입힌다고 생각하는가?

당신이 생각하는 속도보다 변화 정도가 훨씬 느리다는 게 그들의 생각 같다. 당신은 3조 달러를 거론하지만 그들은 이렇게 말한다. "상관없어. 있을 법하지 않아. 우리는 현상으로부터 약간 이동하겠지만 그렇게 많이 이동하지는 않아. 그래서 짐벨스 사가 아직 생존하듯이 마시스 대 짐벨스라는 오프라인 경쟁에 투자할 작정이야. 아마존 등 닷컴 기업은 현실 세계에 살지 않는 사람들의 환상에 불과하니까 걱정해야 할 이유가 없어." 이런 움직임이 다소나마 엿보이지 않는가?

상당한 가능성이 있다. 반스앤노블이 한동안 호조를 보였던 배경이 이것이라고 생각한다.

이제 그들의 사이트는 어떤 점에서 아마존보다 더 낫다. 당연히 내가 쓴 책을 점검하려고 거기에 한 번 들른 적이 있다. 그들은 내가 쓴 모든 책과 오디오 및 호화 장정본을 포함한 모든 버전을 구비했다. 놀랍다. 아마존보다 더 낫다.

그것이 내 책의 주제 가운데 하나인 서비스 경쟁이다. 가격, 서비스, 그리고 얼마나 다양한 제품을 보유하고 있는가 같은 영역에서 경쟁해야 한다. 그리고 폴 엘드만이 지금까지 저술한 모든 책을 구비해야 한다. 그 밖에 서평 등 많은 것이 필요하다.

믿음직한 서평이라야 한다! 아마존처럼 매수되어서는 안 된다! (아마존이 특정 책을 선전해 준 대가로 돈 받은 사실을 시인한 사건을 가리킨다.)

옳다. 객관적이고 공정해야 한다. 정직한 상인, 정직한 기업인이 되어야 한다. 다시 한 번, 고객들은 선택 범위가 넓어지고 서비스가 개선되기 때문에 그 곳의 승자로 판명된다. 만족하지 않는다면 다른 곳으로 가기가 너무 쉽다. 그 곳에 갔는데 내가 찾는 폴 엘드만의 책이 없다면 아마존이 그 책을 보유하는지 알아보기가 매우 쉽다는 말이다.

인터넷에서는 상인이 한두 번 고객들을 실망시키면 그들은 결코 다시 찾지 않으리라고 생각한다. 쇼핑 몰 안에 있다면 그 안에서 계속 걷고 있다. 그러나 인터넷에서는 결코 다시 들어가지 말아야 한다. 자기의 행선지를 결정하는 주체는 바로 자신이다.

맞는 말이다. 그 점은 당연히 강조되어야 한다. 서비스 질을 높이고, 고객을 만족하게 하고, 가격 경쟁을 하는 것은 피할 수 없다. 이제 장기적으로 마시스 등의 고전적인 대형 소매업체라도 시장 지배력과 점유율에 큰 타격을 입을 수 있다. 그리고 브랜드명의 가치마저 희석될 수 있다.

인터넷에서는 브랜드명이 모든 기업의 최대 관심사로 떠오른다. 나의 판단이 잘못일 수 있고 그렇지 않을 수도 있다. 아마존은 황무지에서 브랜드명을 쌓았다. 그러나 마시스가 머피의 의류에 비해 부족한 점이 있어도 나는 마시스를 찾아보려고 한다!

복고풍으로 들린다! 사실, 그것이 맞는 말이라고 생각한다. 대중은 자신이 아는 브랜드를 선호한다고 생각한다. 그러나 점차 편안함을 느끼게 되면서 새로운 아마존, 새로운 트래블로시티 등의 사이트를 시험하려는 의욕이 강해질 것이다. 2년 전만 해도 내가 프리뷰 트래블이나 트래블로시티에서 항공권을 구매하리라고 생각하지도 못했다. 그러나 내가 항공사를 전화로 호출하자 감미로운 배경 음악이 귓전을 두드릴 때면, 유쾌한 대안이 생겼다는 느낌을 받는다.

나도 거기에 빠져 있다. 프리뷰와 트래블로시티 두 곳에 다 들어가 모든 내용을 체크한다. 그러나 나는 항공기의 뒷좌석은 타지 않는 버릇이 있다. 과거에 그러지 않았고 앞으로 그럴 생각이 없다. 일등석이나 비즈니스석을 탄다면 그들이 도울 수 없다. 그래서 나는 아메리칸 익스프레스 사이트로 가서 한 장 가격으로 두 장의 우대권을 얻는다. 나는 정액을 다 지불하지만 나의 아내는 무료로 탑승한다. 그러나 언젠가는 누군가가 나의 환심을 사려고 기를 쓰면서 아메리칸 익스프레스보다 낮은 가격을 제시할 것이다.

비즈니스 여행 시장에서 그런 상황이 무르익은 듯하다.

멋진 일이다!

임금을 이야기해 보자. 시중 점포 수가 줄어들면 그 안에서 일하는 점원 또한 줄어든다. 여하튼 점원은 수입이 좋은 직업이 아니고, 이들 중 다수는 인터넷에서 살길을 찾을 것이다. 그 곳에서는 무슨 일이 벌어질까?

소매업 점원은 은행원의 전철을 밟을 것이다. 현금 자동 입출금기가 은행원을 몰아냈듯이 인터넷은 소매업 점원을 대체하게 될 것이다.

방대한 규모가 아닌가?

매우 많다. 그러나 은행업의 역사가 이들의 앞날을 예고하는 지표라고 생각한다. 이 곳은 격렬한 논란이 빚어지는 곳이다!

그렇다. 논쟁은 그칠 날이 없다. 이제 정치 분야를 거론해 보자. 이 책은 경영에 국한되지 않는다. 인터넷이 양방향 매체라서 미디어가 이 모든 현상에 반응하는 방법을 또한 다룬다. 대통령 선거에 관한 한, 내가 텔레비전으로 7초 동안 후보자의 육성을 들었다면 인터넷으로 들어가 더 많이 알아 보려고 할 것이다. 맥락이 무엇인지 알려고 하는 것이다. 이에 따라서 정치에 변화의 바람을 몰고 올 수 있다.

그렇지는 않을 것이다. 당신이 거론하는 사람들은 공영 방송 PBS의 '뉴스아우어(Newshour)' 진행자들인 맥네일-레흐러(McNeil-Lehrer)를 시청한다. 맥네일-레흐러 이외에 CBS 뉴스 앵커맨인 댄 레더나 최고 인기의 토크쇼 흑인 여성 진행자인 오프라 윈프리를 시청하는 사람이 얼마나 되는지 짐작이나 하는가? 유감이지만 시청자 가운데 극소수에 지나지 않는다. 그럼에도 불구하고, 대중의 호기심이 자극되면 심층 자료를 찾게 된다고 당신은 단정을 내린다.

지금의 대화형 요소에는 무언가 다른 점이 있다. 우리가 지금 이야기하는 기술을 넘어서 분석해야 한다. 영상 스트리밍 기술로 질주하고 다시 그것을 뛰어넘어야 한다. 인터넷과 컴퓨터가 하나로 완전 통합될 때를 이야기해야 한다.

이제 우리는 무언가 다른 일대 변화를 이야기하고 있다. 그것이 무엇인지 나는 모르지만 우리가 결국은 누리게 될 것이기 때문에 '토크 라디오'의 대화는 거기서 전혀 다른 차원을 띨 것이며, 바로 그것이 정치 변화를 가져올 거라고 생각한다.

그런 점에서 디지털 텔레비전의 도입이 중시된다. 2006년까지 모든 아날로그 방송이 중단되고 디지털 텔레비전 시대로 접어든다. 케이블 방송간의 대규모 합병 사례들을 지켜보면, 양방향 시스템의 충격파를 감지할 수 있다. 그리고 동시 여론 조사를 한다며 "대통령의 오늘 행적을 어떻게 보십니까? 지금 여론 조사에 참가하세요! 당신의 콘솔에서 2번을 누르십시오."라고 알려 준다.

25년쯤 지나면 인터넷 투표가 현실화될 수 있다. 그 전에 기술적 통합이 필요하다. 누구나 작동이 가능하도록 아무리 무지한 사람에게도 완전히 친숙한 도구로 변해야 한다. 처음은 학교 이사회, 공채 발행 등 지역 말단에서 시작해 점차 상층으로 확산돼야 한다. 공채 발행은 투표인의 66% 승인을 얻어야 하므로 가능한 많은 투표자를 획득하려고 노력할 것이다. 상식적인 머리를 가졌다면 그 방향을 따르게 될 것이다.

마이크로소프트의 데스크탑 지배에 대해서 여러 가지 목소리가 있다. 그러나 모든 미국 가정에서 텔레비전 시청을 위해 윈도우 CE를 사용한다고 해도, 마이크로소프트가 텔레비전 시장에 야기할 수 있는 독점 문제를 많은 대중이 걱정할 거라고 생각되지 않는다.

이 문제에 대해서 나로서는 특별한 견해가 없지만, 전문 분석가 집단이 이 문제에 많은 관심을 기울이고 있고, 또한 심층 분석이 필요하다고 본다. 누구나 모든 것을 부숴 버리려고 애쓰는 분위기가 팽배하다. 그러나 이 분위기가 장기적으로 미국에 매우 유익하다고 생각한다.

왜 그렇게 생각하는가?

우리는 전 세계에 모델로 봉사한다. 미국이 이른바 정보 시대에서 대약진을 이룩하면서, 대역폭 확대는 미국인이 세계를 위한 역할 모델로 봉사해야 한다는 적극적 의미를 부각시키고 있다. 이것은 정치, 경제, 금융 등 모든 분야, 모든 측면에서 다른 어느 국가보다 미국에게 우위를 선사한다.

기업이 스스로를 보호하려면 어떻게 해야 하는가, 그 조치를 취하지 않으면 무슨 일이 생기는가? 이 추세가 향후 몇 년간 경제상의 큰 변화를 예고하는가?

전적으로 맞다. 유일한 방어책은 공격이다. 절대적이다. 공격이 게임의 이름이다. 비용은 문제가 아니다. 게임의 이름은 이윤 창출이 아니라 기반 확장과 품질 개선이다. 기반을 확장하고 품질을 개선하는 기업이 종국엔 승자로 된다는 사실을 누구나 잘 알고 있다.

거기에 깊은 뜻이 숨어 있다고 생각한다. 특히, 초기 단계부터 획득할 수 있을 때 현실 영토를 장악해야 한다.

사실이 그렇다. 오늘 아침 라디오 쇼에서 이 점을 설명하려고 애썼다. 지나치게 높게 평가된 인터넷 주식을 보유하는 국민은 미국 이외에는 없다. 개인이 가치가 고평가된 자신의 달러화를 찍을 수 있다. 그 다음에 유형재화 혹은 절반만 유형인 재화를 구매할 수 있다. 그러고는 탄성과 괴성이 뒤섞인 기묘한 광경을 연출한다.

그것은 확실히 흥미로운 통화이다. 이 새로운 화폐의 가치가 뿌리를 내릴지 여부를 놓고 논란을 빚고 있다. 이러한 부의 창출 방식이 경제에 어떤 효과를 갖는지 불분명하다.

정부 예산의 흑자로 나타나고 있다!

한편, 불과 10년 전 매우 탄탄하게 보였던 오프라인 기업 가운데 일부는 갑자기 뿌리마저 흔들리고 있다.

이것이 창조적 파괴이다!

그러나 공포감을 주지 않는가? 경제학적으로 보면, 어디에 부가 있고 어디에 가치가 있는가? 현재의 인터넷 주가는 어떤 수학 모델로든 정당화하기가 어렵다. 그렇다면 국내총생산이 X조 달러라고 말할 때, 그런 고평가가 전체 국가 경제에 어떤 작용을 하는가?

가치를 창조하는 것이다. 나의 하루가 어떻게 시작되는지 조금 전에 당신에게 말했다. 내가 25년 전에 하루를 그런 식으로 시작했다면 뉴욕이나 런던 등의 공립 도서관으로 몸을 이동해서 2주는 지난 간행물을 읽고 있었을 것이다. 나는 '새로운 패러다임' 이라는 말을 싫어한다. 그러나 여기서는 실질적으로 무언가 일이 벌어지고 있다.

그리고 정보 시대는 생산성을 부여하는 효율성이라는 의미에서 부를 창조한다. 지난 10년간은 그것이 경제 성장을 통해 달성됐다. 생산성의 상향 이동이 있었다는 사실을 우리는 최근에야 알았다. 그리고 오늘날의 큰 수수께끼는 그린스펀 의장 이외에 FRB의 샌프란시스코 지배역인 밥 페리가 말했듯이, 이 상향 이동이 영구적인지 아니면 일시적인지의 문제이다. 지금까지 우리가 나눈 이야기가 공급이 부족한 노동 시장 상황에도 불구하고, 노동 생산성의 상향 이동을 야기했다는 결론을 FRB 이사회 또는 그린스펀 자신이 내릴지 어떨지에 따라 장래의 연방 정책이 결정될 것이다. 그렇게 된다면 노동 투입이나 그 부족이 아니라 생산성 증가로부터 대부분의 효과가 비롯됐다는 결론이 내려지기 때문에 정책 당국이 대대적인 경기 억제책을 펴지 않아도 된다. 우리가 나눈 모든 이야기가 그것에 영향을 준다.

우리가 이야기한 가치가 개인에게 귀속된다는 점이 또한 흥미롭다. 한 시간 안에 세계를 서핑할 수 있어 개인의 시간 가치는 향상됐다. 그것은 개인이 전수 받는 하나의 가치이다.

나는 또한 30분 안에 세계를 상대로 이야기할 수 있다. 내가 당신에게 기사를 보내면 당신은 그것을 올리고 30분 안에 모스크바와 취리히, 상파울로에서 나에게 전자 메일을 보낸다. 10년 전에는 가능이나 했는가? 그리고 내가 그들의 지식 풀과 그들의 효율성 및 생산성에 가치를 부가하는가? 바람직하게는 그래야 한다. 달리 말해, 우리는 효율적 시장을 이야기한다. 실제로 지식은 효율성을 함축한다.

'패러다임(paradigm)'과 함께 식상할 정도로 애용되는 단어가 '임파워먼트(empowerment)'이다. 그러나 여기에는 잘 들어맞을 것 같다. 당신에게는 모든 신문을 읽을 힘이 부여되고, 유권자에게는 쟁점을 토론하거나 동시 투표하는 힘이 부여되며, 상품 소비자에게는 더 낮은 가격에 더 다양한 선택을 할 수 있는 힘이 부여된다. 이 가치의 많은 부분이 회사를 상대하는 고객 쪽으로 이동하고 있다.

동양인과 마찬가지로 중국인이 서구 사상을 이해할 수 있는 힘이 부여되고, 우리도 자유롭게 중국인의 사상을 이해할 수 있다. 따라서 상대방에 대한 착각으로 인해 유고슬라비아에서 발생한 것 같은 사태가 재연될 가능성이 줄어든다.

훌륭한 의견이라고 생각된다. 인터넷은 세계를 축소시킨다. 인터넷으로 인해 미국의 소프트웨어 산업이나 관련 산업이 다른 나라에 비해 현재 누리는 경쟁 우위를 유지하기가 더 어렵게 되지는 않을지 모르겠다.

그렇게는 생각하지 않는다. AT&T와 마이크로소프트를 되돌아보거나, 1999년 5월 내가 마켓워치에 기고한 글을 다시 살펴보면, 다른 나라는 많은 기회를 잃었다. 거의 모든 기회를 놓쳤다. 미국 밖에는 마이크로소프트나 AT&T와 비견되는 기업이 없다. 이제는 이 기업들이 전략적 제휴를 형성한다고 한다. 미국 밖의 다른 나라 국민이라면 "놀랍다. 미국을 경계해야 한다."고 반성해야 한다.

이 쟁점을 과장하는 것 또한 위험하다고 본다. 1990년대 초반 미국은 양방향 텔레비전에 지나친 집착증을 보였다. 퍼시픽 텔레시스 사는 1997년까지 캘리포니아에 양방향 텔레비전 시스템을 구축한다고 장담했지만 실현되지 않았다. 텔레시스는 에어터치 사로 분할 합병되고 지금은 다시 사우스웨스턴 벨 사가 주인이 됐지만, 양방향 텔레비전 네트워크 구축은 이미 물 건너간 일이다. 아마 다른 차원의 대화형 서비스를 제공할 가능성은 있다. 여기에는 전화 회사가 모종의 광대역 네트워크를 놓고 신진 경쟁사와 어떻게 경쟁하느냐는 본질적인 문제가 걸려 있다.

그렇다. 전혀 새로운 세계가 폭주하듯 달려오고 있다. 누가 무엇을 당신에게 전달할 것인가? 나는 목장에서 생활하는 관계로 위성을 통한 서비스 전달에 관심이 높다. 누구나 모든 것을 전달할 수 있다고 생각한다. 그러나 템포는 더욱더 빨라지고 있다.

미국은 이 모든 품목에 대한 지배권을 갖고 있다. 미국은 유고슬라비아에서 무기를 실험했다. 그러나 송전 시설을 파괴하려고 흑연탄을 사용한 조치 등은 반드시 좋은 일이 아니다. 그것은 괜찮은 도구가 아닌가? 아니면 B2 폭격기가 더 괜찮은가? 미국은 그것이 그토록 소중한 품목이기 때문에 다른 모든 나토 항공기가 접근하지 못하도록 막으려 할 것이다.

다른 나라들이 따라잡기 전에는 미국이 21세기의 유일 초강국이 된다는 말인가?

최소 25년간은 그렇다. 나는 14억 인구를 가진 중국에 거주했다. 중국은 좋은 대학교가 많고 테크놀러지와 자본주의를 수용했다는 점에 아무도 이의를 달지 않는다. 그 다음 25년간은 중국과 미국, 두 초강국의 세계라고 생각한다. 우리는 그 전망을 인식하고 만반의 대비를 하고 있다. 그래야만 한다. 중국측에는 기본적으로 친미 기운이 강하다고 나는 느낀다. 100년 전부터 언제나 친화적인 분위기가 있었다.

유럽에 대해서는 많은 이야기를 못 했다. 그들의 전략에 약점이 많다고 일반적으로 이야기된다. 그러나 유럽 공동체는 상식적인 예상과 달리 재빨리 그들의 이자율을 상호 연동시켰다.

나 또한 같은 의견이다.

그들은 단일 화폐를 보유한다. 유럽 전체가 하나로 뭉친다면 거대한 경제 실체로 부상할 것이다.

그 곳의 기업들이 현대 세계에 합류한다는 조건이 필요하다. 나는 유럽에서 오랫동안 투자 활동에 관여해 왔다. 필립스나 지멘스, 혹은 브리티시 제너럴 일렉트릭 등의 회사를 예로 들자. 그 회사들은 바로 거기에 본거지를 두어야 한다. 마르코니도 거기에 있지 않다. 에릭슨 또한 사정은 같다.

그렇다 해도, 유럽인이 이동 전화를 위한 GSM 표준을 개발한 성과는 찬사받을 만하다.

나는 유로화 출범에 매우 후한 점수를 주고 싶다. 그것은 20세기 후반을 장식한 최대의 경제적 사건이다. 믿어지지 않을 정도이다. 티에트마이어(역자 주 : 유로화 창설 당시 독일연방은행 총재)와 듀이젠버그(역자 주 : 유럽중앙은행의 초대 총재) 등 주도 인물이 앞장서 통화 움직임을 면밀히 감시하는 제도와 정책을 착실히 정착시켰다.

사회적 차원에서 미국 이외의 나라는 케이블을 설치하면서 추격해야 하는 처지라서 광대역의 경우, 미국에 경쟁 우위가 있다고 이야기했다. 가정을 케이블로 연결하려면 일반적으로 많은 시간이 소요된다. 이 결과로 제3세계는 상대적 낙후를 면치 못할 것인가?

반드시 그렇지만은 않다. 기술의 도약 가능성이 있기 때문이다. 동구가 좋은 예지만 많은 나라에는 전화 시스템이 없다. 지금 바르샤바나 모스크바의 거리를 걷다 보면 누구나 이동 전화를 휴대한다. 중국 또한 그렇다.

무선 광대역이 실질적으로 세계를 축소시키는 주력 제품으로 평가된다.

그 방향으로의 인프라 구축과 서비스 전달에 힘이 실리고 있다. 점차 독점화 기운이 엿보이기도 한다. 나는 쿵푸에 몸이 달은 미국인의 한 명은 아니지만 그것은 여전히 나에게 괜찮은 일로 여겨진다.

# USA 네트웍스 사 회장 겸 CEO

컴퓨터, 텔레비전, 인터넷이 공존하는 환경에서 고품위 대화형 프로그램에 대한 수요 폭발을 가장 유리한 위치에서 바라다볼 수 있는 사람은 아마 USA 네트웍스 사의 회장 겸 CEO인 베리 딜러로 생각된다.

이 전자상거래 및 미디어 기업은 인터넷의 상업적 기회를 활용한다는 목적으로 1998년 2월 창업됐다. 회사의 엔터테인먼트 자산은 USA 네트웍스, SCI FI 채널, USA 브로드캐스팅, 스튜디오 USA, USA 필름을 포함한다. 상거래 활동으로는 홈쇼핑 네트워크, 티켓마스터, USA 네트웍스 인터액티브를 포함한다. USA 네트웍스 인터액티브는 다시 호텔 레저베이션 네트워크, SCIFI.com, 그리고 인터넷 쇼핑 네트워크(ISN)를 포함한다. ISN은 FirstAuction.com과 First Jewelry.com을 거느린다. 마지막으로, 커뮤니티 컨텐츠와 티켓 영업에 특화된 인터넷 기업인 티켓마스터 온라인-시티서치를 또한 포함한다.

진정, 딜러는 웹에 대단한 모험을 걸면서도 기업을 정상으로 복귀시키는 요령을 터득한 인물이다. 1970년대와 1980년대 초반 파라마운트 영화사의 회장에 재임할 당시, 그는 지속적인 히트작 양산과 예리한 투자 활동으로 회사를 소생시켰다는 평가를 받았다.

팍스 사의 회장 겸 CEO로 재임한 1984년에서 1992년 사이, 그는 미국의 네 번째 텔레비전 네트워크를 성공리에 발진시킴으로써 일견 불가능한 일로 여겨졌던 대어를 건져 올렸다. 1992년, 그는 QVC 사의 회장 겸 CEO로 홈쇼핑의 장래를 설파하며 다시 비전가로서의 면모를 과시했다.

1995년, 그는 실버 킹 커뮤니케이션 사의 회장 겸 CEO, 홈쇼핑 네트워크의 회장으로 일했다. 1년 후, 홈쇼핑과 실버 킹은 사보이 픽처 엔터테인먼트사와 합병해 HSN 사로 거듭나게 된다.

샌프란시스코 출신인 딜러는 기업 경영에 대한 열정 이외에 공동체 봉사에 매우 적극적이어서 뉴욕시립도서관, 국제자연보호기구, 텔레비전 박물관, 그리고 뉴욕의 공영 방송 WNET에 이사회 멤버로 맹활약중이다. 그는 또한 하버드 대학교 공중 보건원 건강 커뮤니케이션 센터의 자문 위원이기도 하다.

우선, 인터넷을 개인적 용도로 어떻게 사용하는지 알고 싶다.

통신 용도로 사용한다. 사무실에 앉아 대화를 하는 외에는 주요 통신 수단으로 전화를 대체했다. 회사 내외를 막론하고 전화를 뛰어넘는 기능을 발휘한다. 특히, 회사 내부에서 직원과의 업무 처리에 이용하고 있다.

USA 네트웍스는 온라인 고객, 홈쇼핑, 좌석 예약과 티켓 판매, 엔터테인먼트 등에 경험이 풍부하다. 미디어 수렴이 가속화되는 현재, 이 부문들이 어떻게 함께 묶일지 궁금하다.

새로운 수렴 현상에 대응한다는 각오로 임한다. 그것은 엔터테인먼트이자 정보이고 직접 판매이다. 각종 기기들이 과거에 비해 상품과 서비스, 고객을 더욱 결집시키기 때문에 장기적으로 광고는 직접 판매 형태로 서서히 진화할 것으로 보인다.

조직 구성은 크게 구 미디어와 뉴 미디어 두 부문으로 나뉘어져 있다. 그리고 HSN의 소매 판매는 물론 텔레비전 제작, 배급 등 구 미디어가 뉴 미디어인 시티서치, 인터넷 쇼핑 네트워크 등 당사의 뉴 미디어로 연결되는 도상에 있다. 이 부문들을 상호 연결하는 일이 회사의 장래 과업이다.

이 제품들은 그런 방식으로 상호 결합될 것이다.

제4의 텔레비전 네트워크, 홈쇼핑, 그리고 파라마운트가 잘 보여 주듯이, 당신은 다른 사람이 불가능하다고 생각한 일을 현실화시킨 매우 화려한 이력을 갖고 있다. 전자상거래가 일반의 생각만큼 신속히 정착될 수 있을지 회의적인 시각을 가진 사람이 적지 않다. 당신은 어떻게 판단하는가?

곧 정착하게 될 것이다. 그것은 불가피한 일이다. 그러나 성급히 움직이는 미디어들이 과장하는 속도에 비해 더 많은 시간이 걸릴 것이다. 나의 사이클은 거의 대부분의 경우 3년인데, 3년이나 5년을 내다본다. 대중이 전자상거래의 리듬을 탈 수 있을 만큼 충분히 유연성을 살리고, 간편하고, 보편화되려면 여러 해가 더 지나야 할 것이다.

시간이 필요하다. 대중이 오늘날과 같이 신속히 움직인다고 해도 시간이 필요하다. 대부분의 사람, 내가 보기에 약 90% 이상은 온라인으로 제품을 구입하는 과정을 보면서 "내가 왜 그렇게 해야 하는가? 점포에 가면 이렇게 혹은 저렇게 할 수 있다."라고 불평한다. 전자상거래 수행이 너무 어려워 "그렇게 하고 싶지 않다."고 말할 것이다.

그러나 거기에 큰 의미가 있다고 생각하지 않는다. 그들의 리듬이 이러한 장치나 기계와 조화되지 못하기 때문에 오늘 그렇게 해 본 말일 뿐이다.

그렇다면 여기서는 고객 행동의 변화가 핵심 요인이라고 보는가?

물론이다! 대중은 "나는 상거래 방법을 안다. 그런데 전자상거래는 너무 어렵다."고 이야기한다. 실제로 어렵다. 당신이 잘 알듯이, 신용카드를 꺼내고, 자료를 입력하며, 여러 개의 화면을 거치는 몇 분간의 어쩔 수 없는 작업보다 자동차에 올라 드라이브를 하고 주차를 하는 작업이 실제로는 더 어렵다. 지금은 혼란스러운 시기이다. 그러나 사정은 변할 것이다.

광대역 서비스가 조만간 보편적으로 확산될 듯한가?

아니다. 그렇지 않다.

그렇다면 그 이유를 말해 달라. 우리 회사는 1년에서 2년 안에 200만 명의 고객을 확실히 유치할 것 같다.

200만 명이나 된다니 놀랍다. 그러나 텔레비전을 보는 1억의 가정에 비하면 아무 것도 아니다. 종국적으로, 우리 모두는 광대역을 누리게 될 것이다. 전부는 아닐지 모르지만……

압도적 다수를 말하는가?

결코 그렇지 않다. 50% 수준이다. 현재 미국 가정의 65%에 서비스되는 케이블 텔레비전의 입장에서 보아도 대단한 수치이다. 3~5년이 더 지나야 많은 가정에 보급될 수 있다.

미국은 2006년까지 디지털 텔레비전으로 이행을 완료한다. 그 때까지 가정용 텔레비전은 명실 상부한 양방향 컴퓨터로 변할 것인가?

그렇다. 컴퓨터 정의를 새롭게 내려야 한다. 키보드가 있어야 하는가? 현재의 컴퓨터 사용 방식을 그대로 쓰는가? 나는 그렇게 생각하지 않는다. 당장 채널을 바꾸거나 시스템을 바꾸듯이 마법사에 포인트 앤 클릭 기능을 통합할 것이다.

문서 작성에 쓰이지는 않을 것이다. 자료의 입출력 조작을 위해 타이핑을 하지는 않을 것이다. 그 때까지는 음성 인식 등의 기술이 활용될 수 있다. 그러나 컴퓨터와 텔레비전 시스템은 여전히 각기 다른 용도가 있다고 생각한다. 컴퓨터가 텔레비전 세트가 되기보다는 텔레비전이 컴퓨터를 닮아 갈 것이다.

그렇다면 내가 세액 계산을 할 때, 서재로 들어가 개인용 컴퓨터로 작업해야 한다는 말인가?

그렇게 생각한다. 과거처럼 타이프라이터, 컴퓨터, 펜 입력 장치 등을 개량한 기기로 일할 것이다. 그 기기들의 기술 원리는 서로 동일한 뿌리를 갖는다. 하지만 모든 서비스를 망라하고 대화면을 갖는 완전 통합된 대화형 기기는 아닐 것이다. 개인용 컴퓨터와는 별개인 통합형 시스템을 통해 배달되는 AV 서비스를 말한다.

당신의 마법사 이야기를 들으면, 누군가가 홈쇼핑을 감시한다는 이미지가 나의 뇌리를 스친다. 목도리가 마음에 들어 그것을 클릭하려고 한다. 그러다가 갑자기 자신의 신용카드 번호를 입력하기가 껄끄러워지는 장면이다.

아니다. 그런 문제는 모두 해결될 것이다. 2~3년 안에 전자 화폐 기술이 급성장해서 개인용 컴퓨터, 소형 가전 장치, 휴대형 정보 단말기 등 어디에나 내장될 것이다. 그것을 통해 거래를 수행하고 해당 요금을 내면 된다.

1990년대 초반에 500여 개의 케이블 채널을 이용할 수 있다며 비슷한 전망을 한 전문가가 있었다.

나는 그 현장에 있었다. 1992년 웨스턴 케이블 쇼에서 존 말로네 박사가 한 말이다.

이제는 선택 범위가 거의 무제한으로 보인다. Qwest 사의 광고를 보면, 먼지투성이의 모텔로 들어서는 손님에게 지금까지 제작된 모든 영화를 텔레비전으로 보여 준다고 소개하는 장면이 있다. 엔터테인먼트와 쇼핑의 대안이 거의 무제한인 세계로 진입중이라고 보는가?

그렇다. 불가피하다.

당신은 엔터테인먼트 분야에서 남다른 업적을 쌓았지만 사회적 소신파로 잘 알려져 있다. 이처럼 넓어진 선택 범위가 교육이나 정치 등 여러 영역에 어떤 영향을 끼칠 것인가?

교육 차원에서는 그 현실적 집행이 매우 어렵다. 신진 회사가 5개 거대 기관에 온라인 교육을 제공한다는 기사를 《뉴욕 타임즈》에서 읽은 적이 있다. 불가피한 발전이다. 그러나 전자상거래가 오프라인을 대체하지는 않는다고 생각한다. 또한, 전통적 기관들의 할 일이 없어지지는 않을 것이다. 그러나 많은 일이 온라인으로 수행될 거라고 믿는다.

학교에 다니는 것보다 훨씬 풍부한 교육 기회에 노출된다는 것은 주목할 만한 발전이다.

온라인 학교를 기대하는 사람들을 많이 만나 보았다. 그러나 거기에는 무수한 규제 장벽이 있다.

맞다. 실천이 어렵다. 그러나 언젠가는 현실화될 거로 믿는다.

정치에 관한 한, 온라인 국민 투표가 새로운 변화를 가져올 수 있다. 정확히 어떤 방식으로 그렇게 될지 나로서는 예측할 수 없다.

그 전개 양상을 지켜보는 것만으로 흥미로운 일이다.

무선 통신이 동종 서비스를 제공하는 수준으로 발전될 수 있는가?

아니다. 무선 통신은 발전을 거듭하겠지만 좀더 시간이 필요한 기술이다.

전화 회사가 일반적으로 공급하는 광대역 서비스인 디지털 가입자 회선(DSL) 방식과, 유선 방송이 공급하는 고용량 서비스인 케이블 회선 간의 경쟁은 어떻게 보는가?

케이블 기업이 기회를 놓칠 가능성이 있다. 케이블은 강점이 있지만 만일, 우위를 제대로 활용하지 않는다면 지역 전화 회사가 부상할 것이다. 그러나 그런 사태는 오지 않을 것으로 예상한다. 케이블은 충분한 경쟁 우위를 갖고 있다.

## 폴 사포

# 미래연구소 소장

인간은 미래에 대한 궁금증을 갖는다. 폴 사포는 미래를 예측하며 먹고사는 사람이다.

그는 미래연구소 소장으로 재직한다. 이 연구소는 미국의 각급 정부기관과 기업에 전략 기획과 예측 서비스를 제공할 목적으로 1960년대 후반에 설립된 조직이다.

사포는 하버드, 캠브리지, 스탠퍼드에서 학위를 받았다. 그가 기고한 많은 글은 《하버드 비즈니스 리뷰》, 《와이어드》, 《시빌라이제이션》, 《포천》, 《뉴욕 타임즈》, 《로스앤젤레스 타임즈》 등의 간행물에 실렸다. 그의 에세이는 또한 일본에서 『실리콘 밸리의 꿈』이라는 제목의 책으로 엮어졌다. 그는 『삼위 일체의 길』이라는 책을 저술하기도 했다.

기술의 현실적 운용에 정통한 대부분의 사람과 같이 사포는 인터넷이라는 변화의 동력에 한껏 고조돼 있지만 그 힘의 남용 가능성을 경계한다. 자신의 전문 직업에 걸맞게, 그는 인터넷이 일상의 삶에 어떻게 투영될 것인지를 다른 어떤 기술 전문가보다도 잘 알고 있다.

인터넷은 개인적으로 어떤 용도에 사용하는가?

나는 인터넷 위에서 산다. 나의 명함에는 1983년부터 전자 메일 주소가 박혀 있다. 연구소 근무자에게 사실 인터넷은 기묘한 존재이다. 연구소 창립자의 한 사람인 폴 바란(Paul Baran)은 패킷 교환 기술의 대부였다. 그래서 미래연구소 내 모든 직원의 유전자에는 처음부터 전자 통신이 깊이 뿌리박혀 있다. 미국 국방부 아르파넷(ARPANET)의 최초의 원격 회의 실험이 무척 오래 전에 이곳 연구소에서 실시됐다. 따라서 우리는 기술을 관찰하고 연구에 이용하는 가운데 언제나 기술을 다뤄왔다. 나는 인터넷에 정말 많이 의존한다. 산더미 같은 연구를 하며, 다른 사람처럼 쇼핑을 포함해 기본적으로 모든 일을 수행한다.

아직 누구나 많은 쇼핑을 하는 상황은 아니다. 나는 가끔 쇼핑을 하고 다른 사람들도 이곳 저곳에서 약간의 쇼핑을 할 뿐이다. 당신의 온라인 쇼핑 활동은 왕성한가?

웹 배달 서비스가 간단한 쇼핑에 그치기 때문에 아직 식품을 구매하지는 않는다. 그러나 지난 해 크리스마스 쇼핑의 3/4을 인터넷으로 수행했다. 나는 매주 많은 책과 한두 가지 물품을 산다. 이전에 카탈로그를 많이 이용했는데, 지금은 웹사이트로 들어가 쇼핑할 수 없다면 까닭 없이 초조해진다.

당신은 미래주의자인가?

나는 미래 예측가이다. 자칭 미래주의자가 많지만, 나는 금세기에 오용된 역사로 점철된 미래주의자라는 단어에 많은 불편함을 느낀다. 미래 예측에 있어 제1의 법칙은 당위로 생각되는 개인의 소견이 실제 발생할 거로 판단되는 미래를 결코 간섭하지 않도록 하는 데 있다.

나는 전신, 전화, 라디오 등 신기술이 어떻게 수용됐는지 탐구하고 있다. 일부 수치에는 놀라움을 금치 못 한다. 예컨대, 라디오가 상업 매체로 전환되기까지 28년이 걸렸다.

기술사를 보면 대부분의 아이디어가 20년쯤 지난 후에 공전의 히트를 친다. 오늘날에 이르러서도 기술 변화는 극단적으로 느리다. 인터넷이 정착되는 데 20년이 걸렸다.

우리는 실제로 그 단계에도 이르지 못했다. 이제 걸음마 단계라는 느낌이 든다.

그렇다. 당장은 1951년 무렵의 텔레비전, 1981년 무렵의 개인용 컴퓨터 같다고 느껴진다. 혁명은 실제로 시작되지 않았다. 혁명이 완성되거나 혁명이 끝날 때까지 기다리는 것이 아니라, 우리가 환경을 변형시키는 사건이 펼쳐지도록 촉구하는 것이다. 모뎀 속도가 28.8kbps로 빨라진 것은 통신사에서 획기적인 사건이다. 광대역은 그것이 대역폭을 갖는다는 명백한 이유로 인해 획기적인 사건이다. 그러나 기술에 있어 가장 중요한 것은 그것이 전형적으로 불분명한 사태라는 점이며, 광대역에 있어 불분명한 사태는 그것이 언제나 온 상태에 있다는 점이다.

광대역 회선은 휴지 시간이 없다. 그것은 동선이나 광섬유로 언제나 비트를 유출시킨다. 개인용 컴퓨터를 사용할 때 반드시 그렇게는 안 되지만, 광대역 환경을 설치하는 순간, 그래서 하루 24시간 인터넷에 고정 접속하는 순간, 정보 비트가 언제나 집으로 유입돼 들어오고 외부 사용자가 그 정보 비트를 사용할 방법을 발견하게 된다는 매우 실천적이고 실용적인 뜻을 갖는다. 아마 당신은 별 쓸모 없는 초단타 주식 거래를 행하지는 않겠지만, 주식에 응당한 관심을 쏟으며 시황을 주의 깊게 살필 것이다. 지금은 당신이 인터넷으로 다이얼을 돌려야 한다. 당신의 시스템이 언제나 인터넷으로 연결된다고 가정하면, 당신은 사무실에 있는 것처럼 경보 메시지를 받는다. 그러나 집에서 당신이 부엌에 있을 때 전화가 울리면 컴퓨터가 당신을 불러서 당신의 슈왑 계좌에 특정한 사건이 발생했음을 통지한다.

언제나 온 상태라는 특질은 인터넷에 지각 변동을 가져올 것이다. 변화의 크기라는 점에서 전자 메일 중심으로부터 웹 중심으로의 변화만큼 급진성을 함축하지만, 그 실질적인 의의는 축적 후 전달(store-and-forward)이라는 비동기 세계에서 모든 것이 거의 실시간으로 이루어지는 동기 세계로 매우 공격적으로 이동한다는 데 있다. 전자 메일은 축적 후 전달 방식이다. 웹은 실제로 축적 후 전달 방식이다. 웹은 가상 공간에 있는 이런 저장고이며, 한 쪽에서는 사용자들이 한 무더기의 개체를 저장고에 밀어 넣고, 다른 한 쪽에서는 한 무더기의 사용자가 저장고를 방문해 그 개체를 조사하며 그것을 만지작거리는 꼴이다.

나는 그것을 다소 다르게 수동 대 능동 활동으로 생각했다. 당신은 언제나 인터넷에 연결돼 있고, 지능형 대행체(agent)가 각종 사건을 경보로 알려 주는 보다 수동적인 환경을 설명한 것이다.

맞다. 오프 스위치가 없는 기기들이 세상에 보급되기 시작한다면 무언가 진행중이라는 사실을 알 수 있다.

정말인가?

내가 집에 보유하는 라우터나 10베이스-T 허브는 오프 스위치를 포함하지 않는다. 라우터는 언제나 온 상태이다. 따라서 그것은 작동을 시작하자마자 이내 가속도가 붙는다. (라우터는 데이터가 네트워크를 통해 목적지를 찾아가도록 하는 기기로서 허브를 통해 데이터를 분배시킨다.)

냉장고와 비슷한 것 같다.

여러 면에서 그렇다. 가전 기기는 오프 스위치를 갖지 않는 장비로 정의된다. 그것은 언제나 사용될 수 있게 준비된 기기로서 언제나 활성 상태에 있다.

내가 관심을 갖고 지켜보는 다른 주요 기능은 AOL의 버디 시스템(buddy system)인 ICQ이다. 사용자가 친한 친구 명단을 올려놓으면 인터넷에 접속할 때는 언제나, 예컨대, "폴이 웹을 쓰고 있다."는 메시지를 보내 준다. 아는 사람들이 귀찮게 굴까 봐 익명을 사용하는 사람이 많을 정도로 물의를 빚고 있는 프로그램이기도 하다. 나에게도 그런 일이 있었다. 사용자가 작업을 하려고 인터넷에 들어갔는 데 벨이 울린다. "이봐. 네가 컴퓨터 앞에 있는 걸 안단 말이야."라는 전화 목소리가 튀어나온다. 그것은 오디오 세계에 근본 변화를 암시하는 작은 실마리로 여겨진다. 전화 발성음의 죽음을 예고하는 듯하다. 인터넷 프로토콜(IP)을 이용하는 오디오 통신은 전화가 아니다. 그것은 무언가 다른 기술이다.

IP 전화란 컴퓨터에 연결된 전화를 가진 사용자가 다이얼을 돌리면 사용자가 도달하려고 하는 사람의 컴퓨터에 연결된 전화에서 벨이 울리는 방식이 아니다. 사용자가 일에 열중하는 데 다른 사람이 사용자가 거기 있다는 것을 알고, 만일 '접근 엄금' 이라는 신호등이 켜 있지 않다면 사용자의 화면 위에 갑자기 떠올라 "이봐. 네가 작업중인 것을 보고 있어."라고 말한다. 결코 예사로운 일이 아니다.

이런 기술은 앞으로 상당 기간이 걸릴 것으로 알고 있다.

약 20년 뒤의 일이다.

내가 언급한 여러 문제들이 2010년까지는 어떤 모습을 보일지 예측할 수 있는가?

2010년경엔 관심의 초점이 디지털 기술이 아닐 것이다. 생물학과 게놈 기술이 뜨거운 각광을 받을 것이다. 2010년에는 10대 해커들이 비트가 아니라 분자를 해킹하려고 덤빌 것이다. 인터넷은 더 이상 갈채의 대상이 아니다. 삶의 일부로 융합될 것이기 때문이다. 디지털 기술이 사라진다는 말은 아니다. 계속 진보는 하되 변화가 아주 느린 구석이 나타난다. 대중은 이 현실을 최근에 감지했다. 전화는 100년 이전에 도입됐지만 지구 인구의 절반은 한 번도 전화 통화를 한 적이 없다.

여러 사례를 보면, 쓸모 있는 인터넷 기기와 외부로의 광대역 확산이라는 중대 전환점에 우리가 서 있다는 것을 알 수 있다. 주요 도시 지역에서는 광대역 서비스가 속속 도입되고 있다.

향후 5년은 광대역, 인터넷 기기, 그리고 IP의 보편화 바람이 불 것이다. 무어의 법칙에 따라 칩 가격은 갈수록 하락하지만, 대부분의 사람은 무어의 법칙이 기기 수준에서 어떤 의미를 갖는지 이해하지 못한다. 칩이 더 작아진다는 것이 아니라 회로가 더 작아진다는 말이다. 칩 크기는 그대로이므로 칩에 비어 있는 공간이 있다는 뜻이다. 경쟁사와 차별화를 꾀하는 기업은 "이제 칩 위에 무엇을 밀어 넣을 수 있는가?"라며 아이디어를 짜낸다. 그 결과 칩 하나에 개인용 컴퓨터가 통째로 들어가는 집적도를 보이게 된다. 담뱃갑 크기의 웹 서버를 보유하는 한 스탠퍼드 대학 교수를 나는 알고 있다. 개인용 컴퓨터와 하드 드라이브 일체를 포함하지만 너무 작아 가방 속에서 찾기가 힘들 정도이며, 웹으로 연결돼 있다.

단일 칩과 시스템의 가격이 무척 저렴해져 제조업체가 이렇게 말할 정도이다. "IP 칩을 아이스박스, 세탁기, 휴대 전화에 넣어야겠어. IP 인사이드라는 광고를 빼먹을 순 없지." 여하튼 지금 닷컴 바람이 부는 까닭을 당신은 잘 안다. IP 인사이드라는 딱지를 붙이면, 1963년경에 라디오 생산업체들이 그 안에 내장된 트랜지스터 수를 자랑한 것과 비슷한 광고 효과를 얻는다. IP 인사이드 시대에 이르면, 이러한 기기들이 가정 인트라넷에 연결되기 시작하지만 아마도 대중이 현실을 실감하지 못하기 때문에 매우 흥미로운 상황이 벌어질 것이다. 단순히 기기를 사서 벽에 꽂으면 작동이 되어 전선을 타고 흐르며 서로를 발견한다. 혹은, 광대역이 서비스되는 벽걸이 함에 연결하면 그것이 똑똑한 지능으로 다른 기기를 찾아 협상을 벌인다. 이런 사태가 향후 5년 안에 일어날 수 있다.

컴퓨터가 전화처럼 어디에나 깔려 있어서 컴퓨터를 휴대할 필요가 없는 시대가 기대된다. 사용자는 그 방식으로 자신의 자원 목록에 접근할 수 있다.

답은 긍정과 부정 모두가 가능하다. 그 개념은 한두 가지 다른 형태로 제기됐다. 보편적 컴퓨팅(ubiquitous computing)이 가장 최근의 형태이다. 컴퓨터 휴대의 필요성이 적어진다는 말이 아니다. 사실, 너무 많은 전자 장치를 몸에 붙이고 다니기 때문에 벼락에 신경을 써야 할 판이다. 그러나 우리가 휴대하는 기기는 더 작아지고 가벼워질 것이다. 휴대하는 기기 또한 더 많아질 것이다. 그러나 우리가 전방위로 이동하는 컴퓨팅 환경과는 계속해서 통신 상태를 유지하게 될 것이다.

그러므로 사람들은 여전히 이동 전화를 휴대하지만 그 안에 위치 측정 시스템(GPS) 칩이 내장되거나, 혹은 사용자가 원하든 원하지 않든 그 밖의 '특별 기능'을 누리게 될 것이다. 아니면 GPS 칩을 내장시킨 삐삐를 가지고 차이나타운을 걷다 보면 식사 시간쯤에 주변 식당에 특별 메뉴가 있다고 알려 줄 수 있다. 바로 그런 일이 생긴다.

용도보다는 장비에 이야기가 쏠린 느낌이다. 인터넷의 진화 방향에 대해서는 온갖 사람이 온갖 말을 다한다. 한편, 사용자가 주도적으로 정의하며 사용자가 희망하는 방향으로 발전할 것이라는 견해가 유력하다. 그러나 텔레비전 네트워크가 기승을 부려 그것을 수동적인 매체로 변질시킬 거라는 전망도 있다. 그 반대 진영은 "절대 아니다. 그것은 언제나 독자적인 정체성을 유지한다."고 주장한다. 당신은 견해는 어느 쪽인가?

인간은 오랫동안 간직해 온 습관을 보존하기 위해 발명을 이용하는 경향이 있다. 실리콘 밸리 지역의 일반 주택 단지는 중앙 난방이 발명되기 이전 노르망디 지역에서 유행한 망사르드(mansard) 2단 경사 지붕을 채택한다. 가족을 어떻게 관리하고 아이들과 어떻게 접촉 상태를 유지하느냐와 같은 매우 보수적인 활동을 위해 이 구조를 사용하는 경향이 있다. 가장 최신의 기술은 가장 오래된 인간의 욕구와 니즈를 충족시키는 용도로 계속 이용될 것이다.

사람들은 인터넷이 새로운 민주주의의 요람이라고 하거나, 아니면 기업에 의해 압도될 거라는 견해로 엇갈려 있다. 그러나 인터넷이 신속한 전진을 계속하는 한, 소규모 행위자에게도 틈새는 있을 것이다. 거대 텔레비전 재벌이 진주할 것인가? 물론이다. 수동이냐 능동이냐의 점에서는 전체적으로 뒤섞이는 양상을 보일 것이다. 지금은 팔로 알토에 있지만 1982년 당시 소니에서 일한 마크 헤이어는 이미 그 때 수렵인(hunter), 정주인(grazer), 유영인(browser)이라는 분류 방식을 소개했다. 사바나에서와 같이 유영인보다 수렵인이 많고, 정주인보다 유영인이 많다. 수렵인은 능동적으로 야외로 나가 필요한 것을 얻는다. 예컨대, e베이 경매에 참가한다. 유영인은 자료를 열심히 찾아내는 유형은 아니지만 눈에 보이는 범위 안에서는 "나는 이 사이트 혹은 저 사이트로 가겠다."면서 상당히 선별적이다. 그리고 정주인은 다만 눈앞에 보이는 것은 무엇이나 소화시키는 유형이다. 인간은 이 세 가지 유형의 혼성체이다. 모든 시간을 수렵인으로만 보내지는 않는다. 그리고 인터넷은 그 현실을 반영할 것이다. 정주인을 표적으로 삼는 사이트가 붐을 이루고 있다.

내가 최근에 읽은 한 논문에서는 대역폭 약탈 경쟁을 방지할 수 있도록 배급제나 경매제를 도입해야 한다고 주장했다. 즉, 가장 많이 지불할 의사가 있는 사람이 가장 많은 대역폭을 얻고, 비디오 게임을 내려 받는 아이들은 대역폭이 저렴화되기 이전에는 불편을 감수해야 한다는 것이다. 그런 일이 실제로 가능할 법한가? 도대체 어떤 조짐이 보이는가?

명백히 터무니없는 발상이다. 나는 병적인 자유 시장 옹호자가 아니지만, 시장의 힘은 꽤나 잘 작동하며, 광 케이블을 더욱 확충해야 할 충분한 유인이 있다. 광섬유 한 가닥에 모든 라디오 스펙트럼 용량을 전송할 수 있다. 우리는 언제나 대역폭 고갈에 임박한 듯한 위축감을 느낄 것이다. 그 점은 의심의 여지가 없다. 그러나 약간의 고통은 있어도 대역폭 때문에 사활을 다투는 세계는 아닐 것이다. 지난 수백 년간의 역사를 보면, 대역폭 가격이 갈수록 저렴해짐을 분명히 알 수 있다. 대역폭

배급제는 말이 안 된다. 만일, 어떤 유전자 재조립 연구자가 광섬유를 먹어 치우는 벌레를 창조할 만큼 우매하다면 또 모르겠다. 그렇다면 문제가 생긴 것이다.

인터넷2는 작동되고 있는가? (인터넷2는 차세대 인터넷 기술에 초점을 맞춘 연구 프로젝트의 하나이다.)

정말 멋진 일이다. 인터넷2를 개통시킨 사람들은 최선의 노력을 다했다. 학교별로 기부한 금액은 생각이 잘 안 나지만 50만 달러 정도일 것이다. 으레 회의적인 반응을 보이는 카네기멜론, 사우스 캐롤라이나, 버클리, 스탠퍼드 대학교를 유인할 수 있다고 믿었다. 생각보다 5배나 많은 대학이 참가했다. 이는 인터넷2의 전망을 밝히는 고무적인 신호이다. 인터넷2는 대부분의 대중에게 아직 서비스되지 않지만 학계에서는 꽤 유용한 기능을 발휘하고 있다.

지능형 대행체와 봇에 대해 이야기해 보자. 먼저, 대행체와 봇 사이에는 어떤 차이가 있는가?

대행체는 봇 기술의 상위 집합으로 볼 수 있다. 봇이란 어른의 감독이 필요한 심부름꾼이라고 나는 생각한다. 봇이라는 유아 단계를 지나면 웹을 유영하는 자율적 대행체 단계로 나갈 수 있고, 그것이 연구자들의 주된 관심사이다. 봇은 아직 그 만한 단계에 이르지 못 했지만 그래도 유용하다. 내가 최소한 매초마다 그것을 돌보지 않아도 된다.

사람들이 말하는 쇼핑 봇은 실제 지능형 대행체를 가리키지 않는가?

그 방향을 추구하고 있다. 그러나 세부 내용에 이르면 어리석은 주장이 적지 않다. 작업에 필요한 일반적인 요소들인 전문가 시스템, 그리고 기기에 개성을 부여하는 인공 지능은 이미 이용 가능하다. 난점은 웹을 통과하는 기능과, 소프트웨어 호환성이다. 제너럴 매직 사의 마크 포랏이 최초로 밝혔듯이 무언가에 자율성을 부여한 순간 자율성의 한계를 분명히 정의하고, 그 자율적 실체가 책임을 지도록 만드는 실천적 과제가 대두된다. 대행체를 인터넷으로 발진시킨다면 그것이 무엇을 하는지 확실히 아는 편이 낫다. 밤 11시라고 하면 당신의 대행체가 어디 있는지 알고 있는가? 이것들은 작은 문제지만 인터넷의 정착을 가로막을 수 있다.

향후 수년 간 기술 발전과 더불어 대행체가 더욱 세련화되면, 인간이 지금 인터넷으로 하는 많은 일을 대행체가 대신할 것 같다.

그렇다. 장래가 촉망되는 회사가 두 개 있다. 하나는 타임-댄스(Time-Dance)이다. 이 회사가 보유한 집단 일정 스케줄러 기술을 우리는 면밀히 추적해 왔다. 이 기술은 내가 보기에 정말 보석 같은 다양한 기능을 갖췄다. 팜 파일럿이나 그 밖의 컴퓨터 장치와 동기를 맞추지 않아도 된다. 그것은 대행체이다. 그러나 대행체처럼 보이지 않는다. 쇼핑 분야에서는 보스턴에 있는 퀵바이(QuickBuy)로 불리는 회사가 바이콘(buycon)이라는 진짜 흥미로운 기술을 보유한다. 그것은 XML의 확장으로 웹상의 판매를 위해 품목을 올려놓도록 허용하며, 작은 책이 실제로는 하나의 바이콘이다. 내가 탐색을 하다가 그것을 나의 쇼핑 카트에 집어넣은 다음에 다른 사이트로 가서 다시 다른 바이콘을 집어넣을 수 있다. 기본적으로 대형 백화점 안에서 이동하다가 체크아웃할 때 지불하는 방법과 비슷하다. 그리고 내가 어떤 책을 구한다는 등의 지능을 쇼핑 카트에 입력할 수 있다. 그리고 그것은 일종의 정교한 알고리즘으로 단순히 가격 비교에 그치지 않으며, 항공권 우대 프로그램을 얻을 수 있는지 등의 문제를 내재적으로 분석하여 어디서 최대 편익을 얻을 수 있는지 통지해 준다. 그런 일이 이제 현실화될 것이지만, 그것이 화면 위에 떠오르는 명시적인 대행체일 필요는 없다. 넷세이즈(NetSage) 사나 엑스템포(Extempo) 사는 소프트웨어 안에 인격을 불어넣어 사용자가 소프트웨어와 대화를 나눌 수 있도록 노력하고 있다.

결국, 고객들이 쇼핑 대행체를 보유하고 "나는 폴 엘드만의 최근 서적을 원한다."고 말할 수 있다면 많은 전자상거래 기업으로서는 사업하기 더 어려워지는 게 아닌가? 극도로 박약한 마진을 놓고 경쟁을 해야 할 상황이 아닌가?

일부 품목은 마진이 사라지겠지만, 반드시 마진에 구애되지 않는 무언가가 생길 것이다. 사업이란 변화에 대응하는 과정이다. 15세기의 인쇄 기술은 16세기 초반 상업 자본주의의 폭발을 유도했다. 오늘날에도 비슷한 사태가 진행되고 있다.

일부 품목의 가격은 웹으로 인해 바닥으로 곤두박칠쳤다. 반대로, 전에는 팔 수 없었지만 이제 웹으로 팔 수 있는 품목이 생긴다. e베이에서 여러 사람이 책 한 권을 놓고 경매를 벌이는 광경을 보았다. 운 좋은 한 구매자가 그 희귀본을 130달러에 구매하는 행운을 누렸다. 경매가 종료된 바로 그 순간, ABE와 비블리오파인드(Bibliofind)로 들어가 보니 앞의 낙찰자가 구매한 책보다 상태가 더 좋은 같은 책 9권이 20~60달러에 판매되고 있었다. 누구나 손가락 하나 까딱 안 하고 100달러를 절약할 수 있는 우량한 거래 사례이다. 경매는 며칠 간 계속됐다.

인간의 삶은 무척 바빠졌지만 우리가 이야기하는 많은 변화가 고객들에게 더 많은 시간과 선택 범위를 부여함으로써 그들의 힘을 강화시키는 추세이다. 당신은 쇼핑, 나아가 식품 쇼핑, 할인 탐색을 언급했다.

한때는 은행에 가서 대부를 받았지만 지금은 옛이야기가 됐다. 이제 어떤 사람은 신용카드로 대부를 받는다. 은행으로 갈 필요조차 없다. ATM에서 대출금을 꺼낼 수 있다. 앞으로 10년이 지나면, 시장에 가서 화장지와 기타 잡화를 구매하던 옛날을 되돌아보며 "그 때는 그랬는가? 참, 어이가 없군."이라고 말할 것이다. 어떤 사람은 여전히 그렇게 한다. 그것은 어떻게 보면 공중 전화와 비슷하다. 이제 우리는 휴대 전화를 보유한다. 아직 공중 전화가 있고 그것을 아직 쓰는 사람도 있지만…….

……지금은 점차로 사라지고 있다.

공중 전화 앞에 줄서는 일이 사라졌다! 쇼핑에도 같은 일이 생길 것이다. 우리는 바라지 않는 쇼핑 유형을 피하겠지만 여전히 슈퍼마켓으로 향한다. 고객들은 이렇게 말한다. "좋아. 목요일 밤인데 내가 무엇을 원하는지 알 수가 없어." 그래서 쇼핑 몰의 이 코너 저 코너를 두리번거리며 스테이크와 각종 품목을 둘러보지만 그것은 고객이 원해서 한 것이다. 그 세계에서는 또한 세탁기 정비 직원이 IP 전화를 통해 고객에게 전화를 걸어오기 때문에 소비자가 전화를 걸 필요가 없다. 소비자가 전화기를 들면 서비스 직원이 "내일 귀댁에 들려야 합니다."라고 말할 것이고, 고객이 그 이유를 물으면 "귀댁의 세탁기가 우리를 불렀고, 정비가 필요합니다."라고 응답할 것이다.

혹은, 세탁기가 주인을 불러 정비 시간을 언제로 잡아 놓았다고 통지할 것이다.

그렇다. 사람들이 걱정하는 일의 하나는 바깥 사람을 집으로 불러오는 일이다. 따라서 아마도 그것이 회사를 불러올 것이다.

1년 전만 해도 아마존의 열렬한 팬으로서 다른 방식으로는 결코 책을 사지 않겠다고 공언한 사람을 알고 있다. 지금은 나에게 다가와 이렇게 말한다. "최근에 반스앤노블 사이트로 가 보셨나요. 정말 대단히 나아졌습니다." 기업이 고객을 유지하려면 과거를 되돌아봐야 한다는 명제가 실감난다. 가격이 좋아야 하고, 서비스가 좋아야 하고, 지속적인 개선이 있어야 한다.

내가 아마존의 창업자 제프 베조스를 유망하다고 보는 이유는 항상적인 변화와 개선으로 계속적인 고객의 사랑을 받기 때문이다. 고객의 관심은 금방 달라진다. 대중의 서비스 전환을 고무하는 방향으로 전체 시스템이 짜여져 있다. 그러나 그것은 또한 기업이 사람들을 붙들어 매는 방법을 발견함에 있어 더욱 더 창조적으로 변할 수 있음을 시사한다. 점점 더 많은 거래가 외부적 요인에 의해 결정되고 있다. 과거에는 거래가 거래의 목적물, 그리고 제공되는 서비스에 의해 결정됐다. 지금은 외부적 요인의 고리가 서로 중첩된다. 예컨대, 내가 이 신용카드를 애용하는 이유는 고객 우대 서비스를 받을 수 있기 때문이다.

정치 분야의 경쟁 또한 한층 치열해질 듯하다. 당장에 입후보자가 텔레비전에 출연해서 7초 간 홍보 방송을 하기는 매우 쉽다.

기술이 정치 환경을 변화시킨다. 케네디는 텔레비전 방송에 어울리는 최초의 후보였다. 이전에는 대중이 이 사실을 실감하지 못했다. 린든 존슨 대통령의 기술상 우위는 그가 헬리콥터를 사용한 최초의 후보였다는 점에 있다. 한국전 이후, 헬리콥터가 민간용으로 보급되는 추세여서 그는 텍사스 전역을 휘젓고 다녔다. 이제 우리는 웹에 잘 어울리는 최초의 전국 후보를 찾아야 한다. 레슬링 선수 출신으로 미네소타 주지사로 재직중인 제시 벤투라쯤이 아닐까 생각해 본다.

웹이 정치적 의사 결정을 개선할 수 있을까? 클릭 한 번으로 더 나은 거래를 할 수 있지만, 책 한 권에 100달러를 더 지불한 사람을 보았다. 대중은 진정으로 정치에 관심을 가질 것인가? 인터넷이 수준이 떨어지는 의사 결정을 초래할 수 있다는 게 여기서의 악몽이다. 모든 대중이 정치 과잉에 염증을 품으며, 인터넷을 가장 활발히 이용하는 사람은 AM 라디오를 듣는 평범한 사람일지도 모른다.

당신의 악몽을 방금 말했다. 그 반대로 당신의 이상향은 무엇인가?

실제로 전국 수준으로 나눌 수 있다고 생각한다. 그러나 운영 수준은 사실상 지역이 될 것이다. 지방 정치는 아직까지 메시지를 대외적으로 표출하는 효율적인 통로가 없었던 관계로 인터넷 도입이 이전과는 판이한 방법으로 시민의 지방 정치 참여를 촉진시킬 것이다. 아무도 지방지를 보지 않는다. 지방 단체가 공동체 웹을 개설한다면 지역민이 게시판과 의제를 조사할 수 있다.

그래서 이렇게 묻는다. "지방 수준에서는 작동되지만 전국 수준에서 무기력하면 어떻게 되는가?"라고. 그렇게 되면 권력이 중앙에서 지방으로 이양되는 속도가 빨라질 것이다. 최소한 인터넷 연결을 통해 그런 가시적인 성과를 낼 수 있다.

많은 시민이 지역 수준에서 더 많은 통제력을 갖게 되며, 지방의 권한 또한 강화된다. 우리는 지능형 대행체와 악몽을 이야기했다. 내가 생각하는 악몽의 하나는 누구나 서로 다른 기술과 대행체로 접근함에 따라서 각종 에이전트들이 개인의 주변을 휩쓸고 다닐 가능성이다. 각 개인은 자신의 삶에 더 많은 통제력을 가지려 하지만, 다른 사람은 또한 타인의 삶에 더 많은 통제력을 가지려고 한다.

그런 양상을 볼 수 있는 장소를 알려 주겠다. 광대역 서비스가 도입되면 고객들은 정보 기기를 보유하게 된다. 그 때에는 냉장고가 터치 스크린과 IP 주소를 가지며 고객은 냉장고를 가족 메시지 센터로 이용한다. 저녁 시간이 되면 냉장고 화면이 벨을 울려 준다. 왜냐 하면, 고객이 그 소리를 듣고 냉장고에 다가가 자신의 IP 서비스를 교체한다는 점을 통신 회사인 MCI가 알고 있기 때문이다. 마케팅과 광고 담당자들은 비록 개인적 이득과 상관없더라도 고객의 가정에 언제나 연결되는 파이프라인을 통해 가정이라는 고독의 성채를 침투하는 교활한 방법을 새롭게 강구할 것이다.

쿠키를 무기로 해서 프라이버시가 대대적으로 침해되는 지경에 이르고 있다. 쿠키에 대해 어떤 기분인가? 내가 읽어 본 거의 모든 책의 저자들은 쿠키가 고객들에게 좋은 기능을 한다고 설명한다. 개인적으로 수백 군데서 쿠키를 보았다. 그런 견해에 동의하는가?

사용자가 웹에서 어디를 거쳐왔는지 기억한다는 점은 좋다. 그러나 나는 쿠키에 대해 상당히 보수적인 생각을 갖고 있다. 나는 쿠키를 언제나 지울 수 있는 상태로 놓아둔다. 그러나 이 코드 줄을 보면서 이것이 도대체 무슨 기능을 하느냐고 자문하기 때문에 비합리적이라고 할 수 있다. 나는 언제나 'OK'를 클릭하며 쿠키 때문에 사이트를 빠져나온 경우는 한두 차례에 불과하다.

프라이버시의 정의는 사람마다 다른 의미로 사용된다. 우리 시대의 프라이버시는 루이 브랑데(역자 주 : 미국 최초의 유태인계 대법관)의 지론이 원류라고 생각한다. 그것은 다른 사람을 훔쳐보는 것이 아니라, "나를 내버려 두어라. 밥 먹을 때 전화하지 마라."라는 표현에 집약돼 있다. 프라이버시는 "좋다. 네가 나의 신상 정보를 가져갈 수 있지만 나를 괴롭힐 사람이나 나의 인생을 엉망으로 만들 사람에게 주지는 마라."는 뜻이다. 이 같은 프라이버시 정의가 다시 세력을 얻으며, 기업은 개인의 신상 정보가 뜨거운 감자라는 점을 체득할 거라고 생각한다.

구체적으로 어떤 종류인가?

개인 의료 정보를 예로 들 수 있다. 에이즈 바이러스 양성자로 판명된 사람이 있는데 보험 회사가 관련 정보를 유출시키자 그 사람의 고용주가 해당 사실을 알고 해고시킨다. 혹은, 그 사람의 친구들에게 사실이 알려져 조롱거리가 될 수 있다.

개인이 무엇을 먹고, 무엇을 하며, 무슨 쇼를 시청하는지 등의 상세 정보를 수집하는 기업이 출현할 수 있다고 보는가? 기업은 거시적 집계와 반대되는 의미로 개인 자체에 대해 그 정보를 편집할 것인가?

유혹이 바로 거기에 있다. 다음 번에 당신이 러시아워 시간에 간선 도로에 있을 때, 몇 분을 빨리 가기 위해 자신과 다른 사람의 목숨을 위태롭게 하는 바보들이 얼마나 많은지 한 번 세어 보라. 자신의 목숨을 위협하는 상황에서도 사람들은 바보가 될 수 있다. 기업계에 특히 바보를 자청하는 사람이 많다. 기업이 하는 일 중에는 도대체 이해가 안 되는 일이 있다.

한 소매 체인점의 경영자가 직원들의 나이와 관련된 기록을 보관하고 다운사이징을 할 때 나이 많은 사람부터 불이익을 주는 방식으로 인력을 감축시킨 예가 최근에 화제가 된 적이 있다. 얼마나 우매한 일인가. 상식을 벗어나 머리가 어떻게 된 것 같다. 기업 내부에서 공금을 횡령하는 사람들에게서도 비슷한 추태를 볼 수 있다. 잡힐 줄 알면서 다짜고짜 사기를 친다. 정치인 또한 마찬가지다. 많은 사람이 어리석다. 사람은 우매한 행동의 결과에 대해 항시 경계해야 한다.

순전히 기술적인 차원에서 인류는 더 나은 세계로 향하는가, 아니면 더 열악한 세계로 향하는가? 나로서는 목전에 임박한 생물학적 위험을 되도록 피하고 싶다.

기술 사용이 더 편해지고 더 많은 기술이 존재하는 세계로 향하고 있다. 귀결은 더 넓어진 선택 범위이다. 따라서 그 관점에서는 더욱 복잡해진 세계이다. 이로써 과거 어느 때보다 선택의 효과는 훨씬 강해졌다. 돼지고기 선물 거래를 생업으로 하는 초단타 주식 거래자가 전자 대행체에게 명령을 잘못 내렸다면, 다음 날 돼지고기를 잔뜩 실은 트럭이 자기 문 앞의 차도까지 들어와 진을 치고 있을지 모른다.

캔디 과자를 한 개 훔치거나 장난으로 친구를 가볍게 떠민 꼬마에게 갑자기 친구 부모가 소송을 내는 감시 세계와 같다. 우발적인 실수가 꾸준히 더 높아지는 대가를 요구하는 세계이다. 지금 우리가 사는 세계와는 판이하다.

선택 범위가 더 넓어지는 데도 그렇다.

그것이 인간을 압도한다. 선택 범위가 넓어질수록 우리가 내리는 결정은 더욱 지능적이어야 한다. 나쁜 선택을 하면 과거 어느 때보다 더 큰 대가를 치른다.

선택 범위의 확대가 무척 부정적인 효과를 갖는다는 뜻으로 들린다. 당신의 견해는 그렇게 부정적인가?

아니다. 결코 그렇지 않다. 그것은 긍정적인 일이다. 기술이 진공 속에서 나타나 인류에게 떨어졌다는 소리가 아니다. 인간은 기술과 공존할 시간을 갖고 있다. 고객들이 은행 카드의 암호 번호를 암기, 기억하고 비밀로 지킨다는 사실이 나에게는 놀랍다. 정말이다. 1950년대 사람더러 그렇게 하라고 요청하면 마치 외계인이나 상대한 듯 정색을 했을 것이다.

자동차를 한 번 살펴보라. 자동차를 몰려면 무엇이 필요한지 생각해 보자. 사실, 상당히 많이 필요하다. 자동차 안에 들어가 모는 것으로 그치지 않는다. 자동차 딜러를 상대해야 하고, 돈을 차입할 은행과 교섭해야 하며, 언제 정비소로 보낼지 알아야 하며, 기름을 손수 주입하고, 엔진 오일을 점검하며, 교통 법규를 알고, 많은 사람이 소홀히 하는 필수 운전 에티켓을 깨우쳐야 한다. 예컨대, 주행 시 알아야 할 2초 법칙이 있다. 즉, 바로 앞 차를 응시하고 그 차가 통과하는 특정 지점을 관찰하여 하나에서 둘까지를 센다. 그 지점을 둘까지 세기 전에 통과했다면 앞 차와의 거리가 너무 짧다. 그러나 우리는 자동차를 이해했고, 컴퓨터 또한 이해하게 될 것이다.

삶은 갈수록 복잡해진다. 그러나 우리는 개인으로서, 하나의 사회로서, 더욱 세련화된다. 삶이 더 나아지는가, 아니면 더 열악해지는가? 삶은 대체로 비슷하다. 그러나 세부 내용에는 차이가 있다.

# 도전과 과제

얼마 전, 슈퍼마켓에서 돈을 지불할 때 긴 줄을 서서 기다려야 했다. 고객들의 화난 표정에는 아랑곳없이 교양 없는 점원이 동료와 잡담을 했다. 고객들은 발을 동동 굴렀지만 약 5분이나 그렇게 떠들었다. 그러다가 한 고객의 지불을 처리한 다음에는 남자 친구와 금요일 저녁 계획을 길게 이야기하느라 체크아웃을 아예 중단해 버렸다.

다른 고객들이 불량 서비스를 불평하는 동안, 줄의 맨 앞에 선 한 여성이 눈에 띄었다. 그녀는 30대 중반의 깡마른 이민 출신으로 우는 아이를 수레로 밀고 있었다. 그녀는 화가 난 표정이었지만, 짧은 영어 실력 때문에 점원에게 뭐라고 말해야 할지 망설이는 듯했다. 아이는 울어 대고 점원이 계속 잡담하는 동안, 그녀는 잠자코 바닥만 응시했다.

우리는 가상 세계의 이민이다. 시내 한 점포의 불쾌한 서비스에 노출된 모든 고객처럼, 우리는 우리가 상대하는 기업으로부터 양호한 서비스를 기대할 전적인 권리를 가지며, 기업은 그것을 수행해야 할 책임이 있다. 불행하게 그 계산 줄에 섰던 젊은 엄마처럼, 우리는 이 새로운 세계의 힘의 법칙을 아직 학습하지 못 했다. 우리는 아직 새로운 환경의 관습을 익히지 못 했다. 우리는 아직 무엇이 가능하고 무엇이 그렇지 않은지 모른다.

지금은 고객들에게는 물론 그들의 환심을 사려는 기업에게도 결정적인 시점이다.

인터넷의 성장에 따라 고객들은 정치, 사회, 상업 제도 등 거시 환경 가운데 만족스럽지 못한 부분을 크게 변화시킬 기회를 갖고 있다. 그러나 이 기회는 오랫동안 계속되지 않는다. 몇 년 안에 인터넷 관습이 확립되어 고객 관계와 사회적 상호 작용을 위한 새로운 기대가 설정될 수 있다.

이 책의 마지막 부분에서는 우리가 지금까지 검토한 아이디어들을 종합하고 고객, 기업, 입법가들이 이 새로운 길을 이동하면서 따라야 할 지침을 제시하려고 한다. 웹 법칙을 쓰면서 나는 미국 역사, 그리고 이 책을 위해 인터뷰에 응해 준 여러 전문가들의 탁견에 많은 영감을 받았다. 나의 의도는 충분히 짐작하겠지만 독자들이 고객으로서, 투자자로서, 리더로서, 장래의 발전 초석을 놓을 수 있게 새로운 권리를 행사하도록 부탁하는 데 있다. 법칙 내용은 사회, 상업 등 2개의 주요 영역으로 나뉘어진다. 각 영역은 상이한 수준의 참여를 요청한다.

## 사회적 충격

사회 기관 사이에서 변화의 잠재력이 억제되는 이유는 경제적 인센티브의 결여, 복마전을 방불케 하는 규제 장벽, 그리고 과대하게 팽창된 관료주의의 폐해 때문이다.

인터넷의 성장이 가장 느린 분야가 교육, 정치, 사회 서비스라는 점이 놀랍지 않다. 이 말이 사실인지 알아 보려고 가상 공간을 기웃거릴 필요도 없다. 캘리포니아 실리콘 밸리의 풍요와 샌프란시스코 만 전역의 황폐한 공교육과 빈자의 호주머니를 대비시키는 것으로 충분하다.

예를 들면, 캘리포니아는 웹 성장의 세례를 받은 실리콘 밸리 기업들로 돈벼락을 맞은 형국이지만, 학생 1명당 주의 교육비 지출은 50개 주 가운데 47위에 머물러 있다. 부유층 학부모는 학교에 컴퓨터를 기증하지만 극빈 학교는 페인트를 사거나 교실을 수리할 엄두조차 내지 못한다.

장기적으로 이 같은 불균형은 인터넷의 위대한 경제적 잠재력을 잠식할 것이다. 기업은 숙련 노동자를 찾을 수 없고, 사회 조건의 악화는 이윤 성장을 저해하며, 수백만 명의 빈자는 민주적 과정으로부터 유리되는 사회가 만들어지기 때문이다.

내가 이 책을 쓰면서 인터뷰를 실시한 주요 지도자들인 앤 윈블라드, 제리 양, 오클랜드 시장 제리 브라운 등은 이러한 문제들이 치유되기 어려울 것이라고 전망했다. 아무도 변화가 쉽게, 혹은 신속히 올 것으로 믿지 않는다.

- 윈블라드에 의하면, 학교 자체의 부족한 예산과 공교육에 대한 지나친 규제로 인해 교육 시장을 중시하는 기업을 뒷받침할 수 있는 사회적 관심이 결여돼 있다.
- 개혁의 기수로 유명한 브라운은 인터넷을 둘러싼 온갖 공치사에도 불구하고 실질적인 변화는 거의 찾아볼 수 없다는 점을 정확히 꿰뚫어 보았다. 그는 거대 자본이 변화를 뒷받침한다고 말했다.
- 양에 의하면, 테크놀러지 산업이 인터넷을 더 많은 학교에 보급시키는 기본틀의 확립에 기여할 수 있겠지만, 규제 환경의 혁명적인

변화가 있어야 테크놀러지가 학교에서 성공할 수 있다고 밝혔다.

이러한 진단은 아주 벅찬 과제가 가로막고 있음을 반영한다. 확실히 이것은 향후 10년간 우리 사회에 대한 최대 시험대의 하나가 될 것이다. 그러나 우리가 함부로 실패할 수 없는 영역이기도 하다.

우리 모두는, 입법가와 교육자에게 아래와 같은 서비스를 제공하도록 요구함으로써 교육에 실질적인 영향을 줄 수 있다.

- 인터넷을 통해 교사를 위한 학습안과 시험 및 성적 관리의 자동화로 각급 학교 교과 과정을 표준화
- 아동이 학습을 비디오 게임처럼 즐겁게 받을 수 있도록 교사의 교실 활동을 보완하는 네트워크 기반의 대화형 소프트웨어
- 신기술을 통합하는 새로운 학교상을 구축할 수 있도록 학부모, 투자자, 교육자를 격려하는 규제 환경

건강한 온라인 경제 환경의 구축에 열중하는 기업이라면, 기업의 현실 고객들이 매우 긴박한 문제에 직면하는 현실 세계에는 위에 열거한 관심사를 공유하는 사람들이 많다는 점을 인식해야 한다.

네트워크에서 우리 모두는 상호 연결된다. 그러나 우리 앞에 놓인 사회 경제적 위험을 간과한다면 눈앞에 반짝이는 휘황한 미래는 쉽사리 희미해질지 모른다.

## 상업적 충격

상업계에서는 경쟁을 통해 고객의 가슴과 마음을 사로잡기 위한 기업

간의 투쟁이 치열해질 것이다. 그리고 고객들은 서비스, 선택 범위, 가격면에서 자신이 무엇을 기대하는지 기업에 정확히 알려 줄 수 있다.

인터넷상에서 숍 구축에 여념이 없는 가운데 인터뷰에 응한 여러 전문가들의 견해를 다시 한 번 들어 보자.

- 제리 양, 야후! 사 공동 창업자–"우리는 입버릇처럼 고객들을 보호한다고 말한다. 그러나 그들을 속이거나 그들이 불편하게 여기는 일을 한다면 딴 데로 가고 말 것이다."
- 앤 윈블라드, 벤처 자본가로서 그녀의 회사는 인터넷 신진 기업에 수천만 달러를 베팅하고 있다.–"기업가로서 다른 분야의 사람보다 우위에 서는 주요한 이유는 고객들에게 항복해야 한다는 사실을 배웠다는 점에 있다. 다시 말해, 고객들이 우리를 좋아하지 않으면 그것으로 끝장이다."

아래에서는 기업을 위한 10개 법칙을 제안한다. 이것들이 궁극적인 지침이라고 못박을 생각은 없다. 그것은 고객 요구의 콘센서스에 의해 확립될 것이다. 그러나 이 지침을 따르는 기업은 경이로운 신시대에 더욱 효율적으로 적응해 갈 수 있다.

## 고객들이 통제력을 쥔다

모든 상업용 웹사이트에서 고객들이 주체라는 점을 명심하라. 모든 사이트는 쇼핑이 편한 사용자 환경을 사용해서 그들의 니즈를 수용할 수 있어야 한다. 고객들은 자신의 생각을 사이트에 알리고, 판매상은 주의 깊게 경청해서 신속히 반응해야 한다. 고객을 유치, 유지하려고 애쓰는 기업은 고객의 요구에 신속한 변화로 대응해야 한다.

## 가격은 매력적이어야 한다

인터넷에서 운영되는 기업은 원가가 절감된다고 본문 여러 곳에서 지적했다. 우리는 또한 가상 공간에서 영토를 차지하려는 기업 사이에 뜨거운 경쟁이 진행중이라는 사실을 기술했다. 결국에 가상 공간의 일부 소매점은 적극적인 가격 할인을 통해 쇼핑 고객을 유인하며 경쟁사를 뿌리치는 상황이 전개되고 있다. 고객들이 상품 경매에 참가하거나 특정 재화에 대해 소정의 금액을 불러 가격을 설정하도록 허용하는 비즈니스 모델은 e베이나 Priceline.com 등의 기업이 선도하고 있다.

기업들이 탄탄한 정규 고객 기반을 구축하고 있어, 고객들 또한 이 같은 행태가 향후 수년 간 지속될 것임을 예상해야 한다. 그렇다면 초대형 소매업체들이 가격 인상을 꾀하려 한다는 점을 충분히 예상할 수 있다. 그 이유는 다음과 같다.

- 주주들은 투자 기업이 매년 더 많은 돈을 벌기를 기대한다. 대부분의 인터넷 소매업체는 초창기 손실을 감수하면서 버텨 왔다. 그러나 수익이 없는 기업은 오래 버틸 수 없다.
- 사이버 몰 운영업체는 임대료를 올릴 것이고, 그 비용이 고객들에게 전가될 것이다.
- 웹에서 경쟁하는 소매업체는 고객들을 그대로 유지하기 위해 가외 서비스와 '보너스'를 부가할 것이다. 고객들이 이 비용을 지불해야 한다.

그러나 인터넷에서는 영토 확보를 위해 기꺼이 나서는 신진 경쟁사들이 언제나 밀려오기 때문에 고객들은 더 높은 가격을 지불할 필요가 없다. 어쩌면 새로운 점포에 다시 등록해야겠지만 더 나은 가격의 비슷한 상품을 발견할 가능성이 크다.

## 최고의 서비스가 기대된다

인터넷에서의 장기적 성공에 있어 고객만큼 필수적인 요인은 없다. 따라서 고객들은 당연히 최고의 서비스를 기대해야 한다. 가격과 마찬가지로 웹의 소매업체와 다른 서비스 공급자 간 경쟁 초점의 하나는 서비스가 될 것이다.

고객들이 새벽 3시에 쇼핑하기를 바란다면 점포는 그들을 수용할 태세를 갖춰야 한다. 고객들이 서비스에 만족하지 않으면, 다른 곳으로 가 버리고 말 것이다. 그들의 관심을 끌려고 노력하는 다른 기업이 상당히 많을 것이다. 소비자들은 자신이 아는 브랜드를 신뢰하는 경향이 있지만 최상의 재화와 서비스를 제공하는 새로운 브랜드는 인터넷에 무수히 많다. 고객들은 그 중의 일부를 알아야만 할 것이다. 인터넷이 새로운 세계이므로 무언가 새로운 시도를 해야만 한다는 점을 기억해야 한다.

## 엄격한 프라이버시 정책을 제공하라

프라이버시 정책이 사이트의 홈페이지에 분명히 표시되지 않으면, 고객들이 딴 곳으로 가 버릴 수 있다. 대부분의 사이트는 당신의 컴퓨터상에 '쿠키'를 받아들이도록 요청할 것이다. 쿠키는 고객의 선호에 관한 정보를 판매상에게 계속 공급하는 소프트웨어 코드이다. 이를 통해 장기적으로 고객의 선호 코드를 식별할 수 있지만, 다른 사람에게 공개하기를 꺼려하는 고객 정보를 판매상에게 노출시킨다. 많은 사이트는 이 정보를 비밀에 붙이고 광고 개발이나 서비스 개선, 혹은 사업 파트너와의 협력용으로만 '집계될' 것이라고 다짐한다. 그러나 약속이 파기되면 어떤 효과가 생기는지에 관한 판례가 거의 전무하다. 일부 인터넷 기업은 다른 나라에 위치하므로 비밀 정보를 팔아 치우는 기업에 대항해서 적절한 행동을 취하기 어렵다.

고객들은 쿠키를 포함한 여러 가지의 제한 조치에 대해 거부할 권리를 가져야 한다.

## 믿음직한 반품 정책을 제공하라

고객들이 상품을 수령한 뒤에 마음에 들지 않으면 어떻게 해야 하는가? 새 책을 샀는데 파본이라면? 사라 아줌마가 그 브로치를 싫어한다면? 이 품목들을 반환할 수 있는가? 우송료는 누구 부담인가?

나는 한 소매업체가 표명한 다음과 같은 보증에 깊은 인상을 받았다. "고객이 전적으로 만족을 하기까지 판매는 완료되지 않은 것으로 간주한다." 그 상인에게 축복 있으라.

## 고객의 추가 부담을 피하라

자동차를 사는 당신에게 영업 직원이 일정한 가격을 부르다가 당신이 자리에 앉자마자 5개 항목을 추가해 가격을 10% 더 끌어올린다면 펄쩍 뛰고 말 것이다.

인터넷에서의 가격은 최종 가격을 나타내지 않는다. 기업들은 종종 제품 배달 기한과 배달 지역에 따라 달라지는 우송비 등의 비용을 고객들에게 추가로 부담시킨다. 가격 비교를 하는 고객들은 최종 부담액을 분석해야 하며, 상인이 그것을 숨기려 해서는 안 된다.

## '우대 고객' 특전은 주어지는가?

앞에서 언급했듯이, 많은 기업은 단골 고객에게 이미 '보너스'를 지급하고 있다. 이는 항공사의 우대 고객 마일리지 서비스와 비슷하다. 이러한 프로그램 비용이 장기적으로 고객들에게 전가될 것이다. 그러나 고객이 판매상에게 많은 상품을 산다면 보상을 기대하는 것이 합리적이다.

## 누가 온라인 숍을 운영하는가?

인터넷에 너무 많은 브랜드들이 떠다니기 때문에 때로는 이방인들의 바다로 느껴진다. 실제로 그렇다. 대부분의 기업은 고객들이 다년간 거래해 온 기업에 의해 소유된다. 독특한 서비스와 가격으로 환심을 사려는 믿을 만한 신진 기업 또한 포진한다. 그러나 농간을 부리는 상인 또한 상당수이므로 고객들은 그들을 언제나 경계해야 한다.

고객들은 다음 질문에 상인들이 응답할 것으로 기대할 수 있다. 즉, 회사는 어디에 있는가? 누가 회사를 소유하는가? 기업 역사는 얼마나 되는가? 만일, 이 정보 중 어느 하나라도 얻기 어렵다면 고객들은 떠날 준비를 해야 한다.

## (대부분의) 봇은 고객의 벗이다

기업과 고객들은 조만간 다양한 봇을 사용하게 될 것이다. 고객들이 최선의 거래 상대를 발견하고, 상인이 고객에게 보탬이 되는 방향으로 경쟁사를 따라 잡도록 돕는 활동이 봇의 기능이다.

고객들은 봇을 허용하지 않는 판매상과 무절제한 판매상의 이익에 봉사하는 쓸모없는 봇을 경계해야 한다. 고객들은 봇을 완전히 신뢰하기에 앞서 봇의 다음 속성을 파악해야 한다.

- 봇의 소속이 어디인가?

- 일반적인 면식이 있는가?
- 봇이 '양호한 품성' 을 갖는가?
- 봇이 쇼핑 몰, 소매업체, 봇 서비스 회사, 혹은 가운데 누구의 이익에 봉사하는가?

이와 함께, 고객들은 소매업체가 봇 정책을 실시하고 있는지 물어 봐야 한다. 일부 점포는 특별히 경쟁사가 만들어 낸 봇을 금지한다. 이렇게 금지하는 유력한 근거는 한 소매업체가 다른 소매업체를 상대로 불공정한 경쟁을 저지를 목적으로 봇을 사용할 수 있기 때문이다. 어느 경우에나 사용자가 점포의 정책을 승인해야 할 필요가 있다.

## 돈이 이야기한다(Money Talks)

고객들에게 사랑을 받는다고 떠벌리는 소매업체들이 있다. 누가 그런 주장에 관심이나 갖는가? 정작 중요한 것은 개별 고객들이 그들을 좋아하는지의 여부이다. 인터넷 구매에서 일말의 석연치 않은 점이라도 있다면 고객들은 아예 사지 않을 것이다. 바람직하게는 왜 구매하지 않기로 결정했는지 판매상에게 알려 줘야 한다.

유능한 상인이라면 고객 피드백을 예의 주시하고, 고객들의 등을 돌리게 만드는 불필요한 정책을 수정할 것이다. 인터넷 판매상이 존재하는 이유가 고객에 대한 봉사라는 점을 소비자들은 알고 있다. 사소한 불만 사항이라도 고객이 딴 곳으로 가 버릴 충분한 이유가 된다.

## 웹 고객 주권을 위하여

미국은 세계를 향해 민주주의의 모범을 설정하며, 보다 최근에는 기술 혁신의 모범을 선도한다는 사실에 긍지를 갖고 있다. 이 두 요소가 결합되는 시점을 맞아, 내가 제안한 웹 법칙 가운데 일부는 기업과 고객들에게 극단적인 것으로 투영될 수도 있다.

고객이 언제나 옳다는 사실을 망각한 소비자라면 판매상에게 정책을 바꾸고, 가격을 낮추거나 선택 범위를 증가시키라고 훈계하는 일이 불편하다고 느낄지 모른다. 그러나 고객들은 이제 그 힘을 갖고 있다.

오랫동안 관습처럼 고객 기대 수준을 설정해 온 소매업체들은 고객들이 더 나은 취급을 기대한다는 사실을 알고 충격을 받았다. 그리고 그렇게 하지 못한다면 퇴출의 비운을 맞을 수 있다.

시민들이 세금을 낸 만큼 단결된 힘으로 더 많은 요구를 한다면 사회기관, 특히 공립학교들은 기겁을 할 것이다. 그러나 이 기관이 살아남으려면 변화를 수용하고, 납세자가 그들의 보스라는 사실을 기억해야 한다.

이 모두가 부질없는 생각인가? 아니다.

다음 문제를 생각해 보자. 오늘날 중국에는 컴퓨터나 인터넷 접속, 심지어는 전화를 보유하는 사람이 극소수에 지나지 않는다. 그러나 촌락에 컴퓨터가 한 대라도 있으면 모든 가구들이 그 컴퓨터를 공유하는 일이 드물지 않다. 그 곳의 고객들도 인터넷을 수용하면서 독자적인 웹 법칙을 설정하고 있는 것이다.

종교와 정치가 혼합된 사회 단체인 법륜공은 인터넷의 도움을 받아 이미 수천만 명의 회원을 모집했다. 어떤 때는 1만여 회원이 북경에서 항의 집회를 열어 정부 당국을 놀라게 했다. 이 단체의 지도자는 그 후 인민의 공적 제1호로 비판을 받았다. 중국 정부는 공산 정권이 수립된 이래 법륜공이 사회 안정의 최대 위협이라고 낙인찍었다.

수천 명의 회원이 당국에 의해 구금되고, 수백 명은 재판도 받지 않고 노동 수용소로 끌려갔으며, 백 명 이상이 국가에 대한 중대 범죄로 투옥됐고, 최소 다섯 명이 구금중 사망했다.

나는 법륜공의 정당성이나 중국 정부의 비상한 반응에 대해 시시비비를 따지려는 것은 아니다. 나는 단지 이런 점을 묻고 싶다. "단체 회원이라고 해서 체포와 처벌을 감수해야 하는 국가에서 그 만한 사회적 동요를 야기시킬 수 있다면, 미국에서 고객 혁명을 억제시킬 수 있는 장치는 과연 존재하는가?" 아무 것도 없다.

아무 것도 없고 고객들이 있을 뿐이다. 웹 법칙이 고객의 손 안에 들어 있다.